Pilates

PARA

DUMMIES™

Pilates

PARA

DUMMIES™

Ellie Herman

Obra editada en colaboración con Centro Libros PAPF, S.L.U. – España

Edición publicada mediante acuerdo con Wiley Publishing, Inc.
© ...For Dummies y los logos de Wiley Publishing, Inc. son marcas
registradas utilizadas bajo licencia exclusiva de Wiley Publishing, Inc.

Traducción: María Victoria Roa Toledo
Revisión técnica: Aína Hernando Ferrer, instructora de pilates
y licenciada en ciencias de la actividad física y el deporte

© 2010, Centro Libros PAPF, S.L.U.
Grupo Planeta
Avda. Diagonal, 662-664
08034 - Barcelona

© 2011, Editorial Planeta Mexicana, S.A. de C.V.
Bajo el sello editorial CEAC M.R.
Avenida Presidente Masarik núm. 111, 2o. piso
Colonia Chapultepec Morales
C.P. 11570 México, D. F.
www.editorialplaneta.com.mx

Primera edición impresa en España: octubre de 2010
ISBN: 978-84-329-2089-9

Primera edición impresa en México: mayo de 2011
ISBN: 978-607-07-0749-0

Impreso en los talleres de Litográfica Ingramex, S.A. de C.V.
Centeno núm. 162, colonia Granjas Esmeralda, México, D.F.
Impreso en México – *Printed in Mexico*

¡La fórmula del éxito!

Tomamos un tema de actualidad y de interés general, añadimos el nombre de un autor reconocido, montones de contenido útil y un formato fácil para el lector y a la vez divertido, y ahí tenemos un libro clásico de la serie ...para Dummies.

Millones de lectores satisfechos en todo el mundo coinciden en afirmar que la serie ...para Dummies ha revolucionado la forma de aproximarse al conocimiento mediante libros que ofrecen contenido serio y profundo con un toque de informalidad y en lenguaje sencillo.

Los libros de la serie *...para Dummies* están dirigidos a los lectores de todas las edades y niveles del conocimiento interesados en encontrar una manera profesional, directa y a la vez entretenida de aproximarse a la información que necesitan.

¡Entra a formar parte de la comunidad Dummies!

El sitio web de la colección ...*para Dummies* está pensado para que tengas a mano toda la información que puedas necesitar sobre los libros publicados. También te permite conocer las últimas novedades antes de que se publiquen.

Desde nuestra página web, también, puedes ponerte en contacto con nosotros para resolver las dudas o consultas que te puedan surgir.

Asimismo, en la página web encontrarás muchos contenidos extra, como por ejemplo los audios de los libros de idiomas.

También puedes seguirnos en Facebook (facebook.com/dummies.mx), un espacio donde intercambiar tus impresiones con otros lectores de la colección ... *para Dummies*.

10 cosas divertidas que puedes hacer en www.paradummies.com.mx y en nuestra página de Facebook:

1. Consultar la lista completa de libros ...*para Dummies*.
2. Descubrir las novedades que vayan publicándose.
3. Ponerte en contacto con la editorial.
4. Recibir noticias acerca de las novedades editoriales.
5. Trabajar con los contenidos extra, como los audios de los libros de idiomas.
6. Ponerte en contacto con otros lectores para intercambiar opiniones.
7. Comprar otros libros de la colección en línea.
8. ¡Publicar tus propias fotos! en la página de Facebook.
9. Conocer otros libros publicados por Grupo Planeta.
10. Informarte sobre promociones, presentaciones de libros, etc.

La autora

Ellie Herman dirige dos centros de pilates muy concurridos, uno en San Francisco y otro en Oakland. Estos centros, en el norte de California, ofrecen anualmente cursos intensivos para maestros. Elli cuenta con instructores certificados a nivel local, nacional e internacional. Ha enseñado pilates durante más de diez años y ha desarrollado un lenguaje único para comunicar la esencia del método pilates. Conoció la existencia del pilates en 1988, como paciente de rehabilitación de Saint Francis Hospital Dance Medicine, en San Francisco. Recibió su entrenamiento formal de pilates en la ciudad de Nueva York en 1991, donde estudió con dos de las discípulas originales de Joseph Pilates, Romana Kryzanowska y Kathy Grant.

Antigua bailarina y coreógrafa profesional, y dueña de su propia compañía de danza, posee amplia experiencia en técnicas de danza contemporánea, yoga, gimnasia, kinesiología y anatomía. Es acupuntora licenciada, con una maestría en Ciencias de la Acupuntura y Medicina Herbolaria China. En sus centros, combina pilates con acupuntura y ejercicio físico para ofrecer un completo entorno de rehabilitación y bienestar. Se esfuerza por mantenerlos y continuamente amplía su enfoque para devolver el equilibrio perdido al cuerpo (para ver fotos de Ellie en acción, véase el capítulo 4).

Agradecimientos

Quiero expresar mi agradecimiento a los maestros que alguna vez me han enseñado algo sobre el cuerpo, entre ellos muchos de mis estudiantes. Para nombrar sólo unos pocos: Kathy Grant, Jennifer Stacey, Romana Kryzanowska, Steve Giordano, Jayne Edwards y Cara Reeser.

También quiero darles las gracias a los modelos, casi todos ellos instructores en mis centros: Carie Lee (serie principiante), Caleb Rhodes (serie intermedia), Sharon Gallagher (serie avanzada), Jessica Fudim (pelota grande o *fitness ball*), Janine Fondiller (fotos de rodillo y postura), Sarah Khalouf (pelota pequeña), Valeria Russell (pared), Louise Laub-Goodrich (embarazo), Martina Neverman (embarazo, ¡y gracias también por el vestuario!)

Además, quiero agradecer a mi hermano, David Herman, por sus estupendas fotografías, y a Jordan, por su fabulosa iluminación. Gracias a Walt y Nancy Herman por haber cuidado a los niños para que Dave y Martina pudieran tomar las fotos.

Gracias a Susi May por su formidable labor como editora técnica e instructora. Gracias a todos los demás instructores y al personal del centro por su dedicación al trabajo mientras la autora escribía en casa: Lizz Roman, Melissa Harrington, Donna Rosen, Jenna Marshall, Lise Pruitt, Becca Wieder, Jaime Michel, Kate Thorngren, Nicole Dessoye, Chris Black, Marcelle Parry, Linda XYZ, Angelina Vasilem y Kristin Iuppenlatz. Gracias, Monique, por cambiar tu clase de yoga durante la sesión de fotografías. Gracias a Phil Cusick por estar siempre allí. Gracias a Carol Lloyd por su inspiración para que realmente pudiera disfrutar del proceso de escribir y consiguiera transmitir lo apasionante que es este tema. Y gracias a mi agente, Jayne Rockmill, por hacer que todo esto fuera posible.

Pilates para Dummies™

Serie de fundamentos (prepilates)

- ✔ Respiración con la columna vertebral neutra
- ✔ Encogerse de hombros
- ✔ Golpes de hombros
- ✔ Estiramiento de brazos / Círculos de brazos
- ✔ Elevación de pelvis
- ✔ Arcos de fémur

- ✔ Abdominales superiores
- ✔ Caderas arriba
- ✔ Preparación para el rodamiento hacia atrás
- ✔ Punto de equilibrio / Preparación para el tejedor
- ✔ Rodar como una pelota, modificado

Serie para principiantes

- ✔ Elevación de pelvis
- ✔ Abdominales superiores
- ✔ El cien, nivel principiante
- ✔ Punto de equilibrio
- ✔ Caderas arriba
- ✔ Rodar como una pelota
- ✔ Estiramiento sencillo con una pierna
- ✔ Preparación para el cisne
- ✔ Rodamiento hacia atrás
- ✔ El puente
- ✔ Estiramiento de espalda hacia delante
- ✔ Patadas laterales

Serie intermedia

- ✔ El cien, nivel intermedio
- ✔ Rodamiento hacia arriba
- ✔ Rodar como una pelota
- ✔ Estiramiento sencillo con una pierna
- ✔ Estiramiento de ambas piernas
- ✔ El entrecruzado
- ✔ Las tijeras
- ✔ Balancín con piernas abiertas
- ✔ Patada con una pierna
- ✔ Patada con ambas piernas
- ✔ Patadas laterales
- ✔ El tejedor, modificado
- ✔ La foca

¡El libro para tonificar los músculos y adquirir un mejor control del cuerpo para todos!

Pilates para Dummies™

Guía rápida

Serie avanzada

- ✔ El cien, versión avanzada
- ✔ Rodamiento hacia arriba
- ✔ Rodamiento sobre la columna
- ✔ Rodar como una pelota
- ✔ Estiramiento sencillo con una pierna
- ✔ Estiramiento de ambas piernas
- ✔ El entrecruzado
- ✔ Las tijeras
- ✔ Estiramiento de espalda hacia delante
- ✔ Balancín con piernas abiertas
- ✔ El sacacorchos
- ✔ Preparación para el cisne
- ✔ La sierra
- ✔ Patada con una pierna
- ✔ Patada con ambas piernas y descanso

- ✔ Tirón de cuello
- ✔ El puente desde los hombros
- ✔ Torsión de columna
- ✔ La navaja
- ✔ Patadas laterales
- ✔ El tejedor, versión avanzada
- ✔ Estiramiento del flexor de cadera
- ✔ Círculos de cadera
- ✔ Natación
- ✔ Control frontal
- ✔ Patadas laterales de rodillas
- ✔ Flexión lateral / Sirena avanzada
- ✔ La foca
- ✔ Flexiones de brazos

*¡El libro para tonificar los músculos
y adquirir un mejor control del cuerpo para todos!*

Sumario

Parte III: Más allá del tapete: ejercicios con máquinas y accesorios *213*

Parte V: Los decálogos *315*

Introducción

· ·

*E*n España, el pilates se ha convertido en uno de los métodos más populares para mantener un buen estado físico. Muchas estrellas de cine lo practican (también las de Hollywood) y en todo el país casi todos los gimnasios, incluso en pequeñas ciudades, ofrecen clases de pilates de suelo (ejercicios sobre un tapete). El objetivo básico de este libro es darte una perspectiva general de esos ejercicios. De forma adicional, contiene información sobre los antecedentes, la historia y la filosofía que constituyen la base del método pilates. Si deseas ir más allá del tapete, también encontrarás información acerca de equipos y accesorios para pilates, así como programas especiales para embarazadas, para personas de edad avanzada y también para personas con lesiones.

Sobre este libro

Todos los libros *...para Dummies* se pueden leer de un tirón desde el primero hasta el último de sus capítulos. También puedes hojearlos y saltar capítulos hasta encontrar los que más te interesen. Pero dado que el pilates es una disciplina que realmente te va a ayudar a mejorar tu estado físico de forma gradual, quizás no desees ir directo a los ejercicios complicados.

Puedes usar este libro de diversas maneras:

✔ Si eres principiante, tal vez prefieras comenzar aquí, en la introducción, leer la parte I, que contiene los tres primeros capítulos, y luego hacer la serie de suelo del capítulo 4. Después, puedes saltar al capítulo 11 y seguir hasta el 14, para aprender ejercicios de pilates con accesorios, que podrás agregar a tu rutina. Si el pilates es nuevo para ti, mi recomendación es que no practiques los ejercicios más avanzados hasta haber adquirido cierta experiencia con los movimientos básicos, que te habrán fortalecido un poco e incrementado tu flexibilidad.

✔ Si ya sabes bastante sobre el método pilates y solamente necesitas agregar a tu rutina unos cuantos ejercicios más, echa un vistazo a partir del capítulo 4, hasta el 14; pero antes familiarízate con el alfabeto pilates del capítulo 3. En todos los demás capítulos encontrarás datos sobre el pilates que quizás sean novedosos para ti.

Cómo está organizado este libro

Este libro está compuesto por cinco partes, que en términos generales pueden leerse en el orden que desees, aunque mi recomendación es que te leas las partes I y II antes de embarcarte en las tres restantes.

Parte I: Lo básico del pilates

Si el pilates es nuevo para ti, te recomiendo leer primero la parte I, que contiene toda la historia de sus inicios, las diferencias entre el pilates y otras formas de realizar ejercicio, información sobre sus beneficios y muchos otros detalles interesantísimos. Aunque tengas mucha prisa por llegar a los ejercicios, es bueno que conozcas antes el alfabeto pilates en el capítulo 3: se trata de una herramienta de aprendizaje que inventé para facilitar la explicación de los movimientos básicos. Podrías pasar directamente a los ejercicios pero, a la larga, leerlo antes te ahorrará tiempo.

Parte II: Ejercicios de suelo

La parte II está organizada de manera muy sencilla. Primero, la serie de fundamentos; después, la serie principiante; luego, la intermedia y, finalmente, la avanzada. Te recomiendo especialmente que sigas este orden ya que fue desarrollado por el propio Joseph Pilates con una lógica muy clara, que si cumples desde un principio, permitirá que tu cuerpo se prepare y avance de forma sana y gradual.

No vayas directo a los ejercicios avanzados; en el peor de los casos podrías lesionarte, y en el mejor, no los harás como es debido.

En la parte II también encontrarás algunos ejercicios especiales que te pueden resultar atractivos, como los ejercicios para trasero del capítulo 9 y un delicioso estiramiento de columna vertebral en el capítulo 10. En esos capítulos figura el nivel de cada ejercicio, para que decidas si estás preparado o no para hacerlo.

El capítulo sobre ejercicios superavanzados (capítulo 8) es otro que en realidad no es una serie, sino una selección de ejercicios que puedes incluir en tu serie avanzada (capítulo 7). Aquí es donde podrías hacer gala de tu creatividad, pero de todos modos te recomiendo seguir la serie básica de los capítulos 4 a 7.

Parte III: Más allá del tapete: ejercicios con máquinas y accesorios

La parte III va más allá de los ejercicios de suelo, y te enseña algunas fotos y la descripción de las máquinas y los accesorios del pilates. El capítulo 14 muestra ejercicios que harás de espaldas contra la pared, literalmente. Y el capítulo 15 es sobre el equipo pesado, y está dirigido a aquellos curiosos que se quieren inscribir en un centro que disponga de todas las máquinas o que piensan adquirir alguna para tener en casa.

Parte IV: Situaciones especiales

La parte IV puede ser la más importante para ti. Si estás embarazada o lo estuviste hace poco, lee el capítulo 16, es todo tuyo. En el capítulo 17 están los consejos para las personas mayores, o para las que tienen problemas de espalda o de hombros (¡como ocurre cuando uno se sienta frente a una computadora todo el santo día!)

Parte V: Los decálogos

Los decálogos aparecen en todos los libros ...*para Dummies*. Cada uno de los capítulos presenta diez cuestiones relacionadas con el mundo del pilates, en un rápido repaso.

Iconos usados en este libro

Cuando veas este icono, sabrás que la información que está a su lado va a facilitarte la vida. Puede ser una indicación para modificar un ejercicio u otra pauta que quizás te ahorre tiempo.

Hay cosas que vale la pena recordar. Este icono señala información realmente importante que debes tener presente.

Uso este icono básicamente para evitar que te lesiones. Si lo ves, lee cuidadosamente la información pertinente. ¡Te alegrarás de haberlo hecho!

El pilates es una forma de ejercicio con mucho rigor mental. Con este icono se describen imágenes que puedes tener en mente para hacer correctamente un ejercicio.

Cuando sientas que puedes imprimir más fuerza a un ejercicio, busca este icono: señala modificaciones que puedes introducir para hacer más estimulantes los ejercicios.

Y ahora ¿qué sigue?

Puedes leer este libro de principio a fin, o puedes hojearlo y curiosear las partes que te resulten más interesantes, pero ¡no trates de realizar antes de tiempo un ejercicio como *La navaja* o *El búmeran*! Si te encuentras en alguna de las situaciones especiales de los capítulos 16 y 17, podrías empezar por ahí. Otra opción es entrar de lleno en los decálogos en busca de partes de información de fácil lectura sobre el pilates.

Parte I
Lo básico del pilates

"¿NO PODRÍAS EXPLICARME EN QUÉ CONSISTE EL PILATES SIN USAR EL CAPARAZÓN DE TU LANGOSTA?"

En esta parte...

La parte I contiene la información que debes conocer antes de empezar en serio con el pilates. ¿Deseas saber qué tipo de ropa o equipo necesitas para comenzar? ¿Te interesa conocer los beneficios prácticos de hacer pilates? Esta es tu parte. Aquí trato todo esto, desde la evolución del pilates y sus conceptos esenciales, hasta el alfabeto pilates, una herramienta de aprendizaje que he creado para darte a conocer los movimientos clave que repetirás una y otra vez en los ejercicios.

Capítulo 1

Un manual de pilates

● ●

En este capítulo

▶ Familiarízate con el pilates

▶ Entérate de cómo evolucionó el método

▶ Conoce los ocho principios del pilates

▶ Prepárate para el pilates

● ●

¿Qué es el método pilates? En una palabra: magia.

Si llegas a cualquier centro de pilates muy concurrido, podrías pensar: "Pero bueno, parecen simples estiramientos" o "¿por qué se torturan con tantos resortes y poleas?" o, tal vez, "oye, esto parece muy divertido, ¡y es precisamente lo que necesito!" Y todos esos pensamientos serían muy pertinentes.

El pilates está lleno de contradicciones: es extrañamente pragmático pero etéreo, y al mismo tiempo simple y complejo. Algunas personas entienden y valoran profundamente los beneficios del pilates la primera vez que lo practican. Otras pueden creer que los ejercicios del pilates son repetitivos y tontos, pero después de tres meses de hacer el mismo ejercicio, de repente acceden a todo un nuevo nivel de información acerca de su cuerpo. Hay personas que al principio piensan que un ejercicio está completamente fuera de sus posibilidades, pero después de unas semanas de entrenamiento ya lo realizan de forma natural. Sea cual sea tu experiencia con el pilates, el resultado es siempre el mismo: te transformará.

Después de su sexta sesión, mi novio, un apasionado del snowboard y del skate, me dijo que el pilates era aburrido, que él prefería la emoción del peligro y el temerario abandono que experimenta en las nevadas laderas o sobre su monopatín. Sin embargo (aunque a regañadientes), sí admitió que su breve paso por el pilates mejoró sustancialmente su práctica del snowboard y le permitió prescindir de las rodilleras, después de haber estado diez años usándolas.

Su testimonio es uno más de los muchos que he recibido. Un hombre de 35 años de edad que durante 15 años había padecido un dolor de espalda que nada podía aliviar, una anciana a quien jamás le había gustado hacer ejercicios y se encontró con que estaba perdiendo flexibilidad y fuerza, así como otras personas que simplemente se querían tonificar y tener un vientre perfecto. Todos ellos encontraron lo que necesitaban.

Yo misma soy una prueba viviente de la magia del pilates. Hace 13 años sufrí una grave lesión de rodilla durante mi fugaz carrera de luchadora (un empleo secundario que tuve cuando intentaba ganarme la vida como bailarina profesional). Me diagnosticaron un desgarre de ligamento y los médicos recomendaron operarme si lo que quería era seguir bailando profesionalmente. Después de seis meses de rehabilitación con ejercicios de pilates y sin pasar por el quirófano, estaba de nuevo en pie bailando con más energía y mejor técnica que nunca; a raíz de esa experiencia nació una nueva devota del pilates.

He tenido estudiantes que han llegado al pilates sin ninguna experiencia previa en cuanto a movimientos. Para algunos, ha sido la primera forma de ejercicio que les ha llamado la atención, bien porque no les gusta el ambiente del gimnasio (la música a todo volumen en la sala de aeróbic, los resoplidos de los levantadores de pesas) o porque no quieren arriesgarse a sufrir posibles lesiones o pasar la vergüenza de no tener conocimiento alguno de su cuerpo. El método pilates enseña movimientos básicos, sus ejercicios se aprenden fácilmente y son cien por cien seguros para cualquier persona.

Si ya sabes mucho de pilates o simplemente deseas empezar con los ejercicios, salta con confianza al capítulo 14, pero mejor echa un vistazo primero al alfabeto pilates del capítulo 3, antes de realizar cualquiera de los ejercicios que aparecen en el libro.

Igual que con cualquier programa nuevo de ejercicios, consulta con tu médico antes de iniciar la práctica del pilates, especialmente si sufres del corazón, tienes hipertensión o cualquier otra enfermedad de riesgo. Si padeces dolores de espalda u otro tipo de lesión grave, por favor, que un médico te diagnostique y apruebe tu viaje al universo del pilates antes de emprenderlo.

Lo básico del pilates

Los ejercicios de pilates se basan en algunos movimientos del yoga, la danza y la gimnasia, pero también incluyen muchos ejercicios originales que los diferencian de esas técnicas. El método pilates es un repertorio de más de 500 ejercicios para practicar en un tapete o en alguna de las muchas piezas del equipo que el propio Joseph Pilates inventó. No necesitas comprar equipos complicados, puedes disfrutar de una excelente sesión de ejercicios trabajando en casa con un simple tapete. Si te interesa utilizar el equipo de pilates especializado, en el capítulo 15 te pongo al corriente.

El método pilates trabaja para fortalecer el centro de poder del cuerpo (véase el apartado "Centralización", en este mismo capítulo), alargar la columna vertebral, crear tono muscular y aumentar tu conciencia de tu propio cuerpo y su flexibilidad.

El método constituye un excelente sistema de rehabilitación para la espalda, las rodillas, las caderas, los hombros, y también para lesiones crónicas. Trata el cuerpo como un todo y corrige sus asimetrías y

Joe Pilates: breve historia del hombre

Nacido en Alemania en 1880, de pecho hundido y asmático, Joseph Hubertus Pilates vivía obsesionado por el restablecimiento de su salud y estado físico. Con el tiempo, superó su fragilidad, se convirtió en un consumado esquiador, buceador, gimnasta, yogui y boxeador, y mantuvo un soberbio estado físico hasta bien entrado en sus 70 años. Mientras estuvo interno en un campo de concentración en Inglaterra, durante la Primera Guerra Mundial, Pilates instaló resortes sobre las camas del hospital para que los pacientes pudieran rehabilitarse acostados en ellas. Más adelante, ese montaje evolucionó hasta convertirse en el cadillac, una de las principales máquinas del equipo del método pilates.

En 1923, Pilates emigró a Estados Unidos. Se estableció en la ciudad de Nueva York y abrió un centro en la Octava Avenida, en Manhattan, donde empezó a entrenar y rehabilitar a bailarines profesionales. El maestro del ballet George Balanchine y la diva de la danza moderna Martha Graham fueron dos de sus estudiantes.

Originalmente, Pilates desarrolló una serie de ejercicios de suelo diseñados para crear fuerza abdominal y control del cuerpo. Luego construyó diversas máquinas para mejorar el resultado de su creciente repertorio de ejercicios. Lo motivó a construirlas su propósito de reemplazarse a sí mismo como observador de sus clientes. Desarrolló unos 20 artefactos, algunos de los cuales parecen instrumentos de tortura medievales. Los fabricó con madera y tubos metálicos, y con combinaciones de poleas, correas, barras, cajas y resortes. Su filosofía lo llevó a perfeccionar una rutina que «desarrolla el cuerpo de manera uniforme, corrige malas posturas, restaura la vitalidad física, vigoriza la mente y eleva el espíritu». Muy avanzado para su época, visualizó el estado físico de manera holística, para enfatizar que el cuerpo trabaja como una unidad completa.

A lo largo de los años, Pilates ideó más de 500 ejercicios que originalmente denominó Contrología, pero que poco después ya empezaron a ser conocidos como método pilates.

debilidades crónicas a fin de devolverle el equilibrio y evitar que se repitan las lesiones.

El trabajo de suelo se hace por series de ejercicios

Por lo general, los ejercicios de pilates de suelo se practican en series, organizadas por niveles. Este libro contiene las series prepilates, principiante, intermedia y avanzada.

Para entender bien los conceptos que integran los ejercicios de pilates, recomiendo empezar con la serie prepilates (capítulo 4). Comprendidos esos conceptos, podrás aplicarlos a la serie principiante para luego pasar a la intermedia, y así sucesivamente. A medida que avanzas en el método, las series se tornan más prolongadas y difíciles. El trabajo intermedio incluye ejercicios de la serie principiante, más otros de mayor dificultad. A veces harás solamente una versión más difícil de un mismo ejercicio, aunque pasarás de un nivel a otro.

Es importante realizar la serie en orden y de forma completa. Joseph Pilates era un genio para entender el equilibrio muscular del cuerpo. Las series que desarrolló tienen sentido para el cuerpo sólo si los ejercicios se realizan en el orden correcto. Por lo general, empiezas una serie con un ejercicio que calienta la columna vertebral, después haces unos cuantos ejercicios que doblan la columna en una dirección, seguidos de otros que invierten ese movimiento y así sucesivamente. No hay que entender el por qué del orden de los ejercicios (necesitarías un doctorado en kinesiología para comprender a fondo las razones). Simplemente confía en el método y en el orden de los ejercicios. En mi caso, cuanto más estudio y practico el pilates, más valoro la inteligencia del hombre que los creó.

El pilates construye el centro de poder del cuerpo

Los ejercicios de pilates desarrollan una fuerte musculatura de abdomen, espalda, trasero y otros músculos posturales profundos. El pilates se concentra en los músculos que soportan el sistema esquelético y actúan como centro de poder del cuerpo.

El *powerhouse*, o centro de poder, es un término que proviene del propio Pilates (para más información sobre el hombre que desarrolló los ejercicios de pilates, consulta el recuadro "Joe Pilates: breve historia del hombre", en este mismo capítulo). El trabajo conjunto de los músculos abdominales, la espalda, las nalgas y, a veces, la cara interna de los muslos constituye el centro de poder. Es aquí donde se inician muchos de los ejercicios de pilates o la zona que muchos de ellos ponen a trabajar. Estos son los principales músculos estabilizadores del torso y son muy importantes para evitar lesiones en la espalda.

¿Por qué preocuparte por tu centro de poder?

✔ Los músculos del centro de poder protegen la espalda de posibles lesiones, y si ya es débil o problemática, su fortalecimiento aliviará muy probablemente esos problemas.

✔ Trabajar desde el centro del cuerpo cuando realizas cualquier movimiento desplaza la carga de las articulaciones y de la columna vertebral, y contribuye a que el trabajo de tu cuerpo sea más eficaz.

✔ Un centro de poder fuerte es sexy. ¿Quién no se siente feliz si tiene su barriga, trasero, espalda y muslos bien tonificados?

La evolución del método pilates

La primera generación de maestros de pilates —Romana Kryzanowska, Kathy Grant, Ron Fletcher, Eve Gentry, Carola Trier, Mary Bowen y Bruce King— aprendió en el centro original de Joseph Pilates en la Octava Avenida. Estos discípulos de Pilates pronto se independizaron, abrieron centros en todo Estados Unidos y modificaron el método de acuerdo con sus propios antecedentes y filosofías y, algunas veces, con las necesidades de sus clientes. En los cincuenta años siguientes, el método pilates se ha transmitido a través de generaciones de maestros y por el camino se ha transformado bastante. Los maestros de Nueva York aseguran ser los más fieles al método pilates original, pero son muchos los individuos creativos que han aportado su percepción del cuerpo para mejorar algunas de las posturas del método original que ahora parecen anticuadas.

Mi enfoque del método pilates es una combinación de los estilos neoyorquino y californiano. Originalmente yo aprendí en Nueva York, con Romana, la más apegada al método original de Joe. Allí profundicé en el repertorio más clásico de ejercicios y las indicaciones más tradicionales para las posturas. Se trata de un pilates que tiende a concentrarse en aplanar la parte inferior de la espalda, meter la pelvis y usar mucho los músculos de las nalgas en ese proceso. Por el contrario, los maestros de pilates en California y la costa Oeste hablan mucho de la columna vertebral neutra o de la pelvis neutra, más parecidas a la forma en que una persona está de pie de manera natural: con una curva en la parte inferior de la espalda, no con la parte inferior de la espalda aplanada (para una descripción detallada de lo que se conoce como la *columna neutra,* consulta el capítulo 3).

En California nos gusta sentirnos libres y estamos abiertos a nuevas ideas. A lo largo de los años, yo misma, y muchos de los maestros que trabajan en mi centro, hemos desarrollado nuevos ejercicios basados en los conceptos de Pilates, o hemos modificado los antiguos conceptos para hacerlos más eficaces y aplicar lo que ahora sabemos del cuerpo. Básicamente, aplanar la espalda y meter la pelvis todo el tiempo no es lo más indicado para muchas personas, ya que puede agravar los problemas de la espalda.

Los ocho grandes principios del pilates

Joseph Pilates escribió un libro titulado *Return to Life Through Controlgy* (Regreso a la vida a través de la controlología) en el que presentó el esquema de los ocho principios que inspiraron el método pilates. Entenderlos

¿Qué hay en un nombre?

En 1992, un fisioterapeuta de Nueva York llamado Sean Gallagher adquirió la marca comercial para su centro de pilates y los servicios de instrucción de los ejercicios. Poco después, emprendió acciones legales contra los instructores de pilates, demandando a todos aquellos que usaran el nombre de "pilates" en sus ejercicios o centros, ya que aseguraba que poseía el derecho exclusivo para utilizar esta marca. Muchos instructores y propietarios de centros de pilates le pagaron a este individuo una tarifa para poder usar el nombre de pilates. Otros simplemente cambiaron el nombre a lo que estaban haciendo y lo llamaron Cor Fitness, the Method o Physical Mind. En 1996, Gallagher se encontró con un adversario de su talla al demandar a Balanced Body, el mayor fabricante de máquinas de pilates del mundo. A Ken Edelman, propietario de Balanced Body, le pareció absurdo que los maestros de pilates de toda la vida ya no pudieran usar el nombre, y presentó una contrademanda. Después de cuatro años de litigio y un juicio que duró 11 días, un tribunal de distrito de Estados Unidos falló que «pilates» es el nombre de un método de ejercicios que no puede ser propiedad de Gallagher ni de nadie.

te puede ayudar a comprender más a fondo su filosofía básica. El método pilates, más que otros programas de ejercicios, requiere concentración mental. Si no entiendes los conceptos clave del pilates, acaba por convertirse simplemente en una serie de extravagantes abdominales y estiramientos.

Lo que impulsa a la gente a seguir practicando el pilates durante años y años es la profunda transformación que observa en su cuerpo a medida que avanza en su trabajo. Puedes hacer pilates durante diez años y seguir haciendo descubrimientos sobre tu cuerpo o las maneras de incrementar los efectos de los ejercicios. Este aspecto diferencia el pilates de otros entrenamientos.

Cuando haces ejercicios de pilates con los ocho conceptos clave en mente, ganas muchos más niveles de significado y efectividad. Los ocho conceptos siguientes te dan una idea de lo que debes tener presente al practicar los ejercicios.

Control

Originalmente, Joseph Pilates denominó *contrología* a su método (la gente comenzó a referirse al método como "pilates" sólo cuando sus discípulos empezaron a enseñarlo también). De ahí que una de las reglas fundamentales cuando haces pilates sea controlar cada uno de los movimientos de tu cuerpo. Esta regla se aplica no sólo a los propios ejercicios, sino también a la transición entre los mismos, a la forma de subirte y bajarte de las máquinas y en general a la atención que debes prestar a los detalles mientras estás practicando.

Si se trata de ejercicios de suelo, el control entra en juego al iniciar y terminar cada movimiento. Cuando pones el freno de forma controlada, entrenas tus músculos para que permanezcan estirados durante un período más prolongado. Con el tiempo, los músculos se alargan (además de fortalecerse). Músculos largos y fuertes, ¿no es eso lo que queremos todos? En las sesiones de pilates trato de que mis alumnos realicen movimientos suaves y regulares. Siempre intento conseguir que los músculos cooperen unos con otros.

Además, cuando te concentras en el control de un movimiento, obligas al cuerpo a que recute músculos auxiliares (llamados "sinergistas"), que por lo general son más pequeños que los principales. Cuando muchos músculos trabajan juntos para realizar un movimiento, o cuando trabajan en forma sinérgica, el cuerpo como un todo desarrolla mayor equilibrio y coordinación. Además, los músculos grandes no crecen ni se hacen más voluminosos porque no tienen que hacer todo el trabajo ellos solos. Es así como te convertirás en una máquina larga y delgada. Una vez que tu cuerpo aprenda a moverse bajo control, realizarás toda clase de cosas con más confianza, desde subirte a una escalera hasta dar vueltas cuando bailas o tirarte de cabeza desde un acantilado.

El control interno te libera externamente sin temor a sufrir lesiones.

Respiración

A menudo la gente contiene el aliento al realizar una tarea difícil. Cuando contienes el aliento, tensionas los músculos, y esto empeora las malas posturas y refuerza el hábito de tensionarse. Por eso una respiración regular resulta esencial para la fluidez de movimientos y el adecuado equilibrio de los músculos. Cada ejercicio de pilates tiene asignado un modelo específico de respiración.

La mayoría de las personas respira a la mitad de la capacidad de sus pulmones. La respiración superficial es un efecto desafortunado de la vida sedentaria y muy estresada. La inspiración profunda y la espiración completa ejercitan los pulmones y aumentan su capacidad, además de producir una profunda relajación como placentero efecto secundario. Respirar estando en movimiento no siempre es una tarea fácil; pero cuando lo haces, suceden cosas hermosas. Si te concentras en ella, la respiración puede ayudarte a maximizar la capacidad del cuerpo para estirarse y, liberadas esas tensiones, obtendrás un óptimo control de tu cuerpo.

La respiración es un aspecto fundamental del pilates y lo diferencia de otras formas de ejercitarse. Como el yoga, el pilates posee formas de respiración específicas para cada ejercicio.

Mi regla general de respiración es: ¡espira al realizar el esfuerzo!

Kathy Grant, una instructora de pilates de la primera generación de maestros, ha desarrollado tres categorías de respiración:

✔ **Respiración de acordeón:** Pon las manos a ambos lados de tu caja torácica, como si sostuvieras un acordeón. Inspira profundamente y expande el espacio que hay entre tus manos. Imagina que expandes la caja torácica hacia los lados. Al espirar, a medida que cierras el acordeón, siente cómo disminuye su tamaño. Esta es una forma de respirar literalmente hasta las costillas, y de mantener la estabilidad frontal en lugar de hacer subir y bajar la caja torácica, lo que puede desestabilizar el torso.

✔ **Respiración con percusión:** El ejemplo de esta respiración está en el ejercicio llamado *El cien*, que aparece en los capítulos 5, 6 y 7. La inspiración puede ser como la de acordeón (suave y profunda) pero la espiración debe ser a golpes. Si quieres, puedes producir un sonido como "pum" en cada golpe, para aumentar la calidad de la percusión. Debes tener capacidad de sentir los abdominales cuando obligan al aire a salir de los pulmones, en lo que se llama *espiración forzada*.

✔ **Respiración del escondite:** ¿Cómo sería tu respiración si jugaras al escondite y te ocultaras bajo una sábana? Esa es la respiración del escondite, y es fundamental para mantener el control de la respiración en el pilates o en cualquier deporte de alto rendimiento en el que equilibrio y estabilidad sean de primordial importancia. Si como gimnasta estuvieras a punto de dar una voltereta atrás en una viga de equilibrio, no querrías que ninguna parte de tu cuerpo se desplazara al respirar. Básicamente, es posible inspirar y espirar sin mover tanto la caja torácica o el vientre.

Fluidez de movimientos

Si por casualidad ves a alguien que esté haciendo pilates, podrías pensar que hace yoga. Pero en el yoga, generalmente la posición se sostiene por lo menos durante unos segundos (o, a veces, durante una eternidad) antes de pasar a la siguiente postura. Y aunque el pilates toma prestados del yoga algunos de sus movimientos, rara vez se mantiene una posición durante largo rato. Visto así, el pilates se parece más a la danza, en la que la fluidez del cuerpo es fundamental. La esencia de los movimientos del pilates es permitir que tu cuerpo se mueva libremente y finalices cada uno con control y precisión. Esta forma de moverse proporciona flexibilidad a articulaciones y músculos, porque enseña al cuerpo a estirarse y moverse con un ritmo regular. El movimiento fluido integra el sistema nervioso, los músculos y las articulaciones, y entrena a tu cuerpo a moverse de forma suave y acompasada.

Precisión

La precisión se parece mucho al control pero tiene un elemento añadido, la conciencia del espacio. Al iniciar cualquier movimiento, debes saber exactamente dónde empieza y dónde termina. Todos los ejercicios de pilates establecen de forma precisa dónde debe estar el cuerpo en todo momento. Las pequeñas cosas cuentan.

Por ejemplo, algunas personas tensionan los hombros durante todo el rato al realizar cualquier ejercicio que para ellas suponga dificultad o reto. Implicar los trapecios superiores (músculos de la parte superior de los hombros que suben por la nuca y que casi todo el mundo se masajea constantemente) con toda seguridad no ayuda a realizar un ejercicio de piernas, pero te sorprendería saber cuánta gente trata de usarlos. Este es un mal hábito que cualquier buen instructor de pilates corregirá.

Uno de los objetivos en el pilates es concentrarse en los músculos que deben trabajar en el ejercicio y relajar todos aquellos que quieren ayudar pero que no deben hacerlo. Todo se reduce a estar muy consciente mientras realizas el ejercicio y tener bien identificados los músculos que usas y los que no usas. Todo el cuerpo debe estar de acuerdo cuando se mueve a la manera pilates. Este tipo de precisión de movimientos producirá un gran impacto en el resto de tu vida. Por ejemplo, supongamos que padeces un dolor por hábitos de postura incorrectos de los que ni siquiera eres consciente. Después de unas pocas sesiones de pilates, te sorprenderá agradablemente lo rápido que una recién adquirida conciencia puede efectuar cambios en tu cuerpo. Estos cambios se producen solamente cuando empiezas a observar tu propio cuerpo y aumentas la precisión de tus movimientos.

Centralización

Una y otra vez, debo recordar a mis alumnos que "empujen el ombligo hacia la columna vertebral" (en otras palabras, ¡que escondan esa barriga!). Esta es la primera y la última de las indicaciones del método pilates. Empujar el ombligo hacia la columna vertebral es la manera de hacer que entren en acción los músculos abdominales profundos, con los que se trabajan todos los ejercicios de pilates, para garantizar una correcta centralización. Directa o indirectamente, la mayoría de los ejercicios de pilates se centran en el desarrollo de la fuerza abdominal. Nunca olvides meter la barriga, ¡o los dioses del pilates te regañarán!

Incluso si se trata de un ejercicio para fortalecer los músculos de los brazos, el instructor va a pedirte que metas el ombligo, mantengas los hombros empujando hacia abajo y quizás hasta que aprietes las nalgas. Todas estas acciones ayudan a centrar y también a fortalecer el núcleo muscular. Ningún ejercicio debe ir en detrimento del control central. En otras palabras, si tu centro no está completamente comprometido y estabilizado, tal vez no puedas pasar al próximo nivel de un ejercicio. Es más, mientras no logres una centralización perfecta, deberás modificar cada ejercicio hasta que puedas hacerlo con este concepto básico en mente. ¿Suena duro? Por algo me llaman "la abdominatrix".

Estabilidad

La concentración en la estabilidad al realizar los ejercicios forma parte de la belleza del pilates y aquello que lo convierte en un sistema de rehabilitación perfecto. De hecho, muchos de los ejercicios de pilates de suelo se concentran básicamente en la estabilidad del torso. *Estabilidad* es la habilidad de no mover una parte del cuerpo cuando otra parte la reta a hacerlo. Por ejemplo, trata de no arquear la espalda cuando levantes un brazo al frente lo más alto que puedas. Para conseguirlo, debes usar los músculos abdominales para que la caja torácica no se suba cuando el brazo sobrepase el nivel del hombro. Mantener quieta la columna vertebral mientras mueves brazos y piernas requiere estabilidad del torso, y esta se consigue básicamente con los músculos abdominales.

La mayoría de los ejercicios de pilates utiliza este concepto de estabilidad del torso, una de las claves para la salud y longevidad de tu columna vertebral. Después de una lesión, por lo general hay inestabilidad en el área lesionada; lo primero que te interesa es aprender a estabilizarla para no volver a lesionarla, y conseguir que se inicie el proceso de curación. Por eso, el pilates es una de las actividades más seguras tras una lesión (además de que la previene), porque tiendes mucho menos a lesionarte si tu estabilidad de torso y articulaciones es excelente.

Si alguna vez has ido al circo, o has asistido a una clase de yoga, de danza o de estiramiento avanzado, probablemente habrás visto a una persona superflexible. Sabes a qué tipo de persona me refiero, ¿verdad?; alguien que parece no tener huesos en el cuerpo, el tipo de contorsionista que puede ponerse los pies detrás de las orejas y doblarse hacia atrás como un hueso de la suerte. Esas personas tienen una flexibilidad extrema, que es lo opuesto a la estabilidad. La excesiva flexibilidad desgasta mucho los ligamentos y las articulaciones, y por eso las personas extremadamente flexibles tienden a lesionarse con cierta regularidad. Aprender a estabilizar las diversas partes del cuerpo es fundamental para la prevención, pero también para la rehabilitación de lesiones. La estabilidad del torso se consigue principalmente con fuerza abdominal y es uno de los conceptos más importantes del método pilates. Cuando quieras estabilidad, la idea básica que debes tener en mente es: "no lo muevas".

El torso se puede dividir en dos partes: torso superior (caja torácica y parte superior de la espalda) y torso inferior (bajo vientre y parte inferior de la espalda).

✔ **Para la estabilidad del torso superior usa los abdominales superiores.** La estabilidad del torso superior se ve amenazada por los miembros superiores (brazos). Si te acuestas boca arriba y te tomas los brazos por encima de la cabeza, para que la parte superior de la espalda y la caja torácica no se suban, necesitas poner a trabajar los abdominales superiores para que mantengan la estabilidad del torso. El concepto de estabilidad del torso superior se aplica siempre que los brazos estén en movimiento y el torso deba permanecer estable.

✔ **Para la estabilidad del torso inferior usa los abdominales inferiores.** La estabilidad del torso inferior se ve amenazada por los miembros inferiores (piernas). Si te acuestas boca arriba y levantas las piernas, debes trabajar con los abdominales inferiores a medida que las bajas, para evitar que la parte inferior de la espalda se estire demasiado o se arquee y se despegue del tapete.

La estabilidad del torso completo compromete toda la pared abdominal, y es amenazada por el movimiento simultáneo de brazos y piernas. Si te acuestas boca arriba con brazos y piernas apuntando hacia arriba, y los abres para separarlos, se debe comprometer y ejercitar toda la pared abdominal para evitar que el torso completo se arquee y se despegue del tapete. Este concepto se aplica en varios ejercicios de pilates intermedios y avanzados.

Amplitud de movimiento

Amplitud de movimiento es un término médico que se refiere al alcance del movimiento que puede realizar una parte del cuerpo. Por ejemplo, la altura a la que puedas extender una pierna al frente te dará una idea de la amplitud de movimiento que tiene tu cadera. La amplitud de movimiento puede verse afectada por músculos, huesos y otros tejidos como ligamentos y fascias (tejidos conjuntivos). Básicamente, la amplitud de movimiento es otra forma de describir la flexibilidad.

Los ejercicios de pilates requieren que el cuerpo se mueva hasta su máxima longitud, para incrementar así la amplitud de movimiento, o flexibilidad, de tus miembros. Las personas cuyos músculos estén demasiado tensos empezarán a notar un aumento en la flexibilidad después de unas pocas horas de ejercicios de pilates. Si hay mucha tensión, posiblemente necesites hacer algunos ejercicios de estiramiento específicos además de los de pilates. Tal vez encuentres que la tensión de tus músculos te limita y ni siquiera puedes lograr la posición requerida para hacer un determinado ejercicio. Si es así, en un principio quizás necesites modificarlo, hasta que obtengas la flexibilidad necesaria para poder hacer el ejercicio en su forma clásica.

Oposición

Puedes levantar los brazos pensando sólo en levantarlos. O cuando los levantes puedes pensar "de abajo para arriba", es decir, primero llevar los hombros atrás y luego levantar los brazos, y concentrarte en hacerlo desde los músculos de la espalda. Esto es *oposición en la acción*. Cuando levantas el brazo desde la espalda en lugar de hacerlo desde el brazo, en realidad estás estabilizando el hombro a medida que levantas el brazo. A menudo digo a mis alumnos: "Piensen hacia abajo para subir" cuando levantan los brazos, o "arriba para bajar" al explicarles cómo mover la columna vertebral hacia abajo. Ambos casos son ejemplos de oposición estando en movimiento.

Los bailarines usan la oposición casi de forma natural cuando se mueven y por eso nos da la impresión de que flotan en el aire aunque siguen apoyados en el suelo. Por lo general, la forma de hacer que una persona use más los músculos principales que los periféricos es que tenga en mente la imagen de oposición en movimiento. Bajo este enfoque se implican más músculos al realizar un movimiento, con lo que este se vuelve más eficaz y, de paso, más saludable para el cuerpo.

Como instructora de pilates, uso la oposición muy a menudo y en muchas formas para conseguir que mis alumnos encuentren el equilibrio de su cuerpo. El otro ejemplo es pensar en "arriba para bajar" cuando te inclines para recoger algo; imagina en ese momento que subes tu bajo vientre (hacia adentro) al inclinarte hacia delante. Hacerlo te protegerá la espalda porque trabajan los músculos opuestos (que son los abdominales). Aprovechar la oposición es una hermosa manera de manipular tu cuerpo mientras realizas movimientos de elongación con la mecánica física apropiada. Verás más ejemplos de oposición a medida que practiques los ejercicios, y el concepto te resultará más fácil de entender después que hayas hecho unos cuantos.

Qué necesitas para empezar

¡Lo bueno es que no necesitas mucho! Solamente lo básico:

✔ **Un tapete firme.** El tapete debe ser tan largo como tu columna vertebral, tan ancho como tu cuerpo, y lo suficientemente firme para darle apoyo a la espalda cuando ruedes en el suelo. Si usas sólo una toalla o una esterilla de yoga te puedes dañar las vértebras. Personalmente prefiero un tapete de gimnasia o uno de espuma, de esos que se pueden enrollar.

✔ **Ropa cómoda.** Usa lo que llevarías a una clase de yoga, danza o estiramiento. Nada debe apretarte (no debes llevar botones ni cinturones ajustados). Usar prendas que se adapten al cuerpo es bueno porque te permiten ver si tu vientre está salido o no.

✔ **Pies descalzos.** Los calcetines tienden a resbalar en el suelo, por eso recomiendo los pies descalzos.

Aunque no es indispensable, una pelota pequeña es una herramienta excelente sobre todo cuando se está empezando (para más información, consulta el capítulo 12).

Capítulo 2

En sus marcas, listos...

Si deseas seguir adelante yendo directo a los ejercicios, está bien; pero quizás prefieras leer este capítulo antes. Imagina que te encuentras en la línea de salida, a punto de arrancar. Este capítulo te dice, previo al disparo de salida, lo que necesitas saber antes de que decidas seriamente incorporar el pilates a tu vida.

Combinación del pilates y otras formas de ejercicio

El pilates te enseña cosas esenciales de tu cuerpo que todo el mundo debería saber, y si eres un atleta, este conocimiento te beneficiará especialmente. El propio Joseph Pilates fue gimnasta y boxeador, además de practicar otros deportes al aire libre. Originalmente trabajó rehabilitando bailarines profesionales en Nueva York, pero su pericia pronto se extendió a todo tipo de atletas.

En mi centro de San Francisco trabajamos con diversas clases de deportistas, todos muy contentos con las mejoras que ven después de unas pocas sesiones de pilates. Nadadores, esquiadores (con esquís o con snowboard), ciclistas, corredores, levantadores de pesas, buceadores, gimnastas y patinadores sobre hielo, todos vienen al centro para ganar fuerza interna y flexibilidad. El pilates es un entrenamiento de fuerza y preparación física; tonifica los músculos y les enseña a trabajar en conjunto para conseguir eficacia en los movimientos. Enseña el alineamiento correcto, mejora el equilibrio y la coordinación y, por consiguiente, ayuda a evitar lesiones.

Por lo general, aconsejo a mis alumnos que combinen el pilates con algún tipo de ejercicio aeróbico para que complementen su programa de entrenamiento. Si ya practicas un deporte aeróbico que te encanta, el pilates simplemente mejorará tu programa. Independientemente del deporte que sea, el pilates aumentará tu flexibilidad y tono muscular general, además de perfeccionar tu técnica. Básicamente, el pilates es un complemento excelente para cualquier deporte.

Con el premio en el punto de mira: beneficios de practicar pilates

Sí, sí, lo he escuchado miles de veces. Cuando finalmente te lo propones y haces del pilates parte de tu rutina, resulta que simplemente no tienes tiempo… o estás muy cansado… o ¡es mucho trabajo! Pues bien, el tiempo de las excusas se acabó. En caso de que necesites más motivación, esta sección te muestra los frutos que puedes cosechar con el método pilates; así mantienes el premio en el punto de mira.

Encuentra tu centro

La mayoría de las personas experimentan dolor de espalda en algún momento de su vida, y las causas más comunes son la mala postura y la debilidad de los músculos de la barriga.

Lo primero que aprendes en pilates es cómo esconder la barriga, que en palabras más finas significa cómo empujar el ombligo hacia la columna vertebral. Con esta sencilla acción haces trabajar los músculos abdominales profundos, cuyo fortalecimiento puede transformar tu postura y aliviar el dolor de espalda. Todos los ejercicios de pilates se realizan con esta intención básica de centrarte.

Una hora de clase de pilates de suelo, dirigida por un maestro competente, pondrá a trabajar esos músculos abdominales y hará que quieras gritar "¡me rindo!" A medida que avances en el método, tu fuerza central se desarrollará mucho más; vas a notar mayor soltura en tu cuerpo y probablemente verás que se incrementa tu capacidad para levantar peso, caminar y otras actividades de la vida diaria. Tu postura va a mejorar y la gente notará el cambio en tu físico. Puede ser que el dolor de espalda simplemente desaparezca, como también es posible que desaparezcan otros achaques tales como los problemas de rodillas, hombros y caderas. El desarrollo de la fuerza central influye en todo tu ser y te dará una nueva sensación de poder.

Una vez que hayas probado el pilates, es imposible no aplicar los conceptos de fuerza central y trabajo abdominal profundo al resto de tu vida. La mayoría de mis alumnos me dicen que oyen mi voz cuando conducen su coche o están en su puesto de trabajo: "Siéntate en posición bien erguida, empuja los hombros hacia atrás y hacia abajo, levántate desde el centro, esconde el ombligo". ¡Que escuchen mi voz a todas horas durante el día y la noche me hace feliz! Significa que el efecto fue positivo, y ese es un efecto duradero y más que saludable para la columna vertebral y la longevidad de cada uno de ellos.

Domina el componente mental

RECUERDA

Si no quieres pensar no hagas pilates, porque no se trata de una serie de ejercicios mecánicos y repetitivos. Con los ejercicios de pilates no es lo que haces, sino cómo lo haces. El énfasis se pone sobre la forma, así que necesitas cierta capacidad de acción.

Para mí, el pilates es un "ejercicio superior" porque te enseña cómo estar en tu cuerpo: a sentarte y estar de pie correctamente, a inclinarte y levantar pesos, así como a moverte desde el centro de tu cuerpo. El aumento de la conciencia del cuerpo y la fuerza central también ayuda a mejorar la forma en otros deportes, además de proporcionar más gracia y eficacia a las actividades del día a día.

Las personas que en sus sesiones de ejercicio se concentran y aumentan su capacidad de acción avanzan con rapidez y, por tanto, ven su progreso con la misma rapidez. Al igual que la danza, el pilates exige que el cuerpo ejecute muchas acciones a la vez. Un movimiento nunca es sólo un movimiento; debes ejecutarlo de forma óptima, con precisión y control. Cada individuo tiene el potencial para alcanzar su propio nivel de perfección; lograr ese objetivo requiere concentración y atención, y puede resultar frustrante para aquellos que no deseen estar tan presentes dentro de su propio cuerpo.

Ayuda a tu columna vertebral, el eje de tu vida

La columna vertebral tiene dos funciones principales: la primera, ser rígida y mantenerte erguido y en posición; y la segunda, ser flexible y permitirte inclinaciones y giros en muchas direcciones. La mayor parte del trabajo que realiza la columna vertebral es verdaderamente fenomenal, pero debido a su frecuente y variada movilidad, es muy susceptible a las lesiones. El

Rectitud ante todo: efectos psicológicos de la posición erguida

Uno de mis primeros alumnos regulares de pilates, Solomon, taxista en San Francisco, acudió a mi centro para mejorar su postura y bienestar general. Poco después de iniciar nuestra relación profesional, Solomon (Sol, para los amigos) empezó a contarme sus penas actuales y sus desastrosas relaciones pasadas, su lucha contra el consumo de alcohol y drogas, y finalmente su triunfo sobre esas sustancias. (Las sesiones de pilates que más disfruto no son aquellas en las que actúo como instructora personal, sino como psicoterapeuta amiga.) Sol había escogido el pilates como parte de su proceso de curación, y era un alumno dedicado que trabajaba duro y aprendía rápido. Después de nuestras sesiones se sentía más alto, más abierto y más seguro de sí mismo. Siempre me daba las gracias, programaba la próxima sesión y volvía a ponerse sus jeans demasiado anchos, su camiseta, su chamarra y su gorra de beisbol bien calada hacia atrás en la cabeza. Un día noté, horrorizada, que estaba encorvado. En el momento en que se había puesto la gorra había sufrido una transformación: los hombros se le doblaron hacia delante, bajó la cabeza y su visión periférica quedó restringida a una porción reducida del universo. Al verlo caminar pesadamente por el pasillo, quise que me tragara la tierra. Sólo entonces caí en la cuenta de que algunas personas no están listas para enfrentarse al mundo como ciudadanos rectos.

¿Por qué? Bueno, porque les lleva toda una vida desarrollar una mala postura, y cuando llegan a los 50, la columna vertebral de la mayoría de las personas refleja la forma en que han vivido su vida (o le han hecho frente). En otras palabras, esta gente tiene la columna vertebral que merece: cada cual tiende a esculpir incons-

cientemente su cuerpo para que concuerde con su personalidad.

¿Quién eres tú? ¿Alguien con joroba, que-creció-mucho-demasiado-pronto? ¿O quizás alguien que-esconde-grandes-senos-con-hombros-encorvados? ¿O tal vez prefieres la vulnerable apariencia infantil de espalda-arqueada-con-barriga-salida? ¿O acaso una variedad de espécimen controlador-pompa-apretada-pelvismetido-y-rodillitieso? Todas estas son formas de vivir en nuestro cuerpo y de comunicar a los demás nuestros sentimientos hacia nosotros mismos.

Pero el bagaje emocional no es lo único que frustra una buena postura: nos encogemos a medida que envejecemos porque la gravedad trabaja todo el tiempo en nuestra contra, y la única manera de combatir el encogimiento es enfrentándolo, literalmente. Los pequeños músculos que hay entre las vértebras y que mantienen la columna vertebral estirada se contraen y se debilitan con la mala postura y la pereza. Necesitas tonificarlos igual que tonificas tus muslos o brazos, luchando sin pausa contra una forma de resistencia que, en este caso, no es un peso libre (o un resorte como en pilates) sino la propia gravedad.

Cuando trabajo con la postura de un alumno, por lo general las instrucciones más simples son las más eficaces. "Imagina que tienes un hilo dorado atado a la coronilla, que te jala suavemente hacia el cielo…". En otras palabras, ponte en posición erguida y esconde la barriga.

En cierta ocasión asistí a un simposio sobre geriatría y escuché a un orador excelente dar por hecho que las estereotípicas posturas encorvadas y artríticas de la vejez son sólo eso, no necesariamente el resultado de haber vivido una larga vida, sino más bien la materialización de nuestras preconcebidas ideas acerca del envejecimiento. El conferenciante sostenía que arrugarse y decaer constituyen todo un proceso de lo que él denomina *habituación*, que básicamente significa hacer las mismas cosas de siempre, día tras día, con el mismo viejo cuerpo.

¿Sabías que el simple hecho de estar de pie sobre el suelo supone un gran trabajo para ciertos músculos? Esos músculos se llaman posturales y son los siguientes:

✔ Los músculos profundos de la espalda que sostienen la columna vertebral.

✔ El trapecio superior, que sostiene los hombros.

✔ Los músculos de la mandíbula, que evitan que la mandíbula inferior caiga.

✔ Las tensas bandas iliotibiales en los costados de las piernas.

✔ Los cuádriceps, los músculos isquiotibiales y los psoas, que mantienen las piernas de pie.

Estos músculos poseen una gran resistencia y pueden soportar largas horas de trabajo para mantenernos de pie o sentados en posición erguida, a pesar de la gravedad. A lo mejor te habrás preguntado por qué sientes la mandíbula adolorida o por qué se te tensa la nuca. Esos tipos de dolor son manifestaciones naturales de los músculos posturales en cumplimiento de su deber, ya que tienden a tensionarse en exceso porque permanecen activos para mantener nuestros huesos erguidos.

En la postura correcta, los músculos posturales funcionan de maravilla para mantenernos (sin dolor) en posición erguida, de pie y sen-

tados. El problema surge con nuestra vida sedentaria. Janda, checoslovaco, y un gran especialista en métodos de rehabilitación, denomina al ser humano "homo sedentaris" y parte del supuesto de que sentarse en una mala postura durante horas y horas todos los días crea desequilibrio en el cuerpo. Como resultado, los músculos posturales dejan de trabajar y los demás músculos, que no están preparados para soportar tantas horas de trabajo constante, se ven forzados a ayudar para mantenernos en la posición erguida. Después de unas cuantas horas de esta sobrecarga de trabajo, esos músculos están muy adoloridos y de ahí proviene el dolor de espalda. No se puede pedir a un velocista que corra un maratón, ¿verdad? Pero eso es lo que hacemos cuando nos apachurramos en nuestros escritorios todo el día. ¡Y después nos preguntamos por qué nos duele la espalda!

El pilates nos enseña a estar de pie y también a sentarnos, a levantar pesos, a inclinarnos, a levantarnos y a realizar nuestras actividades diarias correctamente y sin hacernos daño. Nos enseña a usar nuestros músculos posturales como es debido.

¿Te ha llegado el momento de tener una buena postura? ¿Tu preparación emocional te permite recibir lo que el mundo puede ofrecerte si estás de pie, en posición erguida y con la cabeza en alto? ¿O vas a actuar como Sol, y volverás a los viejos hábitos de siempre, que de una u otra forma llegan a ser reconfortantes? Prueba ahora este ejercicio, mientras lees esto: siéntate en posición erguida, la cabeza en equilibrio sobre tus caderas, hombros abiertos y alejados de las orejas, y ojos mirando al frente para asegurar el perfecto alineamiento del cuello. Y por último, imagina que escuchas ángeles por encima y por detrás de ti.

riesgo de lesiones aumenta con la edad. Las estructuras amortiguadoras empiezan a deteriorarse y la columna también se vuelve mucho más tensa a medida que envejeces, lo que te dificulta moverte como quieres. El pilates es uno de los mejores métodos de ejercicio tanto para la estabilidad como para la rigidez de la columna.

Un ejercicio de pilates normalmente sirve para un propósito a la vez. Puede apuntar a aumentar la flexibilidad de la columna, en tanto que otro puede concentrarse en el desarrollo de su fuerza central y estabilización. Una sesión de ejercicios equilibrada se ocupa de los dos, y así la columna vertebral adquiere una mayor elasticidad. A Joe Pilates le encantaba usar el gato como modelo de fuerza y movilidad de la columna (para ver algunos ejercicios inspirados en el gato, consulta el capítulo 10). Acostumbraba a decir que si haces pilates 20 minutos al día, tu columna vertebral será como la de un gato y tendrás libertad de movimientos toda la vida. ¡Miau!

Mejora tu vida sexual

El pilates puede ayudarte a mejorar tu vida sexual. Aumentar la conciencia del cuerpo y descubrir cómo aislar los músculos del nivel pélvico sólo puede aumentar el placer y darte más control durante el acto sexual. (Entre los músculos del nivel pélvico están los que controlan los esfínteres de la uretra, el ano y los músculos de la vagina.) Y, por supuesto, ganar flexibilidad en caderas y piernas; además de aumentar la fuerza de pelvis y trasero, te dará más opciones en cuanto a posiciones que probar, ¡y una mayor resistencia física para asaltos más prolongados! También te evitará distensiones musculares y lesiones si te atraen las experiencias sexuales más atléticas.

Para verte muy bien: el pilates y un cuerpo maravilloso

Tal vez ya sepas que son muchas las estrellas de Hollywood que hacen pilates: Madonna, Robin Williams, Sharon Stone y muchos más. Bette Midler incluso tuvo un cadillac (para saber más acerca de esta máquina que se utiliza en pilates, consulta el capítulo 15) en su efímero programa de televisión. Debes saber que si estas estrellas practican pilates, ¡es porque algo bueno hace por su vanidad! Sigue leyendo y entérate de los detalles.

El pilates y la pérdida de peso

Muchas personas llegan al pilates con el objetivo de perder peso y comenzar a tener el cuerpo de una bailarina. ¿Es esto realista? Sí y no.

El ejercicio aeróbico facilita la pérdida de grasa, pero el pilates sólo se vuelve aeróbico cuando llegas a los niveles avanzados y puedes hacer la transición perfecta de un ejercicio a otro. Si ahora mismo no haces ningún ejercicio, haciendo pilates puedes perder grasa... bueno, porque es ejercicio y va a incrementar tu metabolismo. Pero si para ti la pérdida de grasa es una preocupación básica, trata de combinar el pilates con danza, largos paseos, natación, bicicleta o alguna máquina aeróbica en un gimnasio (para más ideas sobre este tema, consulta el capítulo 22).

Pilates es un entrenamiento de resistencia, de modo que fortalece y tonifica todo tu cuerpo. Notarás cambios importantes, especialmente en las zonas de la barriga, el trasero y los muslos. Y lo más importante: el pilates puede hacerte ganar altura y elegancia como resultado de una hermosa postura y de la gracia y fluidez de tus movimientos.

Una larga y delgada máquina pilates

¿Cómo llegar a tener un atractivo cuerpo practicando pilates? ¿Cómo es que el pilates te hace parecer una persona más alta y delgada? El secreto está en la forma en que mueves el cuerpo al hacer pilates, que contribuye a aumentar la longitud, el vigor y la elegancia en general. Lo importante es saber, simplemente, que el pilates no te da volumen sino que te proporciona un saludable tono muscular (para más detalles, consulta el recuadro "Por qué el pilates te estiliza y adelgaza").

La forma de moverse en pilates

"¡Estira la punta de los dedos lo más que puedas!" "¡Extiende la pierna hasta donde llegue!" Estas son órdenes comunes de un buen instructor de pilates. Siempre debes estar preparado para incrementar la extensión de los miembros y esforzar tu cuerpo para que se estire más y más. Esta forma de moverse estira los músculos y abre las articulaciones, de modo que entrenas tu cuerpo igual que los bailarines entrenan el suyo. Si practicas estirando los músculos, estos tenderán a permanecer estirados y abiertos después de salir del centro de pilates. Puedes aumentar la flexibilidad y literalmente convertirte en un ser humano más largo.

La tríada pilates: abdominales, trasero y cara interna de los muslos

Lo que diferencia el pilates de tantas otras formas de realizar ejercicio es que en el pilates siempre usas todas las partes de tu cuerpo. Incluso si estás trabajando en la barra de bíceps, no permitas que el resto de tu cuerpo se vuelva gelatina, simultáneamente mete la barriga para adentro, aprieta las nalgas y junta la cara interna de los muslos. Cuando haces ejercicios de pilates, casi siempre trabajas con la tríada de abdominales, trasero y cara interna de los muslos, no importa qué otras cosas estés haciendo. Con el tiempo, esta combinación cambiará y moldeará tu parte media.

¡No te muevas como un péndulo! El pilates y la parte superior del cuerpo

Joseph Pilates era gimnasta, y muchos de sus ejercicios intermedios y avanzados exigen grandes dosis de fuerza y estabilidad de la parte superior del cuerpo, muy similares a las de una rutina gimnástica. Esta concentración en el fortalecimiento de la espalda y la parte superior del cuerpo diferencia el pilates de muchas otras formas de ejercicio. Cuando las mujeres empiezan con el pilates, se llevan una agradable sorpresa al constatar el tono y la definición que obtienen en brazos y espalda a medida que avanzan en sus sesiones de ejercicios (para un ejemplo de un cuerpo superior tonificado con pilates, véase la figura 2-1).

Figura 2-1:
El pilates fortalece y tonifica la parte superior del cuerpo

Ver para creer: algunas imágenes del método pilates

Hacer pilates no es lo mismo, digamos, que correr. Mucha gente encuentra que correr es relajante porque le permite divagar: el cuerpo va en piloto automático, y la mente queda libre para hacer otras cosas. Con el pilates no es así: aunque es relajante a su manera, sí requiere concentración, ya que debes pensar en lo que estás haciendo.

Las imágenes visuales juegan un papel importante en el método pilates porque ayudan a tu cuerpo a adoptar la posición correcta. Ten en mente las siguientes imágenes mientras realizas tus ejercicios.

✔ **Empuja el ombligo hacia la columna vertebral.** Esta imagen recuerda a la gente que use sus músculos abdominales profundos, y es fundamental en pilates.

✔ **Un hilo dorado atado a la coronilla, que te jala suavemente hacia el cielo.** Esta imagen ayuda a las personas a erguir toda la columna vertebral mientras están sentadas o de pie. Estar sentado o de pie con la cabeza alineada con las caderas es esencial para fortalecer los músculos profundos de la espalda. Estos músculos posturales tienden a debilitarse y a estirarse demasiado en personas que se encorvan o pasan todo el día sentadas frente a una computadora. La debilidad de estos músculos es una de las principales causas del dolor de espalda.

✔ **Mantén los hombros atrás y hacia abajo.** Esta imagen contrarresta la tendencia a permitir que los hombros se suban hasta las orejas cuando estás realizando ejercicios, especialmente los difíciles. Sin razón alguna para ello, y en una respuesta de tensión innecesaria que es importante evitar, las personas tienden a usar los trapecios para ayudarse a ejecutar un ejercicio. Si mantienes los hombros atrás y abajo, trabajan los músculos de la espalda, lo que estabiliza los hombros y ayuda a contrarrestar la sobrecarga de trabajo de los trapecios.

✔ **Mantén los hombros alejados de las orejas (los hombros siempre han de estar por debajo y lejos de ellas).** Esta es otra imagen que ayuda a relajar los trapecios, y además recuerda a las personas que mantengan la columna vertebral erguida, especialmente el cuello.

✔ **Baja la caja torácica.** Permitir que la caja torácica sobresalga del pecho cuando se está usando la parte superior del cuerpo es una reacción común. Recuerda, sin embargo, que mantener la caja torácica abajo o "soldada" al abdomen ayuda a conservar la estabilidad del torso superior y también a que trabajen los músculos abdominales superiores.

Por qué el pilates te estiliza y adelgaza

Estos son algunos elementos del pilates con sus respectivas explicaciones sobre por qué ayudan a conseguir ese cuerpo esbelto y delgado que mucha gente busca al realizar dicho entrenamientos.

La cuchara (*scoop*)

Haciendo pilates no vas a conseguir músculos abdominales superdesarrollados (la clásica tableta de chocolate, vaya). En el trabajo de suelo, lo primero que debes hacer es empujar el ombligo hacia la columna vertebral. En otras palabras: comprimir la pared abdominal, lo que en última instancia crea la apariencia de una barriga más plana. Llevar hacia adentro la barriga no sólo va a entrenar tu parte media para fortalecerla y dar soporte a la espalda, sino que te hará lucir un abdomen de líneas elegantes y tonificadas sin músculos protuberantes, que son signo de abdominales superficialmente fuertes.

Los resortes o muelles

Todas las máquinas de pilates están diseñadas para hacer ejercicios donde la resistencia la ofrecen unos resortes. Un resorte es distinto a una pesa. La cantidad de resistencia de un resorte cambia en la medida en que lo estires, por lo que obliga al músculo a esforzarse en una forma continuada. Entrenar contra la resistencia de un resorte forma músculos largos y espléndidos con la flexibilidad y coordinación necesarias para hacerlo todo bien.

Movimientos complejos

Los ejercicios de pilates requieren que muchos músculos trabajen al mismo tiempo. Rara vez harás un movimiento simple como estirar y flexionar el brazo una y otra vez. Un ejercicio de pilates puede combinar un estiramiento de columna vertebral con trazar un círculo con el brazo seguido por un ejercicio abdominal, con lo que retas a tu cuerpo en muchas formas distintas. El pilates requiere que el cuerpo realice tareas diferentes que implican muchos grupos de músculos al mismo tiempo. Este tipo de movimiento complejo desarrolla simultáneamente los músculos grandes y pequeños. Ningún músculo se lleva toda la atención; los más pequeños se vuelven más fuertes, y los grandes pueden tomarse un descanso y no hacerse demasiado grandes ni voluminosos.

Variación

En pilates nunca haces más de diez repeticiones de un ejercicio, y jamás repites el mismo ejercicio en una misma sesión. En lugar de eso, pasas de uno a otro en un orden muy bien pensado. Vas de un ejercicio abdominal a un ejercicio de espalda, y de ahí a un ejercicio de la parte superior del cuerpo. Además, ninguno de los ejercicios trabaja solamente un músculo. Aunque se trate de una prensa de tríceps, siempre trabajas desde el núcleo e implicas músculos que realizan lo que parece un simple movimiento del brazo. Para construir y dar volumen a un músculo (en el culturismo, por ejemplo), necesitas fatigarlo y hacer repeticiones con descansos entre una y otra. Este enfoque es totalmente antitético a la filosofía pilates de preparación física del cuerpo. El pilates es como una danza que fluye, y para ello se requiere la participación de todo tu cuerpo. En el capítulo 8 encontrarás fotografías con unos buenos ejemplos de la fluidez del pilates.

Capítulo 3

Al tapete...
¡y apréndete el alfabeto pilates!

. . . .

En este capítulo

▶ Conoce los ejercicios de suelo

▶ Descubre los elementos del alfabeto pilates

. . . .

*L*os ejercicios de suelo son la esencia del pilates. Una rutina diaria de ejercicios de suelo te garantiza un centro fuerte y te permite avanzar en tu práctica, ya sea que continúes sólo con el pilates de suelo o decidas probar alguna de las máquinas.

El trabajo de suelo fortalece los músculos profundos de la zona abdominal, del trasero y de la espalda, te enseña estabilidad del torso, aumenta tu flexibilidad en general y mejora tu postura. En el nivel avanzado, el trabajo de suelo es una sesión de cuerpo entero y bien difícil, por cierto.

Aunque es mejor tener debajo un tapete firme, el trabajo de pilates de suelo puede hacerse en cualquier parte que te proporcione una superficie suave y con buen apoyo para tu columna vertebral. No hay excusa para no hacer unos cuantos ejercicios de suelo todos los días.

La mayor parte del trabajo de suelo se concentra en la fuerza central (es decir, fuerza en barriga, espalda y trasero), de manera que entrena tu parte media para que esté más comprimida. Observarás una definición que nunca antes tuvieron tus abdominales, y toda la región media empezará a tonificarse de manera deliciosa. Como el pilates se concentra en los abdominales profundos, los laterales de tu torso se volverán más definidos y desaparecerán los protuberantes músculos superficiales de tu barriga.

Tanto hombres como mujeres tienen por naturaleza grasa abdominal. Perder grasa abdominal es parte del proceso natural de la pérdida de peso (no es definición muscular), pero el pilates puede ser un ingrediente importante en tu plan para perder peso si lo combinas con ejercicios aeróbicos.

Decide si los ejercicios de suelo son los indicados para ti

Algunas personas no pueden usar el tapete. Por ejemplo, tengo una alumna de 63 años a quien le resulta muy difícil hacer los *Abdominales superiores* (que conocerás en el capítulo 4) y definitivamente no puede hacer *El cien* (uno de los ejercicios de suelo fundamentales). Estos dos ejercicios, aunque están pensados para principiantes, requieren que levantes la cabeza y te curves como si fueras a enrollarte (a esta posición la llamo *Posición abdominal de pilates*). Este movimiento es imposible para mi alumna. Un ojo no capacitado podría pensar que ella simplemente tiene la barriga demasiado débil. Pero una observación más detenida revelará que es incapaz de enrollarse y de sostener la *Posición abdominal de pilates* porque tiene muy tensa la parte superior de la espalda y la nuca.

Además de la tensión de los músculos, tener barriga débil o tensión extrema en cualquier parte de la columna vertebral o las caderas se cuentan entre los factores que pueden limitar la capacidad de una persona para realizar ejercicios de pilates de suelo. Si estas condiciones te resultan familiares, no abandones el pilates. En realidad, este tipo de dificultades es bastante común. ¿Qué puedes hacer al respecto? Bueno, si la tensión es enorme y no consigues trabajar en el tapete, puedes dirigirte a un centro pilates local. Muchas de las máquinas de pilates están diseñadas para ayudar a los principiantes. Pero podría apostar a que no dispones de un fácil acceso a un centro de pilates y a los maravillosos aparatos (que describo en el capítulo 15) que encontrarías allí.

Así que si estás tratando de practicar por tu cuenta, en casa, ejercicios básicos de pilates y ves que alguno te deja fuera de combate, no te vayas a frustrar, simplemente prueba con el siguiente. Tampoco te pongas nervioso, ni te enfurezcas, simplemente sigue adelante. Confía en que muy pronto serás capaz de hacer esas mismas cosas que en un principio están fuera de tus posibilidades. Puede ser que ahora te limiten ciertas articulaciones y músculos tensos, o puede también limitarte la debilidad (un problema muy común) e incluso la falta de concentración y de coordinación. No te preocupes, por eso estás leyendo este libro. Si tú confías en el método, este te ayudará con el resto.

Los ejercicios de pilates estiran el cuerpo y ayudan a resolver el problema de los músculos tensos. Lo más importante es hacer los estiramientos con regularidad y, con el tiempo, tu cuerpo cambiará. Si a medida que avanzas en los diversos niveles llegas a un ejercicio que no puedes hacer, déjalo por el momento y vuelve a intentarlo más adelante. Te garantizo que, a la larga, las piezas del rompecabezas se completarán. El pilates es bueno para todo el mundo, ¡recuerda que es mágico!

 Si tienes una lesión en el cuello o en la columna vertebral, y especialmente si se trata de un problema en algún disco vertebral, te recomiendo visitar a un instructor de pilates experimentado en rehabilitación antes de hacer pilates en casa. Las personas que han sufrido cierto tipo de lesiones en la columna vertebral no deben hacer muchos de los ejercicios de pilates de suelo. Esa serie está diseñada para el cuerpo saludable: si existe una lesión vertebral, un profesional en rehabilitación debe modificar los ejercicios.

Apréndete el alfabeto pilates

Esta es una lista de las letras del alfabeto pilates:

- ✔ Columna neutra
- ✔ Cuchara abdominal (*scoop*)
- ✔ El puente
- ✔ Curva en C: lumbar, torácica y cervical
- ✔ Caderas arriba
- ✔ Levitación
- ✔ Punto de equilibrio
- ✔ Apilar la columna
- ✔ Posición abdominal de pilates
- ✔ Primera posición de pilates

El método pilates tiene más de 200 ejercicios, muchos de los cuales son bastante complicados y difíciles de recordar. Al principio esa vasta selección puede parecerte abrumadora, pero casi todos los ejercicios contienen elementos básicos que se repiten una y otra vez en el repertorio. Cuando empecé a instruir maestros en el método pilates, caí en la cuenta de que debía encontrar una forma sencilla de dividir los ejercicios y facilitar a la gente cómo recordar el repertorio. Pensé en ello durante mucho tiempo y al final se me ocurrió lo que ahora denomino el *alfabeto pilates*.

El objeto del alfabeto pilates es, por un lado, facilitar el proceso de aprendizaje y, por otro, desmitificar los ejercicios más complejos descomponiéndolos en partes definibles. Al igual que el alfabeto español contiene letras que unidas forman palabras, el alfabeto pilates contiene movimientos básicos y conceptos del cuerpo, que unidos constituyen los ejercicios de pilates. Encontrarás estas "letras" en todos los ejercicios de pilates.

Por tanto, el alfabeto pilates no es universal, sino un *elliehermanesco* concepto personal. Sólo yo misma, mis maestros, y ahora tú, conocemos este alfabeto, así que no esperes que todos los instructores de pilates usen la misma jerga. Ahora ya sabes algo que antes solamente sabían muy pocos privilegiados. ¡Qué diablos!, lo importante es que si vas a un centro de pilates, debes saber que allí los instructores no van a usar el alfabeto que yo utilizo en este libro, y que probablemente denominen los movimientos básicos de otra manera.

Dada la importancia de los elementos del alfabeto pilates, voy a pedirte que saques tu tapete (o simplemente que hagas un poco de espacio en tu alfombra) y empieces a conocerlos.

Más sobre la *Columna neutra*

Cuando te acuestas boca arriba con la *Columna neutra*, debes poder sostener en equilibrio una taza de té en tu bajo vientre. Si inclinas demasiado la pelvis hacia delante (arqueando la espalda hasta despegarla del tapete), la taza de té se derramará en esa misma dirección; esto se llama *inclinación pelviana anterior*. Si inclinas la pelvis hacia atrás (pegando la espalda contra el suelo), derramarás la taza de té hacia atrás; y esto se llama *inclinación pelviana posterior*. La *Columna neutra* (a veces también llamada pelvis neutra) se logra cuando la taza de té no se derrama.

Para ponernos en plan técnico: en realidad la pelvis neutra está compuesta por el hueso púbico y los huesos de la cadera que están en el mismo plano. Al acostarte, puedes palpar con los dedos esos puntos de referencia del cuerpo; y ese triángulo de huesos, cuando está neutro, debe crear una superficie plana para tu taza de té. Si te pones en pie debes trasladar esta idea de la pelvis neutra a la posición derecha. Si estás de pie, la superficie plana creada por la pelvis neutra debe quedar perpendicular al suelo; tu hueso púbico no debe apuntar ni hacia delante ni hacia atrás, sino directamente al suelo. Muchas personas tienden a inclinar la pelvis en una u otra dirección y, con el tiempo, cualquiera de esos hábitos posturales puede causar tensión en el cuerpo. La columna vertebral neutra y la pelvis neutra son simplemente una buena postura, y cuando tienes una buena postura tus músculos no necesitan trabajar tanto para poder mantenerte en posición erguida y en movimiento.

Columna neutra

La *Columna neutra* es uno de los principios más sutiles y sin embargo más potentes del alfabeto pilates. Como la mayoría de los conceptos básicos del método, comulga con la idea de que en el movimiento "menos es más".

Estas son las instrucciones para la *Columna neutra*: acuéstate boca arriba con las rodillas flexionadas y los pies apoyados en el suelo. Tu columna debe tener dos zonas que no tocan el tapete: tu nuca y la parte inferior de la espalda (zona cervical y lumbar, respectivamente). Estas curvas naturales de la espalda funcionan como amortiguadores para absorber los impactos cuando estás de pie, corres, saltas o simplemente paseas. Cuando te sientes, es importante mantener las curvas naturales de la columna para evitar la presión en la zona lumbar y cervical. La *Columna neutra* es básicamente la postura correcta universal.

Cuando haces ejercicios de pilates de estabilidad muchas veces trabajas en *Columna neutra* para mantener y reforzar las curvas naturales de la espina dorsal. A muchas personas les han enseñado a aplanar la curva de la parte inferior de su espalda cuando hacen ejercicios o están de pie. Este es un método que ya no se considera correcto en cuanto a la postura, y lo indicado es la curva natural. Las figuras 3-1a y 3-1b muestran la espalda con demasiada curva y sin suficiente curva, respectivamente. La figura 3-1c muestra la verdadera *Columna neutra*. Nota que la *Columna neutra* puede pedirse incluso en ejercicios para los cuales no hay que acostarse. Algunos ejercicios del capítulo 10 exigen la posición de *Columna neutra* cuando estás en cuatro patas, por ejemplo.

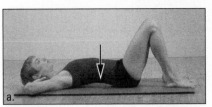

a. Demasiada curva (inclinación pelviana anterior)…

b. no hay suficiente curva (inclinación pelviana posterior)

Figura 3-1:
Columna neutra

c. y perfecta (pelvis neutra)

Cuchara abdominal (scoop)

Puedes hacer la *Cuchara abdominal* en cualquier posición, en cualquier parte y en cualquier momento. Es fácil y divertido hacerla en tu tiempo libre (¡pero ahora no abandones este libro, eh!). Básicamente, es el acto de empujar el ombligo en dirección a la columna vertebral. Lo ideal es imaginar que subes la cremallera de unos vaqueros muy apretados o que metes la panza.

Lo que estás haciendo, anatómicamente, es utilizar el más profundo de tus músculos abdominales (llamado *transversus abdominis*), cuya función es contener las vísceras o, si está contraído, disminuir el diámetro de la pared abdominal. Cuando se recoge y se aprieta, trabaja como el cordón que ciñe la cintura del pantalón de un pants. La razón de la cuchara es que los músculos abdominales ayudan a estabilizar la espalda y tienden a ser débiles en la mayoría de las personas. Por otra parte, el músculo abdominal superficial (*rectus abdominis*) tiende a ser un adicto al trabajo y, si te descuidas, asume las funciones de las capas más profundas. ¡Así que recuérdale todo el tiempo a tu barriga que esté bien metida! En la figura 3-2 puedes ver la *Cuchara abdominal* en acción.

Figura 3-2:
Cuchara
abdominal

El puente

El puente es una posición y un ejercicio al mismo tiempo (véase el ejercicio en el capítulo 5). Acuéstate boca arriba con las rodillas flexionadas y los pies bien apoyados en el suelo. Empuja las caderas hacia arriba y mantenlas allí. Inspira profundamente, y a medida que espiras, aprieta las nalgas, deja caer la caja torácica y mete el ombligo hacia la columna vertebral para que el torso quede lo más plano posible. Tu cuerpo debe formar un plano perfecto, sin arquearse en ninguna dirección, ni arriba ni abajo. Para mantener este torso de tablón, aprieta las nalgas y suelda tu caja torácica hacia tu barriga. Experimentarás un poco de ardor en la cara posterior de las piernas (músculos isquiotibiales) y el trasero (glúteos). La figura 3-3 muestra la posición.

Figura 3-3:
Posición de
El puente

Curva en C

Martha Graham, experta en danza moderna, revolucionó esta disciplina al desarrollar el concepto de doblar la espalda (la contracción Graham). Antes de ella, las bailarinas de ballet mantenían la espalda siempre erecta, etérea y elevada por encima de este planeta cargado de gravedad llamado Tierra. Joe Pilates entrenó a la señora Graham en su centro de Nueva York, y debieron de haber compartido varias ideas porque la *Curva en C* es ahora una forma básica del repertorio del pilates: es un movimiento de la columna vertebral que fortalece los abdominales profundos mientras se estiran los músculos de la espalda.

La *Curva en C* clásica la inician siempre los abdominales. Prueba a hacer una *Curva en C* en posición sentada y muy erguida, con las piernas ligeramente flexionadas y los pies apoyados en el suelo. Imagina que alguien te golpea en el bajo vientre, y deja que tu columna se doble formando una especie de cuchara en tus abdominales profundos. Muy posiblemente la parte superior de tu espalda, el cuello y la cabeza seguirán espontáneamente ese movimiento y se doblarán hacia delante. De modo que inicias la *Curva en C* con la parte baja de la espalda (columna lumbar), después le agregas la parte superior de la columna (columna torácica), y finalmente el cuello y la cabeza (columna cervical). Ahora tu columna está formando una C mayúscula y debes experimentar un gran estiramiento de toda la columna vertebral y los músculos que la rodean.

Aquí viene información un poco más específica sobre las tres curvas naturales de la columna vertebral y cómo participan en el movimiento de la *Curva en C*.

Curva en C lumbar

Este movimiento de *Curva en C lumbar* siempre lo inician los abdominales inferiores. Es el movimiento de columna más difícil de iniciar porque la zona lumbar de la columna tiene vértebras gruesas, encargadas de estabilizar y sostener el peso del cuerpo. Tanto si estás de pie como acostado, la curva natural de tu columna lumbar estará ligeramente extendida (como la columna neutra). Entonces, cuando hagas una *Curva en C lumbar*, debes poner mucha atención y jalar de los músculos abdominales desde la parte más baja del abdomen, tratando de invertir la curva natural de la columna vertebral baja. Esto solamente lo puedes lograr si trabajan todos los fuertes músculos abdominales profundos. La figura 3-4 muestra la *Curva en C lumbar.*

Figura 3-4:
Curva en C lumbar

Curva en C torácica

La parte superior de la espalda (zona torácica) se curva naturalmente en forma de C (al menos en la mayoría de las personas, ya que algunos gimnastas o bailarinas de mayor edad pueden desarrollar una curva torácica aplanada o al revés, después de años de estar sacando pecho). Al realizar una *Curva en C torácica*, hunde las costillas y permite que los hombros se doblen hacia delante, como en la figura 3-5. Al hacerlo de este modo se realiza un buen estiramiento de la espalda superior.

A la *Curva en C lumbar* le sigue naturalmente la *Curva en C torácica*, y esta se puede hacer sin empezarla realmente desde la parte inferior de la espalda. En otras palabras, resulta fácil doblar la espalda superior porque esta se curva de forma natural en esa dirección. Iniciar el doblamiento desde la parte inferior de la espalda es más difícil y hay que poner a trabajar el abdomen. Por lo general, en pilates la idea es tratar de hacer la mayor cantidad de ejercicio desde la barriga, mover la columna vertebral desde la parte inferior de la espalda y agregar a continuación su parte superior. Ten presente que cuando hagas una *Curva en C* es posible que tiendas a encorvarte hacia delante como Quasimodo y dobles únicamente la parte superior de la espalda sin usar el bajo vientre.

Figura 3-5:
Curva en C torácica

Curva en C cervical

Una de las quejas más comunes que escucho de los alumnos novatos después de su primera clase de suelo es "¡tengo molestias en el cuello!" Por eso describo tan minuciosamente la forma correcta de levantar la cabeza cuando estés haciendo un abdominal. Utilizo la *Curva en C* más que nada para visualizar la manera correcta de levantar la cabeza del tapete durante un ejercicio abdominal. Si conoces la manera correcta de levantarla y entiendes el alineamiento adecuado del cuello, no ejercerás presión excesiva sobre este último al hacer los ejercicios de pilates relacionados con los abdominales.

Acuéstate con las manos entrelazadas tras la nuca para dar soporte al cuello. Levanta la cabeza con relación al tapete y estira la cara posterior del cuello mientras imaginas que aprietas una mandarina bajo el mentón para subir la cabeza (es como si asintieras con la cabeza mientras la levantas del tapete). No adelantes el mentón. Una vez que tu cabeza se despegue del tapete, habrás creado tu *Curva en C cervical*: la forma en C empieza en la parte superior de la cabeza y termina en la base del esternón (o caja torácica). Debes levantar la cabeza lo suficientemente alto como para hacer la forma en C. Piensa que no son los músculos del cuello sino tus músculos abdominales los que levantan la cabeza. Si tienes el cuello muy tenso o la barriga muy débil, tal vez no seas capaz de formar una C completa. Pero si lo intentas una y otra vez ¡vas a lograrlo! La figura 3-6 muestra una *Curva en C cervical*.

Figura 3-6:
Curva en C cervical

Caderas arriba

Caderas arriba es tanto un elemento del alfabeto pilates como un ejercicio básico. El nombre lo dice todo. Acuéstate boca arriba con las piernas en alto, los pies cruzados y los brazos a los lados del cuerpo. Balancéate hacia atrás y levanta las caderas valiéndote de tu *Cuchara abdominal* baja. Este ejercicio puede resultar bastante difícil para quienes tengan la barriga débil, la espalda tensa o la mitad inferior del cuerpo ¡muy grande! (para más detalles sobre la forma de hacer este ejercicio *Caderas arriba*, véanse la figura 3-7 y el capítulo 4).

Figura 3-7:
Caderas arriba

Levitación

Si combinas el ejercicio *Caderas arriba* con un poco de bajo trasero apretado, obtienes el ejercicio llamado *Levitación*. Si te acuestas boca arriba y levantas las caderas con tu *Cuchara abdominal*, y en la cumbre del *Ca-*

deras arriba aprietas las nalgas, sentirás cómo levitan tus caderas, que se levantarán a una mayor altura: como si desde los cielos una diosa bajara la mano y te levantara. La levitación es un concepto clave en el pilates, pero no te dejes intimidar por la figura 3-8, que es sólo un ejemplo de levitación. No tendrás que hacer nada como esto hasta que hayas llegado a los ejercicios más avanzados.

Figura 3-8:
Levitación

Punto de equilibrio

El *Punto de equilibrio* es al mismo tiempo una posición y un ejercicio básico. Para practicarlo siéntate con las rodillas flexionadas y tómate de la cara posterior de los muslos. Luego rueda hacia atrás hasta un poco después del huesecito de la rabadilla, mete la barriga (tu *Cuchara abdominal* del principio de este capítulo), y levanta los pies sobre el tapete. Para mantener el equilibrio y no permitir que sigas rodando hacia atrás, debes implicar (y meter) los músculos abdominales profundos. Esta posición te dejará en la *Curva en C lumbar* (¡otra letra del alfabeto pilates!) y te enseña que para balancearte con soltura debes hacer trabajar tu centro profundo. En el capítulo 4 encontrarás instrucciones detalladas para hacer el ejercicio *Punto de equilibrio,* y la figura 3-9 te da una idea de cómo es.

Figura 3-9:
Punto de
equilibrio

Apilar la columna vertebral

Apilar la columna vertebral es el final de varios ejercicios del método pilates. Enseña a *articular* (movimiento completo de todas las vértebras) la columna vertebral, así como a hacer abdominales verticalmente. Es una forma fluida de sentarse o ponerse en pie en posición erguida desde una posición encorvada. Además, es un estiramiento maravilloso para la espalda. La figura 3-10 muestra la acción conocida como *Apilar la columna.*

Para realizar este ejercicio, empieza por sentarte con las rodillas flexionadas y los pies apoyados en el suelo. Si esta posición te resulta difícil porque tienes tensas las caderas o la parte inferior de la espalda, entonces siéntate en una almohada. Permite que toda tu columna vertebral se doble hacia delante, y que la cabeza cuelgue completamente. Empieza a apilar la columna y empuja el ombligo hacia ella. Comienza por la vértebra más baja que puedas, mueve las vértebras una por una y deja que tu cabeza cuelgue completamente hasta el final. Terminarás el ejercicio en posición totalmente erguida. Bueno, ¡pues acabas de apilar tu columna vertebral! Puedes hacerlo otra vez, pero ahora trata de apilarla a la inversa para volver al punto de partida. En otras palabras, inicia con la cabeza el doblamiento hacia abajo y luego mueve las vértebras una por una hasta que te hayas curvado hacia delante (en una *Curva en C*) y estés a punto para apilarte de nuevo. Si te cuesta trabajo encontrar tu vertical, trata de apilar la columna con la espalda contra la pared.

a. Mueve la espalda vértebra por vértebra

Figura 3-10:
*Apilar la
columna
vertebral*

Posición abdominal de pilates

La Posición abdominal de pilates es un nombre que se me ocurrió para describir la posición de la parte superior del cuerpo cuando se realizan la mayoría de los ejercicios de flexión del pilates. Haz la *Curva en C cervical* (descrita antes en este mismo capítulo), acuéstate boca arriba y levanta la cabeza con respecto al tapete a una altura suficiente para que tus omóplatos apenas la toquen (puedes imaginar que la base de tu esternón está anclada al suelo y que la cara posterior de tu cuello se alarga). La figura 3-11 muestra la *Posición abdominal de pilates.*

Mantener esta posición es esencial cuando se realizan ejercicios abdominales. Si permites que la cabeza cuelgue hacia atrás, empezarás a sentir cansancio en la nuca, y no usarás los abdominales tanto como deberías. Los abdominales superiores deben estar trabajando para mantener esta posición (y ahí es cuando debes sentir el ardor). De nuevo, si tienes muy tenso el cuello o la parte superior de la espalda, sostener la *Posición abdominal de pilates* será muy difícil. ¡Pero no te rindas! A muchas personas les resulta difícil, simplemente hazlo lo mejor que puedas, y con el tiempo te irás destensando. De todas maneras obtendrás los beneficios del ejercicio aunque no logres culminar la *Posición abdominal de pilates* clásica.

Figura 3-11:
Posición abdominal de pilates

Primera posición de pilates

Una bailarina de *ballet* en primera posición tiene las piernas juntas, giradas desde la cadera, las rodillas dirigidas hacia afuera y los pies haciendo una V. En pilates, la *Primera posición* es muy parecida: giras las caderas y haces una pequeña V, juntando muy bien los talones (figura 3-12). Nunca fuerces el giro. Simplemente colócate en una posición cómoda, con las rodillas mirando al lado opuesto de cada una y la cara interna de los muslos bien apretada. Esta *Primera posición de pilates* se usa en muchos ejercicios en lugar de mantener paralelas las piernas. El giro desde la cadera pone a trabajar los músculos interiores del muslo y la parte baja de las nalgas, que en pilates nos gusta usar tanto como sea posible. La *Primera posición de pilates* se refiere simplemente a lo que cada pierna está haciendo en relación con la otra. Puedes adoptarla cuando estés de pie o al acostarte.

Figura 3-12:
Primera posición de pilates

Gira las piernas desde las caderas

¡ADVERTENCIA!

¡No te creas todo lo que digo!

Este es un buen momento para quitarme ciertas responsabilidades. Pero antes, una anécdota. En un viaje a Oregon me encontré con una vieja amiga, también instructora de pilates. Pasamos un rato haciendo lo que les encanta hacer a todos los instructores de pilates cuando se reúnen: hablar de las complejidades del cuerpo y de la mejor forma de enseñar el método. Mi amiga admite, como todo buen maestro, que no hay posición ni regla alguna que funcione para todo el mundo. Cuanta más experiencia se adquiere enseñando a tantos cuerpos diferentes, más se aprende que no existe ninguna posición correcta ni ningún indicador preciso que sean universales.

En el caso de la *Posición abdominal de pilates*, por ejemplo, lo ideal sería poder subir hacia arriba desde el tapete con la parte superior de tu cuerpo hasta que el borde inferior de tus omóplatos apenas tocara el tapete. Pero algunas personas tienen unos omóplatos grandísimos, mientras los de otras son muy pequeños. Otras tienen la parte superior de la espalda extremadamente tensa o con curvas más planas, lo que hace imposible subir hasta ese punto. De tal manera que esta regla se aplica sólo a aquellas personas que tienen omóplatos de tamaño medio y la parte superior de la espalda flexible. Por favor, recuerda esto si tu cuerpo no puede hacer algo de lo que describo. Ten muy en cuenta que yo describo ideales, pero no necesariamente hay que alcanzarlos. Algunas de esas limitaciones son cosas que no puedes cambiar (porque están determinadas por tu estructura ósea), pero muchas otras desaparecerán definitivamente con la práctica y la preparación física. Debes saber que el ideal está pensado para un tipo de persona estándar, pero cada uno necesita desarrollar una definición propia de "ideal" que se ajuste a su cuerpo. Algunos de los aspectos más importantes del pilates son conocer tu cuerpo y extender lo que lo hace diferente de la norma; también esforzarte por alcanzar tu propio ideal.

Parte II
Ejercicios de suelo

"NO ESTOY MUY SEGURA DE ESTAR A LA ALTURA
DE MI ROPA DE GIMNASIA".

En esta parte...

*L*os ejercicios de la serie de suelo son el corazón del pilates. En esta parte, te llevo a lo largo de cuatro series distintas: prepilates, principiante, intermedia y avanzada. Si eres aprendiz, empieza con la serie prepilates para que tu cuerpo se acostumbre a los exigentes ejercicios que componen el pilates. A medida que progreses en tu objetivo de llegar a las series avanzadas, aumenta la cantidad y el grado de dificultad de los ejercicios.

En los capítulos 8 a 10 presento algunos ejercicios que no forman parte de las series. LÉELOS si ya te ves capaz de encarar lo realmente duro, si deseas más ejercicios para trasero y muslos o si quieres unos buenos estiramientos de columna vertebral.

Capítulo 4

Prepilates: los fundamentos

En este capítulo

▶ Prepara tu cuerpo para los verdaderos movimientos del pilates

▶ Entiende los movimientos y ejercicios básicos

Los ejercicios de este capítulo a veces se llaman prepilates porque sirven para preparar tu cuerpo para lo más duro. Definitivamente, se trata de los ejercicios que debes hacer si estás empezando a practicar pilates, y en el futuro te servirán de calentamiento para los ejercicios más avanzados. Recuerda, no importa cuánto hayas avanzado, siempre puedes volver a estos ejercicios básicos para cuidar tu forma.

Practica la serie básica hasta haber asimilado estos conceptos en cuerpo y mente, y luego pasa a la serie principiante.

También incluyo algunos de estos ejercicios básicos en las series principiante e intermedia, ya que creo que los *Abdominales superiores* y la *Elevación de pelvis* son dos ejercicios excelentes para comenzar tu sesión. ¿Por qué? Bueno, porque la *Elevación de pelvis* calienta la parte inferior de la espalda y conecta con los abdominales profundos, en tanto que los *Abdominales superiores* calientan el cuello y la parte superior de la espalda, y permiten experimentar la *Posición abdominal de pilates*.

Cuando hagas esta serie de ejercicios, pon particular atención a las sensaciones que experimenta tu cuerpo. Si realmente captas el concepto que el ejercicio trata de enseñar, entonces tal vez no necesites repetirlo en tu próxima sesión de ejercicios. En última instancia, el objetivo es incorporar esos conceptos a la serie más avanzada y poder construir movimientos más complejos y fluidos.

En este libro trato de ayudarte todo lo posible con una serie de ejercicios que sirven para cualquiera de los niveles en que te encuentres. Los básicos están en este capítulo, el capítulo 5 contiene ejercicios de principiante, y así sucesivamente. Haz los ejercicios en el orden que se presentan en cada serie, porque ese orden tiene sentido para tu cuerpo. ¡Y no te sientas mal porque progreses poco a poco! Empieza aquí, cíñete al programa, y con el tiempo estarás haciendo *El búmeran* con los mejores.

Una cosa más: los modelos que aparecen en este libro son todos experimentados instructores de pilates. Cuando hagas los ejercicios, no pienses que tu aspecto físico debe llegar a ser idéntico al de ellos. Vale la pena esforzarse por lograr su forma, pero no esperes igualarla a la perfección.

Una advertencia

Antes de que empieces a practicar el pilates quiero pedirte que tengas mucho cuidado al realizar los ejercicios, ya que una lesión no te va a ayudar a mejorar tu salud...

El ejercicio no es el adecuado para ti si experimentas alguno de los siguientes síntomas mientras lo practicas:

✔ Un dolor intenso, fulgurante, o como un hormigueo.

✔ Un tirón de algún músculo, cuyo dolor no se calma en pocos minutos.

✔ Dolor en el cuello.

✔ Dolor en una o varias articulaciones.

La parte inferior de la espalda puede experimentar ciertas sensaciones molestas cuando estés haciendo pilates, pero eso no es necesariamente malo. El dolor de espalda malo es el que no desaparece después de unos minutos, sino que dura días. Si sientes que la espalda te duele al hacer un ejercicio abdominal, debes modificarlo hasta que la espalda ya no te moleste más. ¡Por lo general sólo necesitarás meter mucho más el ombligo! A medida que tus músculos abdominales se fortalezcan, la espalda dejará de molestarte.

La serie de este capítulo

✔ Respiración con la columna vertebral neutra (*Breathing in Neutral Spine*)

✔ Encogerse de hombros (*Shoulder Shrugs*)

✔ Golpes de hombros (*Shoulder Slaps*)

✔ Estiramiento de brazos / Círculos de brazos (*Arm Reaches / Arm Circles*)

✔ Elevación de pelvis (*Coccyx Curls*)

✔ Arcos de fémur (*Tiny Steps*)

✔ Abdominales superiores (*Upper Abdominal Curls*)

✔ Caderas arriba (*Hip-Up*)

✔ Preparación para el rodamiento hacia atrás (*C Curve Roll Down Prep*)

✔ Punto de equilibrio / Preparación para el tejedor (*Balance Point / Teaser Prep*)

✔ Rodar como una pelota, modificado (*Rolling Like a Ball, Modified*)

Respiración con la columna vertebral neutra

La mayoría de las personas no respira con la parte inferior de los pulmones, respira sólo superficialmente. Este ejercicio se concentra en aumentar la capacidad de los pulmones y especialmente en llevar aire a su parte más profunda.

Respirar es algo que todos hacemos de forma automática, si bien hay personas que tienden a contener la respiración mientras realizan un ejercicio. Contener el aliento tensiona los músculos y aumenta la rigidez del cuerpo. Aunque el siguiente ejercicio puede parecer engañosamente fácil, en realidad es la esencia de todos los ejercicios de pilates que vienen después.

Prepárate

Acuéstate boca arriba, con las rodillas flexionadas, los pies apoyados en el suelo y separados a una distancia igual al ancho de tus caderas. Relaja la espalda para quedar en la posición de *Columna neutra* (véase capítulo 3). Pon las manos a cada lado de la parte inferior de la caja torácica justo encima de la cintura, con los pulgares hacia la espalda y los demás dedos apuntando al esternón.

El ejercicio

Inspira: Respira profundamente y permite que las costillas se expandan lateralmente en tus manos. Piensa que respiras hasta el área de los riñones (parte inferior de la espalda) y llena los pulmones a su máxima capacidad. Trata de no arquear la espalda y no la despegues del tapete.

Espira: Expulsa todo el aire de los pulmones y empuja al mismo tiempo el ombligo hacia la columna vertebral.

Estás tocando el acordeón. Cuando inspiras, el fuelle se expande y cuando espiras se cierra.

Qué hacer y qué no hacer

✔ No arquees la espalda al inspirar. Mantén la parte superior de la espalda en contacto con el tapete.

✔ Repite el ejercicio hasta haberte relajado, calmado y preparado para realizar el siguiente.

Encogerse de hombros

¿Demasiada tensión? La tensión es una realidad física y emocional. La mayoría de las personas acumulan, sin saberlo, tensión en la nuca y en los hombros especialmente si trabajan todo el tiempo frente a una computadora o en un escritorio. Resulta casi imposible no abusar de los músculos trapecios superiores (ubicados en la parte trasera del cuello y superior de los hombros) si hora tras hora tienes los brazos al frente. Pero una vez que adquieras conciencia de ese tipo de postura, podrás corregir ese abuso mediante este sencillo ejercicio.

Prepárate

Para empezar, acuéstate boca arriba con las rodillas flexionadas, los pies apoyados en el suelo separados a una distancia igual al ancho de tus caderas, y los brazos a lo largo del cuerpo. Relaja la espalda hasta quedar en la posición de *Columna vertebral neutra*.

El ejercicio

Inspira: Sube los hombros hasta las orejas y contrae los músculos trapecios superiores (figura 4-1).

Espira: Relaja y suelta los hombros, y déjalos bajar rápidamente lejos de las orejas.

Realiza cuatro repeticiones. Haz la última repetición más despacio y, al espirar, permite que tus omóplatos "se fundan" lentamente espalda abajo.

Trata de sentir los músculos de la espalda que mantienen los omóplatos abajo y alejados de las orejas.

Qué hacer y qué no hacer

✔ Sigue las instrucciones de respiración del ejercicio. Espirar siempre ayuda a relajar los músculos.

✔ No contengas el aliento.

Figura 4-1:
Encogerse de hombros

Encoge los hombros y después suéltalos

Golpes de hombros

El ejercicio *Golpes de hombros* es otra manera segura y sencilla de descubrir cómo relajar y soltar los músculos de tus hombros e implicar sus músculos estabilizadores.

Prepárate

Acuéstate boca arriba con las rodillas flexionadas y los pies completamente apoyados en el suelo, y levanta los brazos hasta que tus dedos apunten al cielo.

El ejercicio

Inspira: Sube los brazos en dirección al cielo, de manera que los omóplatos se despeguen del tapete (figura 4-2).

Espira: Mantén los brazos rectos y sigue estirándolos al tiempo que te relajas; libera los músculos de los hombros, de manera que los omóplatos golpeen el tapete al caer.

Realiza cuatro repeticiones.

En la repetición final, imagina que tus omóplatos se funden con el tapete cuando la golpean al caer. Sigue empujándolos contra el tapete y siente los músculos que están trabajando: son tus músculos *latissimus dorsi*, y es importante conocer su ubicación porque en pilates se usan todo el tiempo al bajar los hombros para alejarlos de las orejas, lo que ayuda a liberarlos de la tensión.

Qué hacer y qué no hacer

✔ Suéltate al espirar y permite que omóplatos y brazos bajen por gravedad.

✔ No flexiones los brazos cuando golpees el tapete con los hombros.

Figura 4-2:
Golpes de hombros

Levanta los hombros para despegarlos del tapete

Estiramiento de brazos / Círculos de brazos

Este ejercicio tiene la doble función de estirar los músculos de pecho y espalda y ofrecer estabilidad al torso superior.

Si la tensión se ha apoderado de ti y necesitas estirarte, concéntrate en abrir el pecho cuando hagas este ejercicio. Si eres flexible como una lombriz, entonces concéntrate en estabilizar el torso. (¡No permitas que la parte superior de tu espalda se arquee y se despegue del tapete!)

Prepárate

Para empezar, acuéstate boca arriba con las rodillas flexionadas, los pies apoyados en el suelo y separados a una distancia igual al ancho de tus caderas, la espalda con la *Columna vertebral neutra*, y los brazos a lo largo del cuerpo.

El ejercicio

Inspira: Sube los brazos en dirección al cielo, en un ángulo de 90 grados con respecto al suelo, y manténlos separados a una distancia igual al ancho de tus hombros (figura 4-3a).

Espira: Deja caer tu caja torácica, imagina que vas a soldar las costillas a tu barriga y lleva los brazos hacia atrás, bien estirados y junto a las orejas (figura 4-3b).

Inspira: Mueve los brazos en círculo hasta formar una T (con los brazos pegados al suelo, como se ve en la figura 4-3c), luego acércalos a los lados del cuerpo y llévalos de nuevo a la posición inicial, estirados hacia el cielo.

Realiza tres repeticiones e invierte el proceso.

Qué hacer y qué no hacer

✔ Mantén el torso totalmente estable y las costillas abajo.

✔ Cuando inicies el ejercicio, mantén los hombros abajo, alejados de las orejas.

✔ No dejes que la parte superior de la espalda se arquee y se despegue del tapete (figura 4-4). Cuando levantes los brazos, la espalda tratará de subir con ellos, pero el objetivo de este ejercicio es mantener la espalda pegada al tapete.

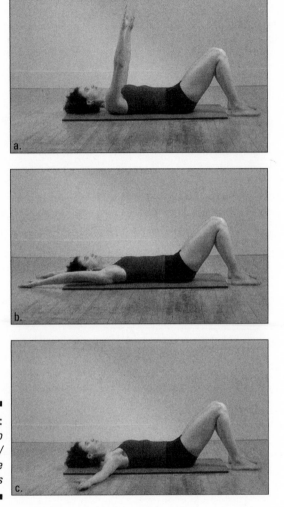

Figura 4-3:
*Estiramiento
de brazos /
Círculos de
brazos*

Figura 4-4:
Lo que
no debes
hacer al
practicar el
*Estiramiento
de brazos /
Círculos de
brazos*

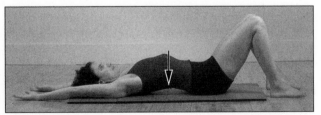

No permitas que tu espalda se arquee y se despegue del tapete

Elevación de pelvis

Ahora que tus hombros se han relajado, ya podemos avanzar un poco más. Para ti este va a ser el primer ejercicio donde vas a utilizar la *Cuchara abdominal inferior*, tan importante en todos los ejercicios de pilates. Por favor, no permitas que los hombros se suban y se pongan tensos ahora que has conseguido relajarlos un poco (¡el hecho de que no te concentres específicamente en ellos no es excusa para volver a los malos hábitos!).

A medida que realices este ejercicio aprenderás a través del movimiento las tres partes básicas del alfabeto pilates: *Columna vertebral neutra, Cuchara abdominal* y *El puente*.

El cóccix, dicho sea de paso, es simplemente un nombre elegante para designar la rabadilla (porque hablar de la rabadilla todo el tiempo no suena muy bonito).

Prepárate

Acuéstate boca arriba con las rodillas flexionadas, los pies apoyados en el suelo y separados a una distancia igual al ancho de tus caderas, la espalda con la *Columna vertebral neutra*, y los brazos a lo largo del cuerpo (figura 4-5a).

El ejercicio

Inspira: Respira profundamente.

Espira: Primero realiza una *Cuchara abdominal* profunda: empuja el ombligo hacia la columna vertebral, aprieta suavemente los músculos inferiores de las nalgas y aplana la parte inferior de la espalda contra el tapete.

Imagina que tu barriga está tan hundida que presiona las vértebras de la parte inferior de la espalda contra el tapete. A veces a eso se le llama *imprinting*, porque debes visualizarte marcando (o imprimiendo) tus vértebras en el tapete, con tu *Cuchara abdominal*. De la misma manera, si en una playa presionaras la parte inferior de la espalda contra la arena, después verías en la arena una marca (o *imprinting*) de las vértebras. Si la palabra *imprinting* no te funciona, imagina que te subes el zíper de unos jeans muy apretados.

Si las dos imágenes anteriores no te ayudan para realizar la cuchara, ¡imagina que sacas con una cuchara la carne de un melón, que es tu barriga!

Inspira: Suelta y vuelve a la cómoda *Columna vertebral neutra*.

Espira: Realiza de nuevo la *Cuchara abdominal* empujando tu ombligo hacia la columna y apretando suavemente los músculos inferiores de las nalgas. Aplasta la parte inferior de la espalda contra el tapete y levanta la rabadilla lentamente mientras cuentas hasta cinco. Sube hasta que alcances la posición de *El puente* (figura 4-5b). Tu cuerpo debe ser una línea recta de hombros a rodillas. No subas las caderas tanto que no puedas verte las rodillas.

Inspira: Mantén la posición de *El puente*.

Espira: Empieza a bajar vértebra por vértebra de nuevo, empuja el estómago hacia adentro, y una vez más finaliza en *Columna neutra*.

Realiza tres repeticiones reduciendo cada vez más y más el movimiento, hasta que al final, sin salir de *Columna neutra,* empujes hacia adentro los abdominales como si fueras a iniciar una *Elevación de pelvis*, pero sin hacerlo. Esto se llama *Columna neutra comprometida* (para más información, consulta el recuadro "Por qué es tan importante la *Columna vertebral neutra*").

Qué hacer y qué no hacer

✔ Concéntrate en iniciar el movimiento con la *Cuchara abdominal*.

✔ No tensiones la parte superior del cuerpo cuando realices este ejercicio. Mantén la nuca alargada y los hombros relajados.

Figura 4-5:
Elevación de pelvis

Por qué es tan importante la *Columna vertebral neutra*

Si estando de pie estás en *Columna neutra*, tienes el inicio de una muy buena postura, que te permite mantener las curvas naturales de la columna al tiempo que el trabajo de los músculos abdominales profundos soporta tu espalda. El trabajo de *Columna neutra comprometida* estirado boca arriba implica que tu barriga está hundida hacia adentro, pero la posición de tu pelvis sobre el tapete no ha cambiado. Para cerciorarte de estar en la posición de *Columna neutra*, mantén la rabadilla en contacto con el tapete.

Arcos de fémur

Arcos de fémur es un ejercicio para la estabilidad que pone a prueba la fuerza y estabilidad de tus abdominales inferiores. En todo este ejercicio hay que mantener la posición de *Columna neutra* al mismo tiempo que se usa la *Cuchara abdominal*. El objetivo del ejercicio es no mover las caderas ni la parte inferior de la espalda, mientras subes y bajas las piernas. Parece sencillo, pero en realidad se requiere mucha fuerza central (de tipo muscular). ¡Aquí buscamos la estabilidad absoluta!

Prepárate

Acuéstate boca arriba con las rodillas flexionadas y los pies apoyados completamente en el suelo y separados a una distancia igual al ancho de tus caderas. Relaja la espalda para quedar en la posición de *Columna neutra*. Pon cada mano sobre el hueso de la cadera para que puedas sentir si llegas a moverte o mecerte de un lado a otro (figura 4-6a).

El ejercicio

Espira: Empuja el ombligo hacia la columna y lleva la rodilla derecha al pecho (figura 4-6b).

Inspira: Mantén la posición.

Espira: Empuja el ombligo hacia la columna, baja la pierna derecha hasta el tapete mientras controlas el movimiento desde el centro, y vuelve a la posición inicial.

Realiza ocho repeticiones, alternando las piernas.

Qué hacer y qué no hacer

✔ No permitas que la parte inferior de tu espalda se arquee y tampoco que tus caderas oscilen de un lado a otro.

✔ No tensiones la parte superior del cuerpo al hacer este ejercicio; mantén el cuello largo y los hombros relajados.

Figura 4-6:
Arcos de
fémur

Abdominales superiores

Este ejercicio te puede parecer difícil por dos razones:

Si tus músculos abdominales superiores están débiles, va a entrarte el tembleque cuando intentes subir hacia arriba. No te preocupes mucho si en este ejercicio no logras subir toda la parte superior del torso; te sorprendería saber cuánta gente ha tenido dificultad para hacerlo la primera vez.

Si tienes demasiado tensa la parte superior de la espalda y la nuca, tal vez no puedas alcanzar la posición. De ser así, será prácticamente imposible que logres subir y entonces puede que no sientas el trabajo de tus múscu-los abdominales. Sin embargo, vas a experimentar un estiramiento de la nuca y la parte superior de la espalda.

En cualquier caso, insiste en hacerlo. Si la frustración te vence, pasa al siguiente ejercicio y vuelve de nuevo a este unas semanas después de hacer otros ejercicios de pilates; poco a poco te vas transformando, y a lo mejor en un futuro te parecerá más fácil.

Prepárate

Para empezar, acuéstate boca arriba, con las rodillas flexionadas y los pies apoyados completamente en el suelo, separados a una distancia igual al ancho de tus caderas. Relaja la espalda hasta quedar con *Columna neutra*. Pon las manos detrás de la cabeza, entrelazando los dedos (figura 4-7a). Inspira profundamente.

El ejercicio

Espira: Empuja el ombligo hacia la columna vertebral y levanta la cabeza; lleva el mentón al pecho como si con él pretendieras exprimir una manda-rina, mientras subes a la *Posición abdominal de pilates*. Debes levantarte apenas lo suficiente como para que los hombros se despeguen del tapete (figura 4-7b).

Inspira: Mantén la posición.

Espira: Controla el movimiento al bajar de nuevo al tapete.

Realiza ocho repeticiones lentas.

Qué hacer y qué no hacer

✔ Mantén la posición de *Columna vertebral neutra* mientras te levantas.

✔ No permitas que la parte inferior de la espalda se aplane; mantén la rabadilla anclada al tapete.

✔ No fuerces el cuello. Sostén con las manos el peso de la cabeza y conserva el espacio para una mandarina entre el mentón y el cuello.

Figura 4-7:
Abdominales
superiores

Caderas arriba

Caderas arriba es uno de los ejercicios preliminares y forma parte del alfabeto pilates. Al levantar las caderas, fortaleces tus músculos abdominales inferiores (y también los de las nalgas, si las aprietas cuando estás subiendo).

Si tienes una lesión en el cuello, hazlo con cuidado. No lo practiques si te causa tensión en el cuello.

Si sientes que tu cuello y tus hombros están muy tensos, pon los brazos por encima de la cabeza. Eso saca del movimiento la parte superior de tu cuerpo y acentúa los abdominales. Si no tienes suficiente fuerza abdominal, deberás mantener los brazos a los lados para ayudarte a levantar las caderas.

Prepárate

Túmbate boca arriba con las piernas flexionadas también hacia arriba y los pies cruzados. Pon los brazos a los lados del cuerpo con las palmas de las manos hacia abajo (figura 4-8a).

El ejercicio

Inspira: Balancéate hacia atrás y empuja el ombligo hacia la columna vertebral mientras levantas las caderas del tapete (figura 4-8b). Presiona las palmas y la parte superior de los brazos contra el tapete para ayudarte a levantar. Mantén relajados hombros y cuello. Empieza muy suavemente. Aprovecha el impulso de las piernas al ir hacia atrás para crear el movimiento de balanceo.

Espira: Mete bien la barriga para controlar el descenso de las caderas, y si es necesario vuelve a usar los brazos.

Realiza nueve repeticiones. Puedes tratar de levantar las caderas un poco más alto cada vez. Cerciórate de no subir tanto que acabes doblando incluso el cuello. En la última repetición, trata de rodar hasta conseguir sentarte; así vas a facilitar tu transición a la *Preparación para el rodamiento hacia atrás*, el ejercicio siguiente.

Qué hacer y qué no hacer

✔ Recuerda que se trata de un ejercicio de la región abdominal inferior, así que usa los brazos para ayudarte a subir las nalgas, pero sólo hasta donde lo necesites. Concéntrate en hacer la mayor parte del trabajo con la barriga.

✔ Crea un suave movimiento de balanceo en ambas direcciones. Imagina que te masajeas la columna vertebral cuando te meces arriba y abajo.

✔ No levantes las caderas en dirección al cielo, intenta mejor dirigirlas a un punto por encima de tu cabeza, con un movimiento que sea circular y no de arriba abajo.

✔ No ruedes demasiado atrás, o lo harás sobre las vértebras cervicales, que son muy frágiles (¡el cuello!). Mantén el cuello estirado y relajado.

Variación

En la medida en que te vayas fortaleciendo, trata de aumentar el nivel de dificultad del ejercicio. Haz tres repeticiones levantando sólo las nalgas, otras tres subiendo un poco más hasta la espalda media, y las tres últimas rodando hasta la parte superior de la espalda. En las tres últimas más altas, aprieta las nalgas en el clímax del *Caderas arriba* y siente el peso de tus caderas "levitar" desde el suelo. ("Levitación" es una letra del alfabeto pilates que explico en el capítulo 3.)

Figura 4-8:
*Caderas
arriba*

Preparación para el rodamiento hacia atrás

Estás llegando a la parte divertida. Este ejercicio es la preparación para el *Rodamiento hacia atrás*, ¡que es a su vez una preparación para el *Rodamiento hacia arriba*! Tal vez ya estés lo suficientemente fuerte como para hacer un *Rodamiento hacia arriba* completo. Si es así, avanzarás rápidamente en esta serie y en la próxima. Pero si todavía no eres muy consciente de tus abdominales profundos y tienes poca fuerza, prosigue con calma como la mayoría de los mortales.

A la larga, una de las cosas más satisfactorias del pilates es la exigencia. Asume el reto y poco a poco verás cómo te sientes mejor, a medida que consigas realizar más y más ejercicios difíciles.

Con el ejercicio *Preparación para el rodamiento hacia atrás* tú mismo vas a guiarte a medida que tomas conciencia de cómo sentir la *Curva en C* en la parte inferior de la espalda. Practica un poco lo de apilar la columna (la *Curva en C* y *Apilar la columna* son letras del alfabeto pilates. Para más información, consulta el capítulo 3).

Prepárate

Siéntate, flexiona las rodillas y apoya completamente los pies en el suelo. Sostén la cara posterior de los muslos con las manos, rodeando la cara exterior de las piernas (figura 4-9a). Siéntate en la posición más erguida posible e imagina que tienes un hilo de oro atado a la coronilla que te jala hacia el cielo.

El ejercicio

Inspira: Respira profundamente y sigue en posición sentada y tan erguida como puedas.

Espira: Empuja el ombligo hacia la columna vertebral y vacía todo el bajo vientre, haciendo la forma de una C con la parte inferior de la espalda (debe parecer como si alguien te hubiera dado un puñetazo en el bajo vientre). Empieza a rodar hacia atrás bajando por la columna vertebral, y permite que la rabadilla ruede por debajo de ti. Desliza lentamente los brazos por los muslos y ayúdate con ellos para rodar hacia atrás. Trata de rodar hacia atrás lo suficientemente lejos, hasta sentir que los huesos de la parte inferior de la espalda presionan el tapete. Toda la espalda, incluidos cuello y cabeza, debe parecer una gran C. Las figuras 4-9b y 4-9c muestran el movimiento de rodar hacia abajo.

Inspira: Inspira profundamente.

Espira: Empuja el ombligo hacia la columna vertebral y con tus múscu-los abdominales presiona la parte inferior de la espalda contra el tapete mientras lentamente ruedas hacia arriba. De nuevo, ayúdate con los bra-zos y deslízalos lentamente muslos arriba. Deja que toda la espalda per-manezca en una *Curva en C* y que tu barriga siga vacía hasta que vuelvas a sentarte sobre la rabadilla. Debes hacer la forma de una C con toda la columna vertebral (figura 4-9d).

Inspira: Apila la columna, empezando desde la parte inferior de la espalda, luego la parte superior y por último el cuello y la cabeza. No olvides mantener la cabeza muerta hasta el final.

Espira: Aún en posición sentada y erguida, deja que los hombros bajen lejos de las orejas. Siente cómo trabajan los músculos superiores de la espalda para mantenerlos abajo (figura 4-9e).

Realiza seis repeticiones.

Qué hacer y qué no hacer

✔ Concéntrate en usar los abdominales para realizar el ejercicio.

✔ Intenta articular la columna vertebral tanto cuando bajes como cuando subas.

✔ Minimiza la tensión de la parte superior de tu cuerpo; mantén el cuello estirado y relajado.

✔ No retengas el aliento. Tu respiración debe ser lenta y prolongada, para ayudar al movimiento.

Figura 4-9:
Preparación para el rodamiento hacia atrás

Punto de equilibrio / Preparación para el tejedor

El Punto de equilibrio es básicamente una *Preparación para el rodamiento hacia atrás* con los pies levantados del suelo. El hecho de que los pies no estén apoyados en el suelo dificulta mucho más poder mantener el equilibrio. Si encuentras este ejercicio demasiado desalentador, simplemente practica el ejercicio previo hasta que puedas avanzar.

El *Punto de equilibrio* es un ejercicio básico y también una letra del alfabeto pilates. Es uno de los mejores ejercicios que conozco para poder sentir y hacer trabajar los músculos abdominales profundos. Aquí no puedes hacer trampa y usar otros músculos para ayudarte; por fuerza debes usar los abdominales profundos porque, si no lo haces, pierdes la posición.

Articular la columna vertebral es importante en este ejercicio y en el método pilates en general. *Articular* la columna significa moverla vértebra por vértebra, en lugar de moverla en segmentos de cuatro o cinco vértebras. Articular una vértebra después de otra agrega flexibilidad a la columna y permite que los abdominales trabajen más.

Este ejercicio también es una buena preparación para *El tejedor*, ejercicio más avanzado, que encontrarás en los capítulos 6 y 7.

Prepárate

Siéntate en posición erguida, flexiona las rodillas, levanta los pies del suelo y sostén la cara posterior de los muslos con las manos (la mano derecha alrededor de la cara exterior del muslo derecho y la izquierda alrededor de la cara exterior del muslo izquierdo). Debes estar en equilibrio justo por detrás de la rabadilla (cóccix), con la parte inferior de la espalda redondeada y la barriga completamente hacia adentro (figura 4-10a). Esta es la posición *Punto de equilibrio*. Inspira profundamente.

El ejercicio

Espira: Empieza a rodar columna vertebral hacia abajo y empuja los muslos al frente para hacer contrapeso. Empuja el ombligo hacia adentro y controla el movimiento desde el centro. Déjate ir hacia atrás hasta el punto en que aún puedas controlar el movimiento (las figuras 4-10b y 4-10c muestran el movimiento de rodar hacia abajo).

Inspira: Mantén la posición.

Figura 4-10:
*Punto de
equilibrio /
Preparación
para el tejedor*

Espira: Presiona las piernas y vuelve a la posición *Punto de equilibrio;* aprovecha la contracción de los músculos abdominales para levantarte de nuevo.

Realiza seis repeticiones. Cada vez intenta aumentar la distancia a la que llegas hacia atrás.

Qué hacer y qué no hacer

- ✔ Concéntrate en usar los abdominales para realizar el ejercicio.
- ✔ Trata de articular tu columna vertebral de bajada y de subida.
- ✔ Minimiza la tensión de la parte superior de tu cuerpo; mantén el cuello estirado y relajado.
- ✔ No abuses de los músculos de tus brazos: no te levantes con los bíceps.

Variaciones

Si este ejercicio es demasiado fuerte para ti y cada vez que lo haces te caes hacia atrás, apoya los pies en el suelo y sigue las mismas instrucciones.

Cuando ya tengas la fuerza y el control suficientes, podrás llegar hasta el suelo y volver al *Punto de equilibrio*. Una vez que domines eso, trata de dejar libres los brazos y extiéndelos hacia delante cuando vayas de bajada y vuelvas a subir. Este es el nivel principiante de *El tejedor*, del que encontraremos otras versiones en los capítulos 6 y 7.

Rodar como una pelota, modificado

Rodar como una pelota es una combinación de *Caderas arriba* y el *Punto de equilibrio*. Porque combina fuerza y control, este ejercicio es una manera divertida de masajearse la espalda, aprender a articular la columna y encontrar el centro de control abdominal.

Esta es la versión modificada porque te sostienes con los muslos en lugar de hacerlo con las pantorrillas, como haces en *Rodar como una pelota,* normal (capítulo 5). Este agarre modificado de manos permite mayor articulación y soltura en los movimientos de rodamiento porque deja más espacio entre el muslo y el cuerpo.

Si tienes una lesión en el cuello, por leve que sea, procede con cuidado. Sáltate este ejercicio si sientes el cuello tensionado.

Prepárate

Empieza por sentarte en posición erguida, igual que para el *Punto de equilibrio* (figura 4-11a), con las piernas flexionadas y los pies levantados del suelo, y sostén con las manos la cara posterior de las piernas (con la mano derecha sujeta la cara externa del muslo derecho y con la izquierda la cara externa del muslo izquierdo).

El ejercicio

Inspira: Rueda hacia atrás para quedar sobre la parte superior de la espalda y haz un *Caderas arriba* con la *Cuchara abdominal* para levantarlas; aprieta las nalgas para subir un poco más (figuras 4-11b y 4-11c).

Espira: Vuelve al *Punto de equilibrio*, y usa la *Cuchara abdominal* como freno a medida que ruedes (figura 4-11d).

Qué hacer y qué no hacer

✔ Piensa que puedes masajear tu espalda si te vales de los abdominales para ayudarte a articular cada vértebra.

✔ Permite que el impulso te ayude a rodar hacia atrás, y cuando estés en el punto máximo de *Caderas arriba*, controla el movimiento con los abdominales.

Figura 4-11:
Rodar como una pelota, modificado

Regresa al punto de equilibrio

✔ No permitas que tu espalda produzca el sonido de un golpe, especialmente cuando estés de subida. Usa los abdominales para jalar de la parte inferior de la espalda y lograr un movimiento suave.

✔ No ruedes demasiado lejos sobre tu cuello. Si no tienes problemas de cuello, no querrás empezar a tenerlos ahora.

✔ Rodar como una pelota es mucho más dificultoso cuanto más pequeña sea la pelota que hagas. Si sostienes tus rodillas con las manos, aprietas la pelota y, por tanto, se vuelve más un ejercicio abdominal y de control que de masaje y articulación.

Capítulo 5

Serie principiante de suelo

- -

En este capítulo

▶ Intenta unos cuantos ejercicios reales

▶ Empieza a sentir el efecto

- -

Si iniciaste tu experiencia en pilates con la serie del capítulo 4 (como yo recomiendo), habrás conseguido dominar los ejercicios prepilates (así los llamo yo). Tu cuerpo y tu mente ya han asimilado los fundamentos y puedes prepararte para una auténtica sesión de pilates.

Incluso *El cien*, que es el primer ejercicio nuevo de esta serie, requiere una enorme cantidad de fuerza de la parte superior del abdomen y del cuello (así que no te sientas mal por tomártelo con más calma e incorporar paulatinamente a tu rutina estos ejercicios). Sin embargo, antes de pasar a un nuevo capítulo debes poder moverte por esta serie con fluidez y sin grandes dificultades.

El hecho de que domines los ejercicios prepilates no significa que debas olvidarlos ahora. Por esta razón, incluyo aquí un par de ejercicios del capítulo 4 (*Elevación de pelvis* y *Abdominales superiores*) como calentamiento para la serie de este capítulo y para que tu columna y abdominales tengan posibilidad de lubricarse un poco antes de afrontar *El cien*. He incorporado dos ejercicios adicionales (también del capítulo 4), *Punto de equilibrio* y *Caderas arriba*, porque son dos movimientos muy importantes en pilates.

La serie de este capítulo

Aquí están los ejercicios de la serie principiante. Si trabajaste todos los ejercicios prepilates del capítulo anterior, ya has hecho algunos (aquí hay fotos de esos ejercicios para recordártelos, pero no una descripción completa).

✔ Elevación de pelvis (*Coccyx Curls*) (capítulo 4)

✔ Abdominales superiores (*Upper Abdominals Curls*) (capítulo 4)

✔ El cien, nivel principiante (The *Hundred, Beginning Level*)

✔ Punto de equilibrio / Preparación para el tejedor (*Balance Point / Teaser Prep*) (capítulo 4)

✔ Caderas arriba (*Hip-Up*) (capítulo 4)

✔ Rodar como una pelota (*Rolling Like a Ball*)

✔ Estiramiento sencillo con una pierna (*Single Leg Stretch*)

✔ Preparación para el cisne (*Rising Swan*)

✔ Rodamiento hacia atrás (*Roll Down*)

✔ El puente (*The Bridge*)

✔ Estiramiento de espalda hacia delante (*Spine Stretch Forward*)

✔ Patadas laterales (*Side Kicks*)

Elevación de pelvis

Me gusta empezar cada sesión de ejercicios con elevaciones de pelvis: te calientan la parte inferior de la espalda y puedes sentir tu *Cuchara abdominal*. La *Elevación de pelvis* aparece en la figura 5-1 y está descrita en detalle en el capítulo 4. Realiza tres repeticiones.

Figura 5-1:
Elevación de pelvis

Abdominales superiores

Haz los *Abdominales superiores* después de hacer la *Elevación de pelvis*. Incluyo este ejercicio básico como calentamiento para la nuca y la parte superior de la espalda, y para que sientas la *Posición abdominal de pilates* (en la que tus hombros están apenas despegados del tapete). Los *Abdominales superiores* aparecen en la figura 5-2 y están descritos en detalle en el capítulo 4. Realiza ocho repeticiones lentas.

Figura 5-2:
Abdominales
superiores

El cien, nivel principiante

El cien tiene este nombre porque se realiza durante 100 movimientos. Es un magnífico ejercicio para empezar una serie porque sirve de calentamiento para todo el cuerpo y mantiene en movimiento la sangre. Es también un ejercicio excelente para aumentar la estabilidad del torso y la fuerza abdominal. Es posible que te resulte difícil mantener la cabeza en alto durante tanto tiempo. Busca cómo protegerte el cuello en el apartado "Qué hacer y qué no hacer".

Prepárate

Acuéstate boca arriba con las rodillas flexionadas y en el aire (cada rodilla y muslo formarán un ángulo de 90 grados, y debes tener la cara interna de los muslos muy apretada). Mantén tu espalda en la posición de *Columna neutra* (véase la explicación sobre la *Columna neutra* en el capítulo 3). La figura 5-3a muestra la posición inicial. Si esta posición representa demasiado esfuerzo para la parte inferior de tu espalda, por ahora intenta hacerla con los pies apoyados en el suelo.

El ejercicio

Inspira: Sube los brazos hacia el cielo, con las palmas de las manos hacia delante.

Espira: Cuando bajes los brazos al suelo, levanta la cabeza (imagina que exprimes una mandarina bajo el mentón cuando estés subiendo) y llega a la *Posición abdominal de pilates*, con los omóplatos apenas despegados del tapete. Las palmas golpean suavemente el suelo a ritmo de percusión (figura 5-3b).

Inspira: Inspira profundamente durante cinco golpes (mantén el ritmo con los brazos) y respira del modo acordeón.

La respiración de acordeón es una *respiración torácica lateral*. Imagina que tu caja torácica es un acordeón: cuando inspiras, el acordeón se expande lateralmente y, al espirar, se cierra de nuevo.

Espira: Respira a ritmo de percusión y espira en cinco golpes (pum, pum, pum, pum, pum).

La respiración a ritmo de percusión es la espiración forzada en la que usas los músculos abdominales para expulsar el aire en golpes cortos, como de percusión.

Mantén la posición y mueve los brazos durante diez respiraciones (diez inspiraciones y diez espiraciones) hasta completar 100 movimientos en total.

Qué hacer y qué no hacer

✔ Recuerda que este es un ejercicio abdominal y no del cuello. Debes despegarte del tapete lo suficiente como para maximizar el ejercicio de los abdominales y minimizar el esfuerzo del cuello.

✔ Presiona la parte inferior de la espalda contra el tapete con la *Cuchara abdominal*, especialmente al espirar, y mantén la pelvis en posición neutra asentando muy bien la rabadilla en el tapete.

✔ Piensa en extender los dedos lo más lejos posible y empujar los brazos desde los músculos de la espalda, con los omóplatos siempre jalando hacia abajo en tu espalda.

✔ No continúes si sientes que estás forzando el cuello. Por otro lado, sostén la nuca con una mano y cambia de mano cada cincuenta golpes.

✔ No pierdas la *Posición abdominal de pilates* por dejarte caer; acentúa la subida del abdominal superior cada vez que espires.

Figura 5-3:
El cien, nivel principiante

Punto de equilibrio /Preparación para el tejedor

Después de hacer *El cien*, haz el *Punto de equilibrio* del capítulo 4. Mira la figura 5-4 para refrescarte la memoria.

Realiza seis repeticiones.

Figura 5-4:
Punto de equilibrio / Preparación para el tejedor

Caderas arriba

El siguiente ejercicio de la serie es *Caderas arriba*. En el capítulo 4 lo describo en detalle (La figura 5-5 te muestra cómo hacerlo).

Figura 5-5:
Caderas
arriba

Rodar como una pelota

Rodar como una pelota es una combinación de los ejercicios *Caderas arriba* y *Punto de equilibrio*. Se trata de un ejercicio que requiere fuerza y control, pero además es una manera divertida de masajearte la espalda, de encontrar el modo de articular tu columna y de alcanzar un mayor control abdominal.

Este ejercicio es casi exactamente igual al ejercicio *Rodar como una pelota*, modificado (del capítulo 4), pero la sujeción de la mano es ligeramente distinta. En esta versión un poco más avanzada, tus manos se agarran en la parte frontal de las rodillas, lo que te mantiene en una pelota más apretada. Esta pelota más apretada te hace rodar más rápido y eso te obliga a usar más los abdominales profundos para controlar el movimiento.

Prepárate

Para empezar, siéntate en la misma posición del *Punto de equilibrio*, las piernas flexionadas y levantadas del suelo y las manos sujetas a las rodillas (una mano en cada rodilla).

El ejercicio

Inspira: Rueda hacia atrás sobre la parte superior de la espalda y haz un *Caderas arriba*, valiéndote de la *Cuchara abdominal* para levantar las caderas. La figura 5-6 muestra el proceso de rodar sobre uno mismo. Aprieta las nalgas para subir un poco más.

Espira: Vuelve al *Punto de equilibrio* y frena el rodamiento con la *Cuchara abdominal*.

Qué hacer y qué no hacer

✔ Masajéate la espalda cuando ruedas hacia atrás y hacia delante, valiéndote de los abdominales para articular cada vértebra.

✔ Permite que el impulso te ayude a rodar hacia atrás. Controla el movimiento con los abdominales en el punto más álgido del *Caderas arriba*.

✔ No permitas que tu espalda produzca el sonido de un golpe, especialmente cuando vayas para atrás. Si notas algún golpe, hazlo más lento. Para que el movimiento sea suave, usa los abdominales para articular la parte inferior de la espalda y presiónala contra el tapete.

✔ No ruedes demasiado hacia atrás. Si no tienes problemas de cuello, no querrás tenerlos ahora.

Variación

Rodar como una pelota se vuelve más difícil cuanto más pequeña sea la pelota que formas. Si te tomas la parte frontal de los tobillos con las manos, aprietas la bola y lo conviertes en un ejercicio más abdominal y de control, que de masaje y articulación.

Figura 5-6:
Rodar como una pelota

Estiramiento sencillo con una pierna

Este es uno de los ejercicios de estabilidad del torso más básicos del método pilates. Debido a que se estira sólo una pierna a la vez, el reto de mantener la estabilidad no es tan exigente como si se estiraran las dos al mismo tiempo.

En este ejercicio el torso no debe moverse. Sí lo harán, en cambio, tus brazos y/o piernas (para poner a prueba la estabilidad que ha de tener el torso).

Prepárate

Para hacer la transición desde *Rodar como una pelota* (con las rodillas agarradas para formar la pelota), empieza a rodar lentamente columna abajo, empuja las rodillas hacia afuera para hacer contrapeso y controla el movimiento hasta quedar en la *Posición abdominal de pilates*. A medida que ruedes hacia abajo, pega una rodilla al pecho y extiende la otra pierna a unos 45 grados del suelo (cuanto más baja esté la pierna, más duro resultará el ejercicio). Pon la mano exterior en el tobillo de la pierna flexionada, y la mano interior en la rodilla de esa misma pierna (esta posición mantiene el alineamiento apropiado de la pierna). Si este posicionamiento de las manos resulta demasiado confuso al principio, simplemente mantén flexionada la rodilla con ambas manos.

El ejercicio

Inspira: Cambia de pierna dos veces en cada inspiración. Siempre debes tomar el tobillo de la pierna flexionada con la mano exterior y la rodilla con la mano de dentro (es decir, si la pierna es la derecha, el tobillo se toma con la derecha y la rodilla con la izquierda; y viceversa si se trata de la pierna izquierda). La figura 5-7 muestra el cambio de pierna.

Espira: Cambia de pierna dos veces en cada espiración y toma el tobillo de la pierna flexionada con la mano exterior y la rodilla con la mano interior.

Qué hacer y qué no hacer

✔ Recuerda que este es un ejercicio abdominal, no un ejercicio de cuello, así que debes mantener la cabeza a una altura suficiente para maximizar el trabajo abdominal y minimizar el del cuello. En cada espiración, piensa que empujas el ombligo para así levantar la cabeza.

✔ Mantén el ombligo pegado a la columna vertebral, y acentúa esa posición cada vez que espires.

✔ No pierdas la *Posición abdominal de pilates*; acentúa la profundidad de tu abdominal con cada espiración.

✔ No sigas adelante si el cuello está tenso o notas molestias. Descansa la cabeza apoyándola en el suelo cuando sientas el cuello muy forzado. Continúa después de una respiración.

Figura 5-7:
Estiramiento sencillo con una pierna

Preparación para el cisne

Este es el primer y único ejercicio de extensión de la espalda de esta serie (véase el recuadro "La importancia de extenderse"). Este ejercicio fortalece los músculos del cuello, espalda y trasero. Por favor, inclúyelo en tu rutina diaria para contrarrestar los efectos negativos que inclinarse hacia delante puede producir en tu columna.

Prepárate

Acuéstate boca abajo con la frente apoyada en el tapete, brazos flexionados y codos pegados al cuerpo, con las palmas de tus manos hacia abajo y junto a las orejas. Con las piernas bien rectas, deja caer los talones uno contra otro. Mantén una distancia cómoda entre las piernas; pero si eres de caderas estrechas, puedes juntar los muslos.

Despega el ombligo del tapete de manera que puedas deslizar un papel bajo tu barriga y presiona el hueso púbico contra el tapete. Aprieta las nalgas para ayudar a bajar el hueso púbico. ¡Ya tienes tu centro de poder en acción!

El ejercicio

Inspira: Mantén la posición.

Espira: Mete bien la barriga, aprieta las nalgas, levántate lentamente desde la parte superior de la espalda con el cuello estirado y levanta suavemente la cabeza hasta despegarla del tapete (figura 5-8a).

Imagina que ves una hormiga en el suelo, bajo tu cabeza. Síguela mientras se aleja de ti, y despega del tapete la parte superior de la espalda y la cabeza mientras la hormiga sigue su camino de subida por la pared que tienes enfrente.

Inspira: Mantén esta posición, conocida como *El cisne mini*. Retira las manos del tapete para probar tu fuerza. No necesitas subir demasiado para obtener los beneficios de este ejercicio. Levanta más tu barriga, métela hasta la columna y también aprieta las nalgas. ¡Sin despegar las piernas del tapete!

Espira: Regresa a la posición inicial.

Inspira: Mantén la posición.

Espira: De nuevo mete la barriga y aprieta las nalgas. Sube un poco más esta vez y apoya los antebrazos frente a ti para apoyarte mejor (figura 5-8b).

Debes estar en la posición de una esfinge. Tal como se ve en la figura 5-9, ¡no permitas que el ombligo se quede en el tapete!

Inspira: Mantén la posición de la esfinge.

Espira: Estira los brazos y presiona el tapete con las manos. Para proteger la parte inferior de tu espalda, vuelve a meter la barriga y aprieta las nalgas (figura 5-8c). Sitúa las manos más adelante si sientes presión en la parte inferior de la espalda.

Inspira: Sostén esta posición, conocida como *El cisne alto*.

Espira: Baja hasta el tapete.

Si estando en *El cisne alto* sientes mucha presión o tensión en la parte inferior de la espalda, evita esta parte del ejercicio hasta que tengas más fuerza en tu trasero y abdominales.

Para terminar, vuelve a la posición de descanso. Siéntate sobre los talones, con la columna redondeada y relajada hacia delante como un feto, tal como lo muestra la figura 5-10. Encontrarás detalles adicionales en el recuadro "Más sobre la posición de descanso".

Qué hacer y qué no hacer

✔ Sostén la cabeza y levántala hacia arriba y hacia afuera para mantener el cuello estirado y fuerte.

✔ No dejes que la parte inferior de la espalda se hunda; haz que tu centro de poder trabaje horas extra.

Figura 5-8:
Preparación para el cisne

La importancia de extenderse

Cada vez que te acuestas sobre la barriga para empezar un ejercicio, puedes apostar que se tratará de un ejercicio de extensión de la espalda. Los ejercicios de extensión son aquellos en los que arqueas la espalda. La extensión es un movimiento cuya práctica es muy importante porque, como ves, muchos movimientos de la vida diaria implican inclinarse hacia delante (que es lo opuesto a extenderse). Esto pasa porque tenemos los ojos en la parte frontal de la cabeza y todo lo hacemos con los brazos frente a nosotros.

La mayoría de los problemas crónicos de espalda se deben a la flexión habitual o inclinación hacia delante de la columna vertebral, y las lesiones vertebrales más agudas se producen en las flexiones. Los ejercicios de extensión son una forma excelente de contrarrestar todas esas flexiones que realizas de forma natural.

Figura 5-9:
Posición
incorrecta
para la
*Preparación
para el cisne*

No permitas que tu ombligo repose en el tapete

Figura 5-10:
Tómate un
respiro en la
posición de
descanso

Rodamiento hacia atrás

El *Rodamiento hacia atrás* es una variación para principiantes del clásico *Rodamiento hacia arriba* de pilates. Este ejercicio aumenta la fuerza abdominal y la articulación de la columna vertebral.

Más sobre la posición de descanso

La posición de descanso es la mejor manera de descansar la espalda después de un ejercicio de extensión (como la *Preparación para el cisne*). Al estar en una posición fetal, tu espalda se encuentra en estado de relajación y estiramiento. Cuando te encuentras en la posición de descanso, los músculos de la espalda pueden alargarse y estirarse mientras tú simplemente te despreocupas y te relajas. Los ejercicios de extensión hacen trabajar realmente los músculos de la espalda, que necesitan un descanso cuando termina la sesión. Esta posición de descanso permite ese tipo de recuperación.

Prepárate

Siéntate con la espalda bien erguida, las rodillas flexionadas y los pies apoyados en el suelo, separados a una distancia igual al ancho de tus caderas y a una distancia del cuerpo que no te incomode. Extiende los brazos al frente, como se muestra en la figura 5-11a. Piensa en levantarte desde la parte inferior de la espalda.

Adopta una posición sentada lo más erguida posible y para ello imagina que tienes un hilo de oro atado en la coronilla que te jala hacia el cielo.

El ejercicio

Inspira: Levántate desde la base de tu columna vertebral.

Espira: Empieza a rodar columna vertebral abajo, mete el ombligo, crea una *Curva en C* con la parte inferior de la espalda, y controla el movimiento desde el centro (figura 5-11b). Trata de presionar tu columna sobre el tapete vértebra por vértebra. Rueda suavemente hasta acostarte completamente de nuevo sobre el tapete, con los brazos a los lados del cuerpo (figura 5-11c).

Inspira: Inspira profundamente y permite que esta inspiración se expanda por toda la espalda y los pulmones.

Espira: Ahora rueda columna vertebral arriba, y levanta la cabeza como si exprimieras una mandarina con el mentón. Estira los brazos hacia delante y para subirlos usa los músculos abdominales contraídos en una *Curva en C* (figuras 5-11d y 5-11e).

Inspira: Acaba el ejercicio con la acción de *Apilar la columna*. Debes terminarlo sentada y totalmente erguida, con los brazos extendidos al frente y los hombros relajados y caídos (figura 5-11f).

Realiza seis repeticiones.

Qué hacer y qué no hacer

✔ Concéntrate en usar los abdominales para hacer el ejercicio.

✔ Trata de articular toda tu columna vertebral de bajada y de subida.

✔ Minimiza la tensión en la parte superior de tu cuerpo y mantén el cuello estirado y relajado.

✔ No contengas el aliento. La respiración larga y lenta ayuda al movimiento.

b. Baja...

c. Inspira...

d. Y vuelve a subir

Figura 5-11:
Rodamiento hacia atrás

Variación

Si este ejercicio es demasiado difícil para ti y te desplomas, o varias veces ocurre que no puedes levantarte, tómate de las piernas y con la fuerza de los brazos ayúdate a controlar el movimiento de bajada y de subida.

El puente

El puente es un ejercicio excelente para la estabilidad del torso. Esto significa que uno de tus objetivos al realizarlo será mantener el torso realmente quieto. *El puente* fortalece las nalgas y la cara posterior de las piernas, y enseña a tener estabilidad central. En todo el mundo, los fisioterapeutas usan *El puente* porque es un ejercicio seguro para quienes sufren alguna lesión en la espalda o para quienes no la tienen suficientemente fuerte.

Prepárate

Túmbate boca arriba con las rodillas flexionadas y los pies apoyados en el suelo, con una distancia entre ellos igual al ancho de tus caderas. Los pies deben estar en una posición cómoda (ni demasiado cerca de las nalgas ni demasiado lejos). Debes poder encontrar con facilidad la posición de *Columna neutra*. Experimenta con diferentes posiciones de los pies hasta que encuentres la más cómoda (figura 5-12a).

El ejercicio

Inspira: Inspira profundamente, de manera que se expanda por la espalda y los pulmones.

Espira: Mantén el torso en una sola pieza horizontal, presiona el tapete con los pies y aprieta las nalgas mientras levantas las caderas sobre el tapete (figura 5-12b). Sube lo suficiente como para que tu cuerpo quede en línea recta de hombros a rodillas. No subas tanto que no puedas verte las rodillas (la figura 5-14 te muestra lo que no debes hacer).

Inspira: Mantén la posición de *El puente*.

Espira: Mantén la *Columna neutra* mientras bajas de nuevo al tapete.

Realiza cinco repeticiones.

Para hacer la transición, acerca tus rodillas al pecho, con lo que relajarás la espalda. Pon una mano en cada rodilla y rueda lentamente hasta quedar sentada.

Variación

Haz la variación con una sola pierna. Pon una mano en cada hueso de la cadera para que pruebes la estabilidad de tus caderas. Llega a la posición de *El puente* y, al inspirar, levanta una rodilla para acercarla al pecho mientras mantienes las caderas perfectamente estables (figura 5-13). No permitas que la cadera se caiga o gire mientras levantas la rodilla. Baja de nuevo el pie mientras espiras. Cambia de pierna.

Realiza ocho repeticiones, cambiando de pierna.

Qué hacer y qué no hacer

✔ Mantén la posición de tablón cuando hagas *El puente.* Trata de no arquear la espalda.

✔ Mantén la *Columna neutra* cuando subas o bajes al hacer *El puente.*

✔ Minimiza la tensión de la parte superior del cuerpo manteniendo el cuello estirado y relajado.

Figura 5-12:
El puente

Figura 5-13:
Modificación
de *El puente*

Figura 5-14:
Lo que debes
evitar al
hacer
El puente

No permitas que tu espalda se arquee

Estiramiento de espalda hacia delante

El *Estiramiento de espalda hacia delante* es exactamente eso: un estiramiento de toda la columna vertebral, especialmente del cuello y de la parte superior de la espalda.

Prepárate

Siéntate en posición erguida, con las piernas rectas y abiertas a una distancia un poco mayor que el ancho de tus caderas. Si por tener tensos los músculos isquiotibiales te es imposible sentarte en posición erguida con las piernas rectas, puedes doblarlas.

El ejercicio

Inspira: Siéntate en una posición lo más erguida posible desde la base de la columna vertebral. Flexiona los pies (sacando los talones hacia afuera) para que trabajen los músculos de las piernas. Los brazos deben estar derechos, estirados al frente a una distancia entre ellos igual al ancho de tus hombros y con las palmas de las manos hacia abajo (figura 5-15a).

Espira: Haz una *Curva en C* con tu espalda y empezando por sacar el bajo vientre, mete las costillas y finalmente curva la línea del cuello y la cabeza hacia delante. Al finalizar el movimiento, toda tu espalda estará en forma de C y tus brazos estirados hacia delante.

Mientras te estiras hacia delante, imagina que levantas tu columna vertebral porque te estás acostando sobre un tonel.

Inspira: Apila tu columna vertebral, hueso por hueso.

Espira: Acaba en la posición inicial, sentada y erguida, con los brazos extendidos al frente y los hombros relajados y caídos.

Realiza tres repeticiones.

Qué hacer y qué no hacer

✔ Inicia la *Curva en C* con el bajo vientre.

✔ No hagas toda la curva desde la parte superior de tu espalda; trata de que también se curve su parte inferior.

Flex y punta

Flexionar el pie (flexión dorsal de tobillo, pie y dedos) significa llevar los dedos y el arco del pie hacia la pantorrilla. La espinilla y el pie deben formar una L. Se trabaja con los músculos flexores dorsales de la pantorrilla y del pie, que son importantes para el correcto alineamiento de pie y tobillo cuando caminamos.

Poner el pie en punta (flexión plantar de tobillo, pie y dedos) significa alejar de la pierna los dedos y el arco del pie. Esta acción fortalece los músculos flexores plantares de la cara posterior de la pantorrilla e inferior del pie. Unos flexores plantares fuertes también con-

tribuyen al alineamiento correcto cuando caminamos, ayudan a mantener el equilibrio al pararte en la punta de los pies y aumentan la capacidad para hacer movimientos repentinos como correr y saltar.

Cuando agregas una punta o una flexión del pie a un ejercicio, pones a trabajar los músculos de pie y pantorrilla. Tanto los pies como los tobillos de los bailarines son muy fuertes porque ellos los flexionan continuamente, se paran en la punta de los dedos y ejercitan bien los músculos del pie y de la pantorrilla.

> ✔ No inicies el movimiento desde tu cabeza; la cabeza debe seguir los movimientos en ambas partes del ejercicio. Cuando apilas la columna, la cabeza siempre es la última en levantarse.

Variaciones

Flexiona las rodillas si es necesario, o siéntate en un pequeño almohadón si tienes tensos los músculos isquiotibiales. También puedes hacer este ejercicio apoyado contra una pared, para practicar el ejercicio de *Apilar la columna*. (Recuerda que es una letra del alfabeto pilates; puedes encontrar más información en el capítulo 3.)

Figura 5-15:
Estiramiento de espalda hacia delante

Patadas laterales

Patadas laterales es un ejercicio de estabilidad para el que debes acostarte sobre un costado. Se centra en el control de la barriga y fortalece muslos y trasero. En este ejercicio no importa lo lejos que puedas levantar la pierna; importa lo estable que puede estar tu cuerpo mientras mueves libremente las piernas.

Prepárate

Acuéstate sobre el costado derecho con las piernas ligeramente hacia el frente y un poco abiertas, en la *Primera posición de pilates.* Apoya el antebrazo derecho en el suelo y tu cabeza en la palma de tu mano derecha, mientras flexionas el brazo izquierdo y apoyas la palma de la mano izquierda en el suelo, para mantener la estabilidad (figura 5-16a).

El ejercicio

Inspira: Flexiona el pie, mueve tu pierna izquierda hacia el frente (figura 5-16b).

Espira: Mueve la pierna izquierda hacia atrás, el pie en punta, a la misma altura de la cadera, y muévela una vez más para retar tu estabilidad. Aprieta las nalgas y mete el ombligo para contribuir a la estabilidad.

Realiza diez repeticiones de cada costado.

Qué hacer y qué no hacer

✔ Presiona con todo tu peso la palma de la mano que tienes apoyada en el suelo para mantener el equilibrio durante el ejercicio.

✔ No te tambalees como una gelatina. Mantén la estabilidad de tu cuerpo mientras tu pierna se mueve libremente, en particular cuando la muevas hacia atrás.

✔ Mantén el cuello estirado y relajado.

✔ Mantén el cuerpo bien equilibrado, hombro sobre hombro y cadera sobre cadera.

Variación

Mientras estés acostado de lado, en lugar de usar una mano para sostener tu cuerpo, ponte ambas manos tras la cabeza y usa tu fuerza central para mantenerte estable (véase la figura 5-17).

a.

Figura 5-16:
*Patadas
laterales*

b.

Figura 5-17:
Posición
de manos
avanzada
para
*Patadas
laterales*

Capítulo 6

Ejercicios intermedios de suelo

En este capítulo

▶ Avanza a la serie pilates intermedia

▶ Ejercita bien tu trasero y abdomen

*L*os ejercicios de este capítulo requieren cierta cantidad de trasero y agallas. A medida que avanzas en el trabajo de pilates de suelo, agregarás ejercicios más difíciles aunque sigas haciendo los más básicos.

Te recomiendo iniciarte en el pilates con los ejercicios prepilates del capítulo 4 y luego pasar a la serie principiante del capítulo 5. Si ya dominas esas dos series, ¡bravo!, ya estás a punto para la serie intermedia que presento en este capítulo.

La serie intermedia supone un desafío mayor que las anteriores por las siguientes razones:

✔ Es más larga, contiene más ejercicios y requiere más tiempo (calcula que esta serie te tomará de 25 a 35 minutos una vez que te hayas familiarizado con ella).

✔ Los ejercicios en sí son más difíciles: exigen más a tus músculos abdominales, a tu coordinación y a tu mente (requieren mayor concentración porque los movimientos son más complejos).

Los ejercicios de pilates no son para practicarlos de forma aislada. Se deben ejecutar en cadena y hay que pasar fluidamente de un ejercicio a otro en cada serie. Yo presento los ejercicios de este capítulo en el orden en que conviene practicarlos para obtener el mayor beneficio.

A medida que avances en las series de pilates querrás asegurarte de que realmente fluyes entre un ejercicio y otro. No basta con hacerlos uno a uno rápidamente y detenerse un poco al final de cada ejercicio. En lugar de eso, trata de que la transición entre uno y otro sea cada vez más fluida, hasta que poco a poco te vayas independizando de este libro. Conseguirlo supone un nuevo reto y hará que tu sesión de ejercicios sea más dinámica.

Aunque formalmente no constituyen la serie intermedia, trata de iniciar tu sesión con la *Elevación de pelvis* y los *Abdominales superiores*. Ambos ejercicios están descritos en el capítulo 4; y si has hecho las series en orden, ya los conoces. Esta es una idea especialmente buena si todavía no has hecho nada de calentamiento.

La serie de este capítulo

Este es un adelanto de la serie intermedia. Si has trabajado las series en orden, desde la básica (capítulo 3) a la principiante (capítulo 4) y ahora a la intermedia, ya dominas algunos de estos ejercicios. El número del capítulo en el que los explico por primera vez aparece entre paréntesis junto a cada ejercicio. Los demás ejercicios son nuevos.

✔ El cien, nivel intermedio (The *Hundred, Intermediate Level*)

✔ Rodamiento hacia arriba (*Roll Up*)

✔ Rodar como una pelota (*Rolling Like a Ball*) (capítulo 5)

✔ Estiramiento sencillo con una pierna (*Single Leg Stretch*) (capítulo 5)

✔ Estiramiento de ambas piernas (*Doble Leg Stretch*)

✔ El entrecruzado (The *Crisscross*)

✔ Las tijeras (The *Scissors*)

✔ Balancín con piernas abiertas (*Open Leg Rocker*)

✔ Patada con una pierna (*Single Leg Kick*)

✔ Patada con ambas piernas (*Double Leg Kick*)

✔ Patadas laterales (*Side Kicks*) (más variaciones en los capítulos 5 y 9)

✔ El tejedor, modificado (The *Teaser, Modified*)

✔ La foca (*The Seal*)

El cien, nivel intermedio

Este ejercicio es excelente para aumentar la estabilidad del torso y la fuerza abdominal, pero tal vez te resulte difícil mantener la cabeza levantada hasta que hayas contado hasta 100 (que es lo que da nombre a este ejercicio). No se te ocurra seguir si sientes el cuello forzado; en cualquier caso, busca las indicaciones para protegerte y evitar lesiones en el apartado "Qué hacer y qué no hacer". A medida que tu cuello y abdominales se fortalezcan, dejarás de notar esa presión.

La dificultad del ejercicio aumenta porque el peso de las piernas agrega una carga al torso, lo que obliga a los abdominales a trabajar un poco más duro. En *El cien*, nivel intermedio, las piernas están rectas; a diferencia de la versión principiante, en la que las rodillas están flexionadas en la posición de mesa.

Este ejercicio requiere respiración de acordeón y de percusión. Para la primera, imagina que tu caja torácica es un acordeón. Al inspirar, el acordeón se expande lateralmente; al espirar, se recoge todo de nuevo. En la respiración de percusión la espiración es forzada por los músculos abdominales; hay que expulsar el aire en golpes cortos.

Prepárate

Acuéstate boca arriba con las rodillas flexionadas y los pies en el aire, bien altos. Tus rodillas y caderas deben estar en la posición de mesa, los muslos apretados uno contra otro, las rodillas flexionadas en ángulo de 90 grados y los brazos paralelos a lo largo del cuerpo.

El ejercicio

Inspira: Estira los brazos muy rectos hacia arriba, con las palmas de las manos hacia delante, como aparece en la figura 6-1a.

Espira: Al mismo tiempo que extiendes los brazos paralelos al suelo, levanta la cabeza y rueda a la *Posición abdominal de pilates* con los omóplatos apenas despegados del tapete (detalles de la *Posición abdominal de pilates,* en el capítulo 3). Simultáneamente, estira las piernas en dirección al cielo, como aparece en la figura 6-1b.

¿Por qué digo "extiende" los brazos hasta el suelo en lugar de "bájalos"? Para recordarte que los mantengas estirados y sin doblar mientras los dejas caer.

A medida que ruedas a la *Posición abdominal de pilates,* imagina que exprimes una mandarina bajo el mentón. Esta imagen te ayuda a mantener un espacio entre el mentón y el pecho para que no estires el cuello más de lo debido.

Mantén las piernas en la *Primera posición de pilates* (una de las letras del alfabeto pilates, descrita en el capítulo 3), ligeramente giradas hacia afuera de las caderas, y los muslos apretados uno contra otro. Las palmas de las manos deben golpear suavemente el suelo a ritmo de percusión rápido.

Inspira: Inspira profundamente cinco veces (y emite el sonido "pum", "pum", "pum", "pum", "pum").

Mantén la posición y golpea con las manos durante los 100 movimientos de las diez respiraciones (cinco golpes por cada miniinspiración y cinco golpes por cada miniespiración que forman una única respiración).

Apoya la cabeza en el tapete y trae las rodillas al pecho para relajar la espalda. Después extiende brazos y piernas en el tapete y prepárate para el *Rodamiento hacia arriba*.

Qué hacer y qué no hacer

✔ Recuerda que este es un ejercicio abdominal, no es para el cuello. Debes mantener la cabeza lo suficientemente alta para maximizar el trabajo de los abdominales y minimizar el esfuerzo del cuello.

✔ Presiona la parte inferior de la espalda sobre el tapete con la *Cuchara abdominal*, especialmente al espirar.

✔ Llega lo más lejos que puedas con los dedos, trata de empujar los brazos desde la espalda e imagina que el movimiento se origina en los omóplatos.

✔ No continúes en esta posición si el cuello te molesta. Ponte una mano detrás de la cabeza para sostenerte el cuello, cambia de mano cada 50 movimientos.

✔ No pierdas la *Posición abdominal de pilates* y acentúa la profundidad abdominal en cada espiración.

✔ Si deseas un *Cien* aún más avanzado, baja las piernas a un ángulo de 45 grados, y para no despegar del tapete la parte inferior de la espalda, mete los abdominales y aprieta las nalgas.

Figura 6-1:
El cien, nivel
intermedio

Rodamiento hacia arriba

Rodamiento hacia arriba es la versión más difícil del *Rodamiento hacia atrás* que se hace en la serie principiante (véase capítulo 5). Antes de realizar este ejercicio, debes ser capaz de hacer un *Rodamiento hacia atrás* con control y dominio. Ambos ejercicios aumentan la fuerza abdominal y la articulación de la columna vertebral. Pero hay dos razones por las que el *Rodamiento hacia arriba* es más difícil que el *Rodamiento hacia atrás*:

Empiezas con las piernas derechas no flexionadas, lo que obliga a los abdominales a trabajar más duro para hacerte rodar hacia arriba.

En el *Rodamiento hacia atrás*, los brazos permanecen a los lados del cuerpo, mientras en el *Rodamiento hacia arriba* se desplazan desde atrás hacia delante a medida que te despegas del tapete, hasta que llegan a estar completamente paralelos al suelo. Esto también aumenta la carga de los abdominales.

Prepárate

Acuéstate boca arriba con los brazos extendidos atrás, junto a las orejas, y las piernas rectas sobre el suelo en la *Primera posición de pilates*.

El ejercicio

Inspira: Inspira profundamente. Extiende los brazos y las piernas lo más lejos que puedas, igual que cuando te despiertas por las mañanas (figura 6-2a).

Espira: Levanta los brazos en dirección al cielo, con las palmas al frente. Cuando estén perpendiculares al suelo, levanta la cabeza y exprime una mandarina imaginaria bajo el mentón. Al mismo tiempo aprieta las nalgas y la cara interna de los muslos, y mete los abdominales para iniciar el movimiento de rodar hacia arriba (figura 6-2b).

Inspira: Estírate hacia delante sobre las piernas y mete el ombligo; deja la barriga como una cavidad (figura 6-2c).

Espira: Para iniciar el *Rodamiento hacia atrás* aprieta las nalgas y la cara interna de un muslo contra la del otro, empieza a rodar columna abajo y crea una *Curva en C* con la espalda. Para controlar el movimiento desde el centro, empuja el ombligo hacia la columna vertebral (figura 6-2d). Trata de presionar tu columna contra el tapete, vértebra por vértebra. Rueda lentamente todo el camino hasta acostarte de nuevo con los brazos extendidos hacia atrás, junto a las orejas, y empieza de nuevo.

Realiza seis repeticiones. Termina la última repetición con los brazos a los lados del cuerpo. Flexiona las rodillas, tráelas hasta el pecho y sujétalas con las manos. Rueda hacia arriba para sentarte y prepárate para el siguiente ejercicio: *Rodar como una pelota*.

Qué hacer y qué no hacer

✔ Concéntrate en usar los abdominales para realizar el ejercicio.

✔ Intenta articular tu columna vertebral tanto cuando estés bajando como subiendo.

✔ Minimiza la tensión de la parte superior del cuerpo; mantén el cuello estirado y relajado.

✔ No dejes que tus pies o piernas se levanten del suelo mientras ruedas hacia arriba.

a.

b.

c.

c. Después de estirarte hacia delante…

Figura 6-2:
Rodamiento hacia arriba

d.

d. Controla el movimiento de bajada

Rodar como una pelota

En este punto de la serie, haz el ejercicio *Rodar como una pelota* tal como lo presenté en la serie principiante (instrucciones en el capítulo 5 y fotografías en la figura 6-3). Realiza seis repeticiones y después, lentamente, rueda hacia abajo a la *Posición abdominal de pilates,* flexiona una rodilla contra el pecho (mano exterior en el tobillo, mano interior en la rodilla) y estira la otra pierna para hacer la transición a *Estiramiento sencillo con una pierna.*

Figura 6-3:
Rodar como una pelota

Estiramiento sencillo con una pierna

Después del ejercicio *Rodar como una pelota*, haz el *Estiramiento sencillo con una pierna* (instrucciones en el capítulo 5 y fotografías en la figura 6-4). Realiza veinte repeticiones, alternando los lados. Para la transición al *Estiramiento de ambas piernas*, lleva las dos rodillas al pecho y toma cada una con una mano.

Figura 6-4:
Estiramiento sencillo con una pierna

Estiramiento de ambas piernas

El *Estiramiento de ambas piernas* supone un reto mayor que el *Estiramiento sencillo con una pierna*. No sólo debes sostener dos piernas en lugar de una, sino que tus brazos también se suman a la ecuación, lo que dificulta mucho más la estabilidad del torso. Este ejercicio requiere una enorme fuerza abdominal y la estabilidad del torso en su totalidad (es decir, superior e inferior).

En un ejercicio de estabilidad del torso, este no se mueve, mientras que los brazos y las piernas sí están en movimiento para desafiar su estabilidad.

Mientras practicas este ejercicio, debes bajar las piernas sólo hasta donde puedas hacerlo sin perder la estabilidad del torso. Estabilidad absoluta significa que la espalda no debe arquearse ni despegarse del tapete, y la barriga debe permanecer escondida y hundida. Si sientes alguna tensión en la parte inferior de la espalda, es que has bajado demasiado las piernas y tus músculos abdominales ya no pueden sostenerlas. Eso puede causarte lesiones en la espalda, así que, por favor, ¡súbelas!

Prepárate

Acuéstate boca arriba con las rodillas contra el pecho, y toma una con cada mano. Rueda hacia arriba a la *Posición abdominal de pilates* (figura 6-5a).

El ejercicio

Inspira: Extiende brazos y piernas hasta formar una V, los brazos junto a las orejas y las piernas a un ángulo de 45 grados con respecto al suelo. Con la *Cuchara abdominal* y apretando las nalgas, mantén la parte inferior de la espalda en contacto con el tapete (figura 6-5b). Mantén la posición un segundo y siente la estabilidad del cuerpo.

Espira: Vuelve a la posición inicial, rodillas contra el pecho y barriga hundida.

Puedes terminar este movimiento con un *Caderas arriba mini* (véase el capítulo 4), algo que costará un poco más de esfuerzo a tus abdominales bajos. No necesitas forzar demasiado el *Caderas arriba*, de ahí que sea sólo "mini".

Realiza seis repeticiones. En la última tómate de las rodillas y baja la cabeza al tapete. Ponte las manos detrás de la cabeza para prepararte para *El entrecruzado*.

Qué hacer y qué no hacer

✔ Mantén la barriga hundida cuando tengas extendidos brazos y piernas.

✔ No pierdas la *Posición abdominal de pilates*. La gente tiende a descolgar la cabeza hacia atrás si extiende los brazos atrás junto a las orejas; para contrarrestar esa tendencia, concéntrate en la barriga todo el tiempo.

✔ No sigas si sientes tensión en el cuello. Apoya la cabeza en el tapete. Continúa después de una respiración.

✔ No sigas si sientes tensión en la parte inferior de la espalda. Para modificar el ejercicio extiende las piernas rectas en dirección al cielo hasta que aumente tu fuerza abdominal.

Variación

Cuanto más abajo estén las piernas, mayor será el trabajo abdominal que tendrás que hacer para mantener la parte inferior de la espalda pegada al tapete. Baja las piernas hasta donde puedas hacerlo sin que la parte inferior de la espalda pierda contacto con el tapete.

Figura 6-5:
Estiramiento
de ambas
piernas

El entrecruzado

El entrecruzado es parecido al *Estiramiento sencillo con una pierna*, pero agrega un giro al cuerpo que fortalece los músculos abdominales oblicuos. Si este ejercicio te resulta demasiado difícil, repite en su lugar el *Estiramiento sencillo con una pierna* que aparece anteriormente en esta serie.

Prepárate

Pon las manos detrás de la cabeza y rueda hacia arriba a la *Posición abdominal de pilates* con las rodillas flexionadas y en el aire.

El ejercicio

Inspira: Lleva un codo a la rodilla opuesta y extiende la otra pierna al frente, lo más que puedas. Después, alterna los lados y lleva el otro codo a la otra rodilla. Separa el omóplato con respecto al tapete y gíralo a la vez que giras el cuerpo. No pierdas la *Posición abdominal de pilates* y trata de mantener los hombros separados del tapete. La figura 6-6 (a y b) muestra el movimiento.

Espira: Continúa el movimiento de *El entrecruzado*, realizando ahora dos giros al espirar.

Haz dos movimientos por cada inspiración y otros dos por cada espiración. Repítelo durante ocho respiraciones completas (una inspiración y una espiración componen una respiración). Para terminar, lleva las rodillas al pecho y apoya la cabeza en el tapete. Estira las piernas y sepáralas; deja una en el tapete y con la otra apunta al cielo. Agarra (tan alto como puedas llegar) la pierna que apunta hacia arriba mientras ruedas a la *Posición abdominal de pilates*. Esto te prepara para *Las tijeras*.

Qué hacer y qué no hacer

✔ Mantén el ombligo hundido hacia la columna y acentúa esa presión con cada espiración.

✔ Mantén los codos abiertos y cerciórate de girar desde el torso; mueve el torso, no solamente los codos.

✔ No pierdas la *Posición abdominal de pilates*; trata de rotar el cuerpo sin que los omóplatos toquen el tapete.

Figura 6-6:
El entrecruzado

Las tijeras

Las tijeras es un ejercicio abdominal y un estiramiento de la parte posterior de los muslos (estiramiento de los músculos isquiotibiales). Si te resulta difícil estirar la pierna en un ángulo de 90 grados, puedes empezar primero estirando los músculos isquiotibiales y luego proceder con el ejercicio.

La figura 6-7 muestra el estiramiento de los músculos isquiotibiales.

Prepárate

Empieza desde la posición de estiramiento de los músculos isquiotibiales; tómate una pierna mientras la otra descansa en el suelo. Rueda hacia arriba a la *Posición abdominal de pilates*.

El ejercicio

Inspira: Estira una pierna en dirección al cielo y tómala por debajo del tobillo. Si tienes los músculos isquiotibiales tensos o más cortos de lo normal, simplemente tómate más cerca de la rodilla y flexiónala un poco. Endereza la otra pierna y mantenla ligeramente por encima del tapete (figura 6-8a).

Espira: Cambia de pierna. Al llevar la otra pierna hasta tu cuerpo jala rápidamente dos veces de esta para hacer un doble movimiento de tracción (figura 6-8b).

Realiza diez ciclos de respiración, o veinte cambios de pierna.

"Nariz con rodilla y rodilla con nariz". Siempre trata de subir un poco más la cabeza para tocar las rodillas con la nariz. ¡Hacerlo así mantendrá tus abdominales en acción!

Qué hacer y qué no hacer

✔ Mantén el ombligo contra la columna, y acentúa la cuchara con cada espiración.

✔ Mantén las piernas tan rectas como puedas.

Figura 6-7:
Estiramiento
de los
músculos
isquiotibiales

Figura 6-8:
Las tijeras

Balancín con piernas abiertas

Este es el segundo de tres ejercicios de rodamiento en la serie de suelo de pilates. El *Balancín con piernas abiertas* es considerablemente más difícil que *Rodar como una pelota*, del que aparecen versiones en los capítulos 4 y 5. Como primera medida, debes tener bastante flexibilidad en los músculos isquiotibiales para poder mantener la forma correcta. Además, se requiere muy buena coordinación y poder controlar el movimiento desde tu centro.

Este ejercicio puede parecer desalentador al principio, pero la curva de aprendizaje se agudiza mucho a medida que lo repites. Para la cuarta o quinta vez que lo pruebes es posible que te sientas más seguro. Si tu espalda o tus músculos isquiotibiales están tensos y se te dificulta el poder adoptar la primera posición, simplemente flexiona las rodillas y sostén las piernas más cerca de ellas.

Tal vez quieras hacer un estiramiento de espalda hacia delante antes del *Balancín con piernas abiertas* (para más información, consulta el recuadro "Alarga la serie intermedia").

Como te advierto siempre antes de cualquier ejercicio de rodamiento: ¡ten cuidado de no rodar sobre el cuello!

Prepárate

Para empezar, siéntate en *Punto de equilibrio,* separa y flexiona las rodillas, levanta los pies y tómate los tobillos con las manos, por su cara externa.

Ahora practica cómo encontrar tu equilibrio. Primero estira una pierna al lado frente a ti, al tiempo que mantienes la posición del *Punto de equilibrio* y la *Cuchara abdominal* bien hundida. Flexiona y mete la rodilla de nuevo y repite el movimiento con la otra pierna. Las figuras 6-9a y 6-9b te muestran cómo encontrar el equilibrio.

Para encontrar la posición inicial de este ejercicio, extiende ambas piernas al tiempo y forma una V delante de ti. Mantén hundido el bajo vientre, quédate en posición de *Punto de equilibrio*, balancéate justo detrás de la rabadilla y siente cómo la barriga te ayuda a hacerlo. La figura 6-9c muestra la posición inicial.

El ejercicio

Inspira: Rueda sobre la parte superior de la espalda y haz un *Caderas arriba* (figura 6-9d). Con la *Cuchara abdominal* levanta las caderas, y aprieta las nalgas para levantarlas más aún.

Espira: Regresa a tu *Punto de equilibrio,* y frena con la *Cuchara abdominal* para detener el movimiento de rodar.

Realiza seis repeticiones.

Qué hacer y qué no hacer

✔ Trata de masajearte la espalda y aprovecha la *Cuchara abdominal* para ayudarte a articular cada vértebra.

✔ Deja que el impulso te ayude a rodar hacia atrás y controla el movimiento con los abdominales desde el punto más álgido del ejercicio *Caderas arriba.*

✔ No permitas que la espalda produzca el sonido de un golpe, especialmente cuando vuelvas de subida. Usa la *Cuchara abdominal* para ayudarte a articular el rodamiento (en especial por toda la parte inferior de la espalda) y garantizar que el movimiento sea suave.

Figura 6-9:
Balancín con piernas abiertas

Alarga la serie intermedia

Si puedes asumir un reto mayor, trata de agregar a la serie intermedia el *Estiramiento de espalda hacia delante* y *El puente* (ambos del capítulo 5). A medida que la serie se alargue, puedes realizar más de una sesión de ejercicios (y configurarla un poco a tu gusto), y estos ejercicios son complementos ideales. A mí me gusta hacer el *Estiramiento de espalda hacia delante* después de *Las tijeras,* y *El puente* después de hacer *El balancín con piernas abiertas,* pero tú puedes hacerlo como te parezca.

Patada con una pierna

Mi novio soltó una risita socarrona cuando me vio hacer este ejercicio. Y, sí, parece un poco rídiculo si lo miramos bien, pero es un ejercicio excelente. Fortalece los músculos de la espalda, enseña a los hombros a mantenerse bajos, y simultáneamente estira la cara anterior de piernas y caderas (músculos cuádriceps) y tonifica la cara posterior de los muslos (músculos isquiotibiales) y las nalgas (glúteos).

Prepárate

Empieza por acostarte boca abajo y luego levántate como una esfinge que se apoya en los codos. La figura 6-10a muestra la posición correcta, pero en realidad es un poco más complicada de lo que alcanza a mostrar la foto:

Debes tener los antebrazos separados a una distancia igual al ancho de tus hombros, y hacer presión con los puños cerrados sobre el tapete.

Las piernas (estiradas) deben estar en paralelo a una distancia igual al ancho de tus caderas, y el ombligo despegado del tapete mientras el hueso púbico lo presiona.

Aprieta las nalgas para conseguir esa posición de la pelvis. ¡Ya tienes tu centro de poder en acción!

Los codos presionan el tapete, y los omóplatos han de estar bien abajo. Siente que los músculos bajo tus omóplatos realmente te tiran un poco y mantenlos en esa posición mientras haces el ejercicio.

El ejercicio

Respirando de forma continuada: Te das dos golpes con el talón en las nalgas, el primero con el pie en punta y el segundo con el pie en flex (figuras 6-10b y 6-10c). Vuelve a dejar la pierna sobre el tapete, con el pie en punta. Alterna las piernas.

Realiza diez repeticiones con cada pierna, que son veinte movimientos en total. Para terminar, acuéstate sobre tu barriga, vuelve la cabeza hacia un lado y entrelaza las manos tras la espalda. Ahora ya puedes pasar a *Patada con ambas piernas*.

a.

b. Pie en punta

c. Pie en flex

Figura 6-10:
Patada con
una pierna

Si sientes que te hundes por la mitad y la parte inferior de tu espalda hace presión, recarga tu centro de poder: para hacerlo, recupera la *Cuchara abdominal* y aprieta las nalgas de nuevo. Si la parte inferior de la espalda todavía te duele, detente y vuelve a la posición de descanso (que es sentarse sobre los talones en posición fetal, con la espalda curvada hacia delante, cabeza y cuello relajados, y los brazos estirados al frente).

Qué hacer y qué no hacer

✔ Mantén la parte superior del cuerpo levantada y procura que el torso esté absolutamente estable durante el ejercicio.

✔ Mantén la cabeza bien levantada para mantener el cuello estirado y fuerte.

✔ Presiona el tapete con los codos para mantener los hombros jalando de la espalda hacia abajo.

✔ Mantén muslos y rodillas completamente pegados.

✔ No dejes que la espalda se descuelgue; haz que tu centro de poder trabaje horas extras.

Patada con ambas piernas

Este ejercicio te abre el pecho, fortalece la espalda y tonifica la cara posterior de piernas y nalgas.

Prepárate

Empieza por acostarte boca abajo con la cabeza mirando hacia un lado. Dobla los brazos detrás de la espalda y entrelaza los dedos. Ponte las manos en la espalda, lo más alto que puedas pero que te resulte cómodo, y deja caer los codos sobre el tapete (figura 6-11a).

El ejercicio

Inspira: Con ambos talones, dale tres golpes a tu trasero y no permitas que la espalda se arquee al hacer este movimiento; aprieta las nalgas para contrarrestar esa tendencia (figura 6-11b).

Espira: Extiende las piernas de nuevo en el suelo y lleva los brazos hacia atrás mientras arqueas la espalda para despegarte del tapete. Lleva los brazos muy atrás y trata de apretar los omóplatos para juntarlos y así aumentar el estiramiento del pecho (figura 6-11c).

Inspira: Vuelve a acostarte, gira la cabeza en dirección opuesta y de nuevo vuelve a golpearte las nalgas con ambos talones.

Realiza cuatro repeticiones y vuelve a la posición de descanso. Siéntate en los talones, en posición fetal, con la espalda curvada hacia delante y los brazos extendidos frente a ti en el suelo (figura 6-12). Después de haber descansado la espalda durante unas cuantas respiraciones, rueda sobre un costado para hacer las *Patadas laterales*.

Qué hacer y qué no hacer

✔ Mantén la *Cuchara abdominal* durante todo el ejercicio.

✔ No dejes que la cabeza se te hunda entre los hombros: estira la nuca.

✔ No dejes que la espalda se caiga; haz que tu centro de poder trabaje horas extras.

Figura 6-11:
Patada con ambas piernas

Figura 6-12:
Aaah..., la posición de descanso

Patadas laterales

Después de que hayas estado en la posición de descanso, acuéstate de lado y haz *Patadas laterales* (instrucciones en el capítulo 5; fotos en la figura 6-13).

Realiza diez repeticiones.

En el capítulo 9 puedes encontrar algunas variaciones de *Patadas laterales* para enriquecer tu sesión de ejercicios.

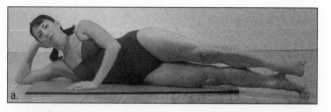

Figura 6-13:
Patadas
laterales

El tejedor, modificado

No tengo ni idea de por qué este ejercicio se llama *El tejedor*. En todo caso, es uno de los ejercicios abdominales más difíciles del método pilates. Como tienes las piernas suspendidas en el aire, forzosamente debes usar tus músculos abdominales profundos.

Este ejercicio requiere equilibrio, fuerza central y *sentido del humor. Al igual que el ejercicio Punto de equilibrio, El tejedor* es uno de los mejores que conozco para trabajar los músculos abdominales profundos. En este ejercicio no se puede hacer trampa y usar sólo los flexores de las caderas (que son los músculos que levantan las piernas), como ocurre a menudo en ejercicios de abdominales. El *Punto de equilibrio* es la base de todos los ejercicios de *El tejedor*, de modo que si el movimiento te resulta demasiado avanzado, vuelve por un tiempo al *Punto de equilibrio* del capítulo 4.

Prepárate

Adopta la posición de *Punto de equilibrio*: siéntate con las rodillas flexionadas y los pies levantados del suelo, y tómate los muslos con las manos (cubre con ellas la cara externa de las piernas). Debes mantener el equilibrio apoyándote exactamente detrás de la rabadilla (cóccix), con la parte inferior de la espalda curvada y la barriga hundida.

El ejercicio

Inspira: Suelta los brazos y estíralos suavemente al frente, tratando de no perder tu posición de *Punto de equilibrio* (figura 6-14a). Ahora debes sentir el trabajo de tu *Cuchara abdominal* para mantenerte en equilibrio.

Espira: Empieza a rodar columna vertebral abajo, mientras sostienes las piernas arriba en posición de mesa; júntalas bien con los tobillos y asegúrate de que estén paralelas al suelo (figura 6-14b). Mete el ombligo y controla el movimiento desde el centro. Al bajar, controla el movimiento hasta que llegues al tapete. Deja que los brazos cuelguen mientras desciendes, y bájalos para dejarlos paralelos al cuerpo con las palmas hacia arriba.

Inspira: Toma una inspiración profunda, que se expanda por la espalda y los pulmones.

Espira: Empieza a rodar hacia arriba, y para hacerlo siente bajar los omóplatos en tu espalda mientras estiras los brazos al frente y ruedas de subida a la posición de *Punto de equilibrio*.

Realiza seis repeticiones. Termina el ejercicio en la posición *Punto de equilibrio*. Baja los pies al tapete, abre las rodillas y tómate los tobillos por el lado de afuera para prepararte para el ejercicio final, *¡La foca!*

Si tienes dificultades para controlar el descenso y la subida (rodar hacia abajo y hacia arriba), haz trampa y tómate de los muslos para que los brazos te ayuden a completar el movimiento. No te preocupes, esta pequeña trampa será nuestro secreto...

Qué hacer y qué no hacer

✔ Concéntrate en usar los abdominales para hacer el ejercicio.

✔ Trata de articular la columna tanto cuando ruedes hacia abajo como hacia arriba.

✔ Minimiza la tensión en la parte superior de tu cuerpo, mantén el cuello estirado y relajado.

✔ No permitas que tus piernas se tambaleen, manténlas tan quietas como te sea posible en la posición de mesa.

✔ No sigas si no puedes controlar tus movimientos. En lugar de eso, vuelve al *Punto de equilibrio.*

Variación

Para hacerte más fácil este ejercicio prueba con un pie en el tapete y el otro en la posición de mesa. Esta posición te dará mayor control mientras ruedas hacia arriba y hacia abajo sobre tu columna vertebral. Cuando ya lo domines, ¡prueba a hacerlo con ambas piernas arriba!

Si deseas una variación más difícil, prueba a hacer exactamente el mismo ejercicio pero con las piernas rectas (sin flexionar las rodillas). Deja las piernas en un ángulo de 45 grados con respecto al suelo. ¡Esto sí que te va a parecer una bonita broma!

Foto 6-14:
Versión
modificada
de *El tejedor*

Cinco ejercicios abdominales para cada día

Si lo que deseas son diez minutos de feroz trabajo abdominal, "los cinco" son para ti. Estos ejercicios, si se practican con regularidad, mantienen firme la sección media y previenen lesiones de espalda. También puedes usarlos como calentamiento para otros ejercicios, porque despertarán tu sección media y te ayudarán a ponerte en forma, independientemente de lo que decidas hacer con tu cuerpo.

Recuerda, no te exijas demasiado si aún no tienes la preparación necesaria para estos ejercicios. Si notas cierta tensión en la parte inferior de la espalda, modifícalos: para ello, levanta más las piernas del suelo. Cuanto más abajo te queden las piernas, más deberán trabajar los músculos abdominales para estabilizar la columna. Así que, por favor, sé consciente de tu nivel. También debes estar pendiente de lo que yo llamo la "protuberancia": si ves que de repente tu barriga sobresale cuando estiras las piernas en uno de estos ejercicios, nece-

sitas modificarlo, y para ello debes levantar las piernas.

A mí me gusta incluir en esta serie *Rodar como una pelota* para interrumpir temporalmente el efecto del ejercicio y dar un descanso a la espalda después de *El cien*, así que si quieres podríamos llamar a estos ejercicios "los seis".

✔ El cien (*Hundred*) (capítulo 5, 6 o 7, las variaciones están en cada uno de estos capítulos)

✔ Rodar como una pelota (*Rolling Like a Ball*) (capítulo 5)

✔ Estiramiento sencillo con una pierna (*Single Leg Stretch*) (capítulo 5)

✔ El entrecruzado (*Crisscross*) (capítulo 6)

✔ Estiramiento de ambas piernas (*Double Leg Stretch*) (capítulo 6)

✔ Las tijeras (*Scissors*) (capítulo 6)

La foca

Creo que *La foca* se creó para fomentar la humildad. Este ejercicio, que a menudo se utiliza para terminar las clases de suelo, permite que la gente salga sonriente de la clase de pilates. Sí, es un ejercicio que parece tonto, pero me encanta porque enseña el concepto de levitación. La levitación es un concepto avanzado de pilates que combina el *Caderas arriba* con un levantamiento de nalgas.

Al igual que cuando realizas cualquier ejercicio que implique rodar, no ruedes sobre tu cuello.

Prepárate

Empieza por sentarte en posición erguida en tu *Punto de equilibrio*: balancéate un poco detrás de tu rabadilla con las rodillas flexionadas y abiertas

Figura 6-15:
La foca

hacia los lados, los pies juntos apenas despegados del suelo, y con las manos toma los tobillos desde dentro (figura 6-15a).

El ejercicio

Inspira: Aplaude tres veces con las plantas de los pies (como una foca), rueda hasta la parte superior de la espalda y haz un *Caderas arriba* (la figura 6-15b muestra al modelo cuando rueda hacia atrás). Usa tu *Cuchara abdominal* inferior para levantar las caderas y aprieta las nalgas para levantarlas un poco más. Vuelve a aplaudir tres veces con las plantas de los pies en el momento en que estés en tu punto más alto (figura 6-15c).

Espira: Vuelve a tu *Punto de equilibrio* y usa la *Cuchara abdominal* como freno para el impulso. De nuevo, aplaude tres veces con las plantas de los pies.

Realiza seis repeticiones… y ya has terminado la serie intermedia. ¡Enhorabuena!

Qué hacer y qué no hacer

✔ Trata de masajearte la espalda usando los abdominales, que te ayu-darán a articular cada vértebra.

✔ Deja que el impulso te ayude a rodar hacia atrás y controla el movi-miento con los músculos abdominales en el punto álgido del *Caderas arriba*.

✔ No dejes que la espalda produzca el sonido de un golpe, especial-mente cuando estés subiendo. Usa los abdominales para que jalen de la parte inferior de la espalda en un movimiento suave.

✔ No ruedes demasiado lejos sobre tu cuello. Aunque no tengas proble-mas de cuello, seguramente no querrás empezar a tenerlos.

Variación

La parte más difícil de este ejercicio es mantener la posición de levitación o *Caderas arriba* durante el tiempo suficiente para alcanzar a aplaudir tres veces. Así que aplaude una sola vez al principio, y cuando ya tengas más control, agrega otra palmada y después otra más.

Capítulo 7

Serie avanzada de suelo

· ·

En este capítulo

▶ Enfréntate a la serie avanzada

▶ Empieza a integrar algunos conceptos avanzados

▶ Realiza una buena sesión de ejercicios de cuerpo entero

· ·

Empieza la serie avanzada sólo cuando ya puedas completar la serie intermedia del capítulo 6 con confianza y soltura. Antes de pasar a los ejercicios avanzados necesitas fuerza y estabilidad. Cuando hayas construido tu centro, entonces sí podrás agregar las sofisticadas variaciones que componen los ejercicios avanzados.

Como verás, en la serie avanzada no sólo los ejercicios resultan más retadores, sino que la sesión es más larga. Así que, en este caso, avanzar también significa ganar tanto en resistencia como en fuerza. ¡Una potente combinación!

Creo que antes de lanzarte a realizar esta serie es una buena idea llevar a cabo un calentamiento con *Elevaciones de pelvis* y *Abdominales superiores* (para una descripción completa de ambos ejercicios, consulta el capítulo 4).

La serie de este capítulo

Prepárate para lo duro. La serie avanzada incluye todos los ejercicios de la siguiente lista. Si has realizado todos los ejercicios del capítulo anterior, ya habrás hecho bastantes de los que incluye esta lista. Incluyo la referencia de los capítulos para los ejercicios que no son nuevos.

✔ El cien, versión avanzada (The *Hundred, Advanced Version*)

✔ Rodamiento hacia arriba (*Roll-Up*) (capítulo 6)

✔ Rodamiento sobre la columna (*Roll Over*)

✔ Rodar como una pelota (*Rolling Like a Ball*) (capítulo 5)

✔ Estiramiento sencillo con una pierna (*Single Leg Stretch*) (capítulo 5)

✔ Estiramiento de ambas piernas (*Double Leg Stretch*) (capítulo 6)

✔ El entrecruzado *(The Crisscross)* (capítulo 6)

✔ Las tijeras (*The Scissors*) (capítulo 6)

✔ Estiramiento de espalda hacia delante (*Spine Stretch Forward*) (capítulo 5)

✔ Balancín con piernas abiertas (*Open Leg Rocker*) (capítulo 6)

✔ El sacacorchos (*The Corkscrew*)

✔ Preparación para el cisne (*Rising Swan*) (capítulo 5)

✔ La sierra (*The Saw*)

✔ Patada con una pierna (*Single Leg Kick*) (capítulo 6)

✔ Patada con ambas piernas y descanso (*Double Leg Kick*) (capítulo 6)

✔ Tirón de cuello (*Neck Pull*)

✔ El puente desde los hombros (*The Shoulder Bridge*)

✔ Torsión de columna (*Spine Twist*)

✔ La navaja (*The Jacknife*)

✔ Patadas laterales (*Side Kicks*) (capítulo 5)

✔ El tejedor, versión avanzada (*The Teaser, Advanced Version*)

✔ Estiramiento del flexor de cadera (*Hip Flexor Stretch*)

✔ Círculos de cadera (*Hip Circles*)

✔ Natación (*Swimming*)

✔ Control frontal (*Control Front*)

✔ Patadas laterales de rodillas (*Kneeling Side Kicks*)

✔ Flexión lateral / Sirena avanzada (*Side Bend / Advanced Mermaid*)

✔ La foca (*The Seal*) (capítulo 6)

✔ Flexiones de brazos (*Pilates Push-Up*)

El cien, versión avanzada

Este ejercicio es excelente para desarrollar estabilidad del torso y fuerza abdominal. En su versión avanzada, las piernas están rectas y en un ángulo de por lo menos 45 grados. Para mantener la estabilidad absoluta en el torso con el peso de las piernas jalando hacia abajo, los abdominales deben trabajar mucho más duro que en la versión intermedia (con las piernas estiradas hacia arriba) o en la versión principiante (con las rodillas flexionadas).

Prepárate

Acuéstate boca arriba con las piernas en posición de mesa (caderas y rodillas flexionadas en ángulo de 90 grados, muslos muy apretados y juntos) y los brazos a los lados del cuerpo.

El ejercicio

Inspira: Estira los brazos en dirección al cielo, con las palmas de las manos hacia delante (figura 7-1a).

Espira: Al colocar los brazos paralelos al suelo, levanta la cabeza y rueda a la *Posición abdominal de pilates*, con los omóplatos apenas despegados del tapete. Simultáneamente, endereza las piernas y estíralas al frente en un ángulo de 45 grados con respecto al suelo. La figura 7-1b muestra esta posición.

Baja las piernas sólo hasta donde puedas mantener la barriga bien hundida y la parte inferior de la espalda bien aplanada. Mantén las piernas en la *Primera posición de pilates* (véase el capítulo 3), en un giro ligeramente hacia afuera desde las caderas, rodillas separadas una de otra y la cara interna de los muslos bien apretada. Golpea suavemente el suelo con las palmas, a un rápido ritmo de percusión.

Inspira: Sube y baja los brazos cinco veces; darás golpes muy pequeños.

Espira: Mantén el ritmo mientras subes y bajas los brazos cinco veces más. (y di: "pum", "pum", "pum", "pum", "pum").

Mantén esta posición y continúa el movimiento de los brazos durante diez respiraciones completas (diez movimientos por respiración equivalen a 100 golpes en total).

Si sientes tensión en el cuello, ponte una mano detrás de la cabeza para darle soporte al cuello, y cambia de mano a la mitad del ejercicio (a los 50 golpes).

Apoya la cabeza en el tapete, llévate las rodillas al pecho, y muy suavemente rodéalas con las manos para relajar tu espalda. Descansa durante una o dos respiraciones, antes de seguir con la serie. Este ejercicio realmente hace trabajar los músculos abdominales y del cuello, así que es posible que debas apoyar la cabeza en el tapete durante un momento antes de continuar. Cuando puedas seguir, estira las piernas al frente y los brazos por encima de la cabeza para prepararte para rodar hacia arriba.

Qué hacer y qué no hacer

✔ Recuerda que este ejercicio es básicamente abdominal, no un ejercicio de cuello, por lo que debes mantener la cabeza lo suficientemente alta como para maximizar el trabajo abdominal y minimizar las tensiones en el cuello.

✔ Presiona la parte inferior de la espalda contra el tapete y usa tu *Cuchara abdominal* (apretando las nalgas) para ayudarte a estabilizar la parte baja de la espalda.

✔ Trata de estirar los dedos lo más lejos posible de ti y de mover los brazos de arriba abajo, desde atrás.

Figura 7-1:
El cien,
versión
avanzada

✔ Imagina que exprimes una mandarina bajo el mentón para mantener un pequeño espacio entre el mentón y el pecho, de manera tal que no estires el cuello más de la cuenta.

✔ No te dejes hundir, porque perderás la *Posición abdominal de pilates*; en lugar de eso, hunde más el abdomen cada vez que espires.

Variación

Para facilitar *El cien*, levanta las piernas rectas hacia el cielo mientras golpeas los brazos. (nivel intermedio presentado en el capítulo 6).

Rodamiento hacia arriba

Después de hacer *El cien*, haz el *Rodamiento hacia arriba*, y realiza cinco repeticiones. El capítulo 6 contiene una descripción detallada del ejercicio; y la figura 7-2 te ayudará a refrescar la memoria. Para terminar, rueda de nuevo hasta la parte inferior de la espalda, con los brazos a los lados del cuerpo, y flexiona las rodillas. Luego estíralas derechas en dirección al cielo con el objetivo de prepararte para el *Rodamiento sobre la columna*.

Figura 7-2:
Rodamiento hacia arriba

Rodamiento sobre la columna

El *Rodamiento sobre la columna* exige mucha fuerza central. Cuando se hace bien, enseña a articular la columna y es un estiramiento magnífico para los músculos de cuello y espalda. Si tienes problemas para subir las caderas por encima de la cabeza (porque tienes pesado el trasero o tensa la parte inferior de la espalda), entonces es posible que este ejercicio no te resulte tan fácil. Vuelve al *Caderas arriba* (capítulo 4) y realiza ese ejercicio en lugar de este.

No hagas este ejercicio si tienes problemas de cuello o en la parte inferior de la espalda.

Prepárate

Acuéstate boca arriba con los brazos a lo largo del cuerpo, las palmas de las manos hacia abajo y sobre el tapete, las piernas rectas estiradas en dirección al cielo y las rodillas mirando hacia afuera. Aprieta bien el interior de los muslos y los talones en la *Primera posición de pilates* (figura 7-3a).

El ejercicio

Inspira: Inspira profundamente.

Espira: Aprieta las nalgas, mete la barriga y levanta las piernas hasta que queden por encima de tu cabeza. Como se muestra en la figura 7-3b, las piernas deben detenerse una vez que estén paralelas al suelo; no permitas que los dedos de los pies toquen el suelo detrás de tu cabeza. No ruedes sobre el cuello, detente y equilíbrate sobre los hombros.

Inspira: Abre las piernas a una distancia igual al ancho de tus caderas mientras empiezas a rodar lentamente columna vertebral abajo (figura 7-3c). Flexiona los pies y trata de llevar los talones hacia la pared que tienes detrás de ti.

Espira: Continúa rodando columna vertebral abajo, presionando las palmas de las manos y los brazos contra el suelo para controlar el movimiento. Deja que las piernas bajen al suelo, pero solamente hasta donde puedas mantener todavía plana la parte inferior de la espalda (figura 7-3d). Usa tu *Cuchara abdominal* y aprieta las nalgas para ayudar a tener la parte inferior de la espalda perfectamente plana sobre el tapete. ¡No permitas que la parte inferior de tu espalda se arquee ni siquiera un poco!

Inspira: Junta y aprieta las piernas y empieza la secuencia de nuevo.

Realiza tres repeticiones. Invierte la posición y empieza el ejercicio con las piernas abiertas, y únelas para apretarlas en el punto álgido del *Rodamiento sobre la columna*. Realiza tres repeticiones de esta variación.

Para terminar, trae las rodillas al pecho y abrázalas suavemente para aliviar la parte inferior de la espalda. Prepárate para *Rodar como una pelota* abrazado a tus rodillas, y rueda hasta quedar sentado (*Punto de equilibrio*).

Qué hacer y qué no hacer

✔ Mantén el movimiento fluido y controlado.

✔ No ruedes sobre el cuello. Trata de mantenerlo estirado.

Variaciones

Para hacer más fácil este ejercicio, cuando acabes el *Rodamiento sobre la columna,* trae las piernas nuevamente a un ángulo de 90 grados y, para practicar, bájalas poco a poco cada vez que repitas el ejercicio. Baja las piernas tanto como puedas sin despegar la parte inferior de tu espalda del tapete. Si al bajar las piernas se arquea la parte inferior de tu espalda (aunque sea sólo un poco), detente y vuelve a subirlas. Esto te protegerá la espalda. A medida que tengas más fuerza abdominal podrás bajar las piernas hasta muy cerca del suelo y seguir manteniendo el torso estable.

Si tienes la espalda tensa y quieres hacer un mayor estiramiento con este ejercicio, empieza el primer rodamiento y detente en el punto álgido, con las piernas por encima de la cabeza, y agárrate de las espinillas con las manos. Rueda lentamente columna abajo y usa los brazos para ayudarte a estirar la espalda. Después continúa la secuencia.

Figura 7-3:
Rodamiento sobre la columna

c. Abre las piernas mientras ruedas hacia abajo

Rodar como una pelota

En este punto de la serie, haz el ejercicio *Rodar como una pelota*, que presenté en la serie principiante. En el capítulo 5 están las instrucciones completas para realizarlo, y puedes verlo en la figura 7-4.

Realiza seis repeticiones y luego, lentamente, rueda hacia abajo a tu *Posición abdominal de pilates*, flexiona una rodilla contra el pecho (con la mano de fuera en el tobillo y la de dentro en la rodilla) y endereza la otra pierna para hacer la transición al *Estiramiento sencillo con una pierna*.

Figura 7-4:
Rodar como una pelota

Estiramiento sencillo con una pierna

Puedes buscar en el capítulo 5 las instrucciones detalladas para el ejercicio *Estiramiento sencillo con una pierna*, que aquí se muestra en la figura 7-5. Realiza veinte repeticiones, alternando las piernas. Para terminar, lleva ambas rodillas al pecho, sostén cada rodilla con una mano y descansa la cabeza en el tapete para hacer la transición al *Estiramiento de ambas piernas*.

Figura 7-5:
Estiramiento sencillo con una pierna

Estiramiento de ambas piernas

La descripción detallada del *Estiramiento de ambas piernas* está en el capítulo 6. La figura 7-6 puede ayudarte a recordar cómo se hace. Realiza seis repeticiones. En la última, tómate de las rodillas y baja la cabeza hasta el tapete. Ponte las manos detrás de la cabeza para prepararte para *El entrecruzado*.

Figura 7-6:
*Estiramiento
de ambas
piernas*

El entrecruzado

Encuentras este ejercicio en el capítulo 6, y la figura 7-7 te muestra cómo
se hace. Realiza veinte repeticiones alternando los lados, y para acabar

Figura 7-7:
El entrecruzado

lleva las rodillas al pecho y baja la cabeza hasta el tapete. Estira las piernas, pero deja una sobre el tapete, extiende la otra en dirección al cielo y tómala lo más alto que puedas mientras ruedas a la *Posición abdominal de pilates*. Esta posición te prepara para *Las tijeras*.

Las tijeras

Encuentras este ejercicio en el capítulo 6. Observa la figura 7-8, pero recuerda que si lo necesitas, puedes empezar con un estiramiento básico de los isquiotibiales (parte posterior de los muslos). Haz veinte repeticiones (diez con cada pierna). Lleva ambas rodillas al pecho, tómate de ellas y rueda hacia arriba para sentarte y estirar las piernas al frente, un poco más abiertas que el ancho de tus caderas; así te prepararás para el *Estiramiento de espalda hacia delante*.

Figura 7-8:
Las tijeras

Estiramiento de espalda hacia delante

En este punto de la serie, hazle a tu espalda un buen estiramiento. La descripción de este ejercicio está en el capítulo 5 y puedes verlo en la figura 7-9. Hazlo tres veces.

Figura 7-9:
Estiramiento de espalda hacia delante

Balancín con piernas abiertas

La descripción del *Balancín con piernas abiertas* está en el capítulo 6. La figura 7-10 te muestra cómo hacerlo. Realiza seis repeticiones, y para terminar flexiona las rodillas y vuelve a llevar tus pies al tapete. Pon los pies frente a ti, mantén flexionadas las rodillas y rueda lentamente sobre la espalda para prepararte para *El sacacorchos*.

Figura 7-10:
*Balancín
con piernas
abiertas*

El sacacorchos

El sacacorchos es una versión avanzada del *Rodamiento sobre la columna* (que aparece anteriormente en este mismo capítulo); básicamente es el mismo rodamiento, pero con un giro. Así que si te sientes bien haciendo el *Rodamiento sobre la columna*, pues adelante, prueba con esta divertida variación. Al igual que el *Rodamiento sobre la columna*, *El sacacorchos* tiene como objetivo tu centro de poder (abdominales, cara interna de los muslos y trasero), y al mismo tiempo estira la espalda y mejora tu equilibrio y control. El aspecto retorcido de este ejercicio exige un elemento adicional de control.

Este ejercicio puede resultar difícil si tienes tensos los músculos isquiotibiales o la espalda. Además, levantar las caderas por encima de la cabeza
siempre cuesta más si se tiene grande la parte inferior del cuerpo (trasero). Si este ejercicio te resulta duro, practica la *Preparación para el rodamiento* hacia atrás (capítulo 4) y el *Rodamiento sobre la columna* (en este
capítulo) hasta que tengas más fuerza.

Prepárate

Acuéstate boca arriba en el tapete con las piernas estiradas en dirección
al cielo en la *Primera posición de pilates,* y los brazos a lo largo del cuerpo
presionando el tapete (figura 7-11a).

El ejercicio

Inspira: Haz una inspiración profunda que expanda espalda y pulmones.

Espira: Empuja el ombligo hacia la columna mientras, con las piernas juntas, dibujas un círculo hacia la izquierda (empiezas por arriba, te desplazas hacia abajo por la izquierda y subes por la derecha hasta completar el
círculo). Acentúa el movimiento de regreso al centro. Haz los círculos tan
pequeños como sea necesario para mantener la estabilidad. Las figuras
7-11b, c y d muestran el proceso de dibujo del círculo.

Inspira: Cambia la dirección del círculo.

Figura 7-11:
El sacacorchos

Realiza seis repeticiones y alterna la dirección después de cada círculo. Para terminar, lleva las rodillas al pecho, abrázalas suavemente y libera así la parte inferior de la espalda.

Qué hacer y qué no hacer

✔ Mantén tu *Cuchara abdominal* a lo largo del ejercicio.

✔ Aprieta el tapete con los brazos para ayudar a estabilizarte.

✔ Minimiza la tensión de la parte superior del cuerpo; mantén el cuello estirado y relajado y la espalda bien extendida sobre el tapete.

✔ Aprieta la cara interna de los muslos y también las nalgas para ayudar a estabilizar el centro.

✔ No dejes que la espalda se arquee (ni un poco). Mantén la parte inferior de la espalda plana sobre el tapete. Busca estabilidad absoluta.

Preparación para el cisne

Este ejercicio (en el que se estira la columna hacia atrás) ayuda a contrarrestar el efecto de desplome que produce el hecho de estar sentado frente a una computadora o una tele y, en general, al hecho de vivir en el planeta Tierra. La descripción completa de la *Preparación para el cisne* está en el capítulo 5, y la figura 7-12 te muestra cómo hacerlo.

Figura 7-12:
Preparación para el cisne

La sierra

La sierra es un gran estiramiento con giro para la parte inferior de la espalda. Incorpora la respiración para limpiar los pulmones y sacar todo el aire viejo. *La sierra* te resultará difícil si tienes tensos los músculos isquiotibiales.

Este ejercicio puede provocar tensión en la parte inferior de la espalda. Ten cuidado si tienes problemas graves de espalda.

Prepárate

Siéntate en posición erguida con las piernas rectas en el suelo y un poco más separadas que el ancho de tus caderas. Puedes flexionar las piernas si te es imposible sentarte en posición erguida con las piernas estiradas (lo que significa que tienes tensos o cortos los músculos isquiotibiales). O puedes sentarte sobre una almohada para levantarte un poco. Estira los brazos en T, y pon las palmas de las manos hacia abajo.

El ejercicio

Inspira: Siéntate en posición tan erguida como puedas desde la base de tu columna vertebral, flexiona los pies y estira los talones para que trabajen los músculos de las piernas. Trata de fijar tus caderas al tapete (figura 7-13a).

Espira: Mientras metes el bajo vientre, gira la cintura y lleva el brazo izquierdo a la pantorrilla derecha (figura 7-13b). Tómate de la pantorrilla y siente cómo se estira la parte inferior de la espalda. Mantén esta posición durante una respiración.

Inspira: Regresa a la posición de columna erguida.

Espira: Lleva el brazo derecho a la pierna izquierda y, en lugar de tomarte la pantorrilla, estira la mano más allá de tu pie izquierdo, e imagina que estás serrando el dedo meñique de tu pie izquierdo con el meñique de tu mano derecha. Mantén la cadera derecha anclada al tapete como contrapeso.

Inspira: Vuelve a la posición de columna erguida.

Espira: Gira a la izquierda y estira el brazo izquierdo más allá del pie derecho, mientras imaginas que estás serrando tu dedo meñique del pie derecho.

Inspira: Regresa a la posición de columna erguida.

Realiza tres repeticiones, alternando los lados, para un total de seis movimientos de ¡corte de dedos! Rueda para quedar sobre tu barriga, a punto para el ejercicio *Patada con una pierna*.

Qué hacer y qué no hacer

✔ Mantén los hombros relajados, abajo y atrás.

✔ No dejes que tus caderas se despeguen del tapete cuando gires. Llega al talón opuesto y deja anclado en el tapete el hueso de la cadera opuesta cuando te estires.

✔ No dejes que las rodillas se doblen cuando te estiras hacia delante.

Figura 7-13:
La sierra

Patada con una pierna

Este ejercicio y el siguiente son excelentes para la espalda y las piernas. *Patada con una pierna*, del capítulo 6, aparece en la figura 7-14. Realiza diez repeticiones y alterna las piernas cada vez. Para terminar, baja de nuevo sobre tu barriga, trae la cabeza a un lado y entrelaza las manos tras la espalda. Esta es la preparación para pasar al ejercicio *Patada con ambas piernas*.

Figura 7-14:
*Patada con
una pierna*

Patada con ambas piernas y descanso

La *patada con ambas piernas* (capítulo 6) se muestra en la figura 7-15. Realiza cuatro repeticiones y acaba en la posición de descanso.

Figura 7-15:
*Patada
con ambas
piernas*

La posición de descanso (figura 7-16) no es realmente un ejercicio, sino una posición que te permite relajar y soltar la espalda.

Siéntate sobre los talones y estira el cuerpo hacia delante sobre el tapete con los brazos extendidos al frente. Imagina que la parte inferior de la espalda se alarga y se libera mientras la barriga desaparece hacia adentro. Respira hasta que sientas la espalda. Después de este descanso, vuelve a acostarte boca arriba y prepárate para el ejercicio *Tirón de cuello*.

Figura 7-16:
Posición de descanso

Tirón de cuello

El *Tirón de cuello* es uno de los ejercicios abdominales más difíciles de la serie de suelo. Cuando enseño este ejercicio a los futuros maestros de entrenamiento (¡que son bien fuertes!), la mayoría primero lo intenta, luego sacude la cabeza y finalmente protesta: "Esto es imposible". Y yo sonrío, porque sé perfectamente lo que sienten, y respondo: "Sólo sigan intentándolo, ya llegará el día en que todo encaje". Y por supuesto, es lo que finalmente ocurre.

El *Tirón de cuello* es una versión más avanzada del *Rodamiento hacia arriba*. La principal diferencia entre ambos es que en el *Tirón de cuello* los brazos se quedan tras la nuca en lugar de estirarlos hacia delante como en el *Rodamiento hacia arriba*, variación que aumenta la carga para los abdominales. Además, en el *Tirón de cuello* las piernas están separadas a una distancia igual al ancho de las caderas, en lugar de estar juntas en la *Primera posición de pilates* como en el *Rodamiento hacia arriba*. Esta posición también hace el trabajo más duro para los abdominales, porque no puedes ayudarte con los músculos de las nalgas cuando tus piernas están separadas. Asegúrate de que puedes hacer el *Rodamiento hacia arriba* con control y maestría antes de intentar hacer el *Tirón de cuello*. Al igual que el *Rodamiento hacia arriba*, el *Tirón de cuello* aumenta la fuerza abdominal y la articulación de la columna vertebral.

Prepárate

Acuéstate boca arriba, con las manos detrás de la cabeza y los dedos entrelazados. Las piernas deben estar rectas, separadas a una distancia igual al ancho de tus caderas (figura 7-17a).

El ejercicio

Inspira: Flexiona los pies.

Espira: Aprieta las nalgas, haz la *Cuchara* con los abdominales y empieza a rodar hacia arriba, tratando de mantener pegada la espalda contra el tapete. Para levantar la cabeza, imagina que exprimes una mandarina bajo el mentón. Despega tu columna vertebral del tapete en una secuencia. Para completar el movimiento, curva la espalda hacia delante mientras metes el ombligo, y mantén los codos hacia atrás. Imagina que te estás acostando sobre un tonel (las figuras 7-17b, c y d muestran este movimiento).

Inspira: Apila tu columna, vértebra por vértebra (tu cabeza debe ser lo último que levantas). Siéntate en posición erguida, con la coronilla levantada en dirección al cielo y los codos hacia atrás (figura 7-17e).

Espira: Empieza a rodar hacia abajo mientras aprietas las nalgas, metes la barriga y estiras bien las piernas hasta los talones. Rueda columna vertebral abajo, mete el ombligo, crea una *Curva en C* con la parte inferior de la espalda y controla el movimiento desde el centro. Presiona la columna sobre el tapete, vértebra por vértebra. Rueda lentamente todo el camino hasta quedar horizontal sobre el tapete (las figuras 7-17f, g y h muestran el movimiento hacia abajo).

Realiza cinco repeticiones. Cuando llegues a la última, quédate boca arriba con los brazos a los lados del cuerpo. Flexiona las rodillas y apoya los pies en el suelo para prepararte para *El puente* desde los hombros.

Qué hacer y qué no hacer

✔ Concéntrate en usar los abdominales al hacer este ejercicio.

✔ Trata de articular tu columna vertebral a lo largo de cada bajada y subida que hagas.

✔ Minimiza la tensión en la parte superior del cuerpo; mantén el cuello estirado y relajado.

✔ No tires del cuello. Deja que los abdominales levanten tu cabeza.

Variaciones

Si este ejercicio es demasiado difícil para ti y no puedes levantarte, trata de hacerlo con las rodillas flexionadas y los pies apoyados en el suelo durante todo el ejercicio, o pídele a alguien que te sujete las piernas.

d. Inclínate hacia delante...

e. Luego siéntate en posición erguida...

f. Rueda hacia abajo

Figura 7-17:
*Tirón de
cuello*

El puente desde los hombros

El puente desde los hombros es una variación avanzada de *El puente*. Se llama así porque para poder levantar una pierna bien alto desde el tapete mientras estás en la posición de *El puente*, necesitas equilibrarte sobre los hombros. ¡Esto significa que las caderas deben estar bien arriba! Al igual que *El puente*, este ejercicio fortalece las nalgas y la cara posterior de las piernas, y aporta estabilidad. Para esta versión avanzada, una sesión de tres puentes para principiantes será suficiente para entrar en calor (véase el capítulo 5).

Si lo necesitas, desde la posición de *El puente* puedes poner los brazos bajo las caderas para levantarte un poco.

Prepárate

Acuéstate boca arriba con las rodillas flexionadas y los pies bien apoyados en el suelo, separados a una distancia igual al ancho de tus caderas. Los pies deben estar en una posición cómoda, ni demasiado cerca ni demasiado lejos de las nalgas (figura 7-18a). Los brazos han de estar a lo largo del cuerpo.

El ejercicio

Espira: Presiona con los pies y aprieta las nalgas contra el tapete mientras levantas la espalda.

Inspira: Mantén esta posición de *El puente*.

Espira: Levanta una pierna sin doblarla y apunta al cielo con la punta del pie (figura 7-18c). Aquí debes soldar tus costillas a la barriga mientras aprietas las nalgas y tratas de estirar al máximo tus caderas.

Inspira: Baja la pierna a la altura de tus caderas y flexiona el pie (figura 7-18d).

Respira de forma continuada: Vuelve a subir la pierna (con el pie en punta al subir y en flex al bajar) tres veces más antes de poner el pie en el tapete y cambiar de pierna.

Realiza seis repeticiones, alternando las piernas. Acaba con ambos pies en el suelo y rueda lentamente columna vertebral abajo, vértebra por vértebra. Usa la *Cuchara abdominal* para presionar tu parte inferior de la espalda contra el tapete cuando vuelvas a *Columna neutra*. Para hacer la transición lleva las rodillas al pecho, lo que te relajará la espalda. Pon una mano en cada rodilla y lentamente rueda hacia arriba para quedar erguida. Estira las piernas al frente para prepararte para el ejercicio *Torsión de columna*.

Qué hacer y qué no hacer

✔ Mantén la barriga ahuecada hacia adentro y las nalgas apretadas durante todo el ejercicio.

✔ Estírate bien desde las caderas cada vez que levantas y bajas la pierna.

✔ No dejes que tus caderas se hundan. Usa las nalgas y los músculos isquiotibiales para mantener las caderas hacia arriba.

✔ Procura no levantar las caderas al punto de que llegues a forzar demasiado el cuello o la parte inferior de la espalda.

Figura 7-18:
El puente desde los hombros

Torsión de columna

Realizar torsiones es una manera estupenda de devolver la flexibilidad a tu columna vertebral. Cuando giras la columna, los discos que hay entre las vértebras (discos intervertebrales) se comprimen. Cuando deshaces la torsión, esa compresión se libera y esto, según se cree, favorece la circulación del líquido incrementado en esos espacios. Dado que es muy fácil lesionarse cuando nos giramos en cualquiera de nuestras actividades diarias, la oportunidad de realizar estos ejercicios en un ambiente controlado aumentará el nivel de movimiento de tu columna y evitará que te lesiones cuando te gires, por ejemplo, ¡para alcanzar un mapa que está en el asiento trasero de tu coche!

Prepárate

Siéntate en posición erguida y con las piernas rectas y estiradas al frente, separadas a la distancia del ancho de tus caderas. (Puedes flexionarlas un poco si definitivamente te sientes incapaz de sentarte en posición erguida con las piernas rectas.) Extiende los brazos para formar una T, con las palmas de las manos de cara a la pared de enfrente (figura 7-19a).

Si tienes tensos o cortos los músculos isquiotibiales y no consigues sentarte en posición erguida con las piernas rectas, trata de hacerlo sobre una pequeña almohada o mantén ligeramente flexionadas las rodillas mientras realizas este ejercicio.

El ejercicio

Inspira: Siéntate en una posición tan erguida como puedas desde la base de tu columna, flexiona los pies y estira bien los talones para que trabajen los músculos de las piernas. Piensa en que has anclado tus caderas al tapete.

Espira: Levanta un poco tu cuerpo sobre las caderas, esconde el bajo vientre y gira de la cintura para arriba hasta donde puedas sin que las caderas pierdan su posición ni su anclaje al tapete (figura 7-19b).

Inspira: Vuelve al centro (figura 7-19c).

Espira: Levanta un poco tu cuerpo sobre las caderas e invierte la dirección de la torsión (figura 7-19d).

Inspira: Regresa a la posición de columna vertebral erguida.

Realiza tres repeticiones.

Qué hacer y qué no hacer

✔ Mantén los hombros relajados, bajos y hacia atrás.

✔ No dejes que tus caderas se despeguen del tapete cuando gires; cuando lo hagas, trata de alcanzar la altura del talón opuesto y de anclar el hueso de la cadera opuesta.

✔ No dejes que tus rodillas se flexionen.

Figura 7-19:
Torsión de
columna

c. Vuelve al centro...   d. Luego gira hacia la dirección opuesta

La navaja

La navaja es similar al *Rodamiento sobre la columna*, pero tiene un componente de levitación que pone a prueba tu capacidad de control. *Levitación*, una de las letras del alfabeto pilates (véase el capítulo 3), es el levantamiento mágico de las caderas gracias al trabajo del centro de poder (abdominales, trasero y cara interna de los muslos).

Sáltate este ejercicio por completo si crees que no podrás hacerlo con seguridad, sin forzar mucho el cuello. Si sientes cualquier tensión en el cuello, por favor, no continúes.

Realiza un buen calentamiento de cuello y espalda antes de empezar; esto significa realizar primero los ejercicios previos de la serie avanzada. Por favor, ¡que no se te ocurra hacer este ejercicio en frío! Como el *Rodamiento sobre la columna*, *La navaja* exige mucha fuerza central, y al mismo tiempo te ayuda a realizar un buen estiramiento de los músculos de la espalda y el cuello. Si tienes problemas para levantar las caderas por encima de la cabeza (por tener un trasero pesado o la parte inferior de la espalda tensa), es posible que no puedas realizar este ejercicio. En su lugar puedes centrarte en la parte básica, y practicar el *Caderas arriba* (capítulo 4).

Prepárate

Acuéstate boca arriba, con los brazos a lo largo del cuerpo y las piernas levantadas y rectas en la *Primera posición de pilates* (figura 7-20a); o sea, con un leve giro desde la parte alta de las caderas, las rodillas mirando en direcciones opuestas y la cara interna de muslos y talones junta y bien apretada.

El ejercicio

Inspira: Inspira profundamente.

Espira: Aprieta las nalgas, mete la barriga y levanta las piernas por encima de la cabeza. Tus piernas deben detenerse cuando estén paralelas al suelo. No ruedes sobre el cuello; en lugar de esto, detente y equilíbrate sobre los hombros.

Inspira: Presiona los brazos contra el suelo, levita las caderas y estira los dedos de los pies hacia el cielo (figura 7-20b). Aprieta las nalgas y mete la barriga para conseguirlo. Este movimiento debe implicar una fuerza explosiva, pero controlada. Ten cuidado de no rodar demasiado arriba sobre el cuello, y mantener el peso en los hombros.

Espira: Empieza por rodar columna vertebral abajo, haciendo presión sobre el suelo con los brazos y las palmas de las manos para controlar el movimiento (figura 7-20c). Trata de mantener la levitación tanto como puedas mientras ruedas columna vertebral abajo; usa trasero y barriga para controlar el movimiento. Mantener la levitación mientras ruedas columna vertebral abajo es la parte más difícil de este ejercicio; significa que debes tratar de mantener caderas y piernas levantadas tanto como te sea posible mientras ruedas hacia abajo, en lugar de doblarte por las caderas.

Inspira: Baja las piernas al tapete, usa la *Cuchara abdominal* y aprieta las nalgas para ayudarte a mantener plana, sobre el tapete, la parte inferior de la espalda. ¡No la arquees!, para que no se despegue ni un poquito del tapete mientras bajas las piernas. Baja las piernas, pero sólo lo suficiente como para poder mantener tu cuchara y la parte inferior de la espalda plana sobre el tapete. Junta y aprieta la cara interna de los muslos y empieza la secuencia de nuevo.

Realiza tres repeticiones.

Para terminar, flexiona las rodillas y ponlas sobre tu pecho. Rueda hasta quedar sobre un costado y preparate así para el siguiente ejercicio: Patadas laterales.

Qué hacer y qué no hacer

✔ Procura que el movimiento sea fluido y controlado.

✔ Mantén la cara interna de los muslos apretada en la *Primera posición de pilates*, aprieta las nalgas y mete la barriga para controlar los movimientos a lo largo del ejercicio.

✔ No dejes que los hombros se queden encorvados y junto a las orejas. En lugar de esto, baja los omóplatos y estira los dedos lo más lejos que puedas con respecto a ti.

✔ No ruedes sobre el cuello. Trata de mantener el cuello estirado y el peso del cuerpo sobre tus hombros.

Variaciones

Si te quieres lanzar, puedes hacer lo que yo denomino *Variación en J de la navaja*. Empieza el ejercicio igual que *La navaja* clásica, pero en lugar de llevar las piernas todo el camino por encima de la cabeza y paralelas al suelo detrás de ti, levita hasta que tus piernas pasen el ángulo de 90 grados con respecto al suelo y haz la forma de una J con todo el cuerpo. En otras palabras, no haces el movimiento repentino de *La navaja*, sino que fluyes a la forma de J mediante una suave levitación y tratas de mantenerla mientras ruedas columna vertebral abajo. ¡Vamos… siente el efecto!

Figura 7-20:
La navaja

Patadas laterales

Mi descripción de este ejercicio, que es muy importante en el repertorio de pilates, está en el capítulo 5. Si necesitas un recordatorio visual para hacerlo, lo encontrarás en la figura 7-21. Realiza diez repeticiones, y si quieres más trabajo de trasero y muslos, puedes ver sus variaciones en el capítulo 9. Date la vuelta para acostarte boca arriba y hacer la transición a *El tejedor*.

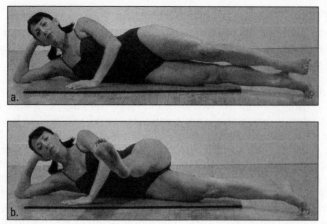

Figura 7-21:
*Patadas
laterales*

El tejedor, versión avanzada

Espero que ya domines la versión intermedia de *El tejedor* (descripción en el capítulo 6) antes de enfrentarte a esta. Las dos versiones son básicamente la misma, excepto que en la versión avanzada (que, dicho sea de paso, es *El tejedor* "verdadero") las piernas se mantienen rectas durante todo el ejercicio. También, en lugar de empezar por sentarse en la posición del *Punto de equilibrio*, como lo haces en la versión intermedia, debes acostarte en el tapete. Como *El tejedor* intermedio, el avanzado fortalece los músculos abdominales profundos y aumenta el equilibrio y el control. ¡Creo que es uno de los ejercicios más difíciles del método pilates!

Si encuentras demasiado difícil esta versión, flexiona las piernas y practica la versión intermedia que aparece en el capítulo 6. ¡Algún día podrás hacer la versión avanzada, no te preocupes!

Prepárate

Acuéstate boca arriba con ambas piernas rectas extendidas en dirección al cielo en la primera posición de pilates, y gíralas levemente hacia afuera desde la parte superior de las caderas; la cara interna de muslos y talones ha de permanecer junta y bien apretada, y las rodillas deben estar apuntando en direcciones opuestas.

El ejercicio

Inspira: Extiende los brazos atrás, junto a tus orejas, con las palmas de las manos hacia arriba, y deja caer las piernas unos cuantos centímetros hacia el suelo (figura 7-22a).

Espira: Desde el suelo, abre los brazos a los lados para formar primero una T e inmediatamente dejarlos a lo largo del cuerpo. Siente los omóplatos jalando hacia abajo en la espalda cuando extiendas los brazos al frente y empieces a rodar columna vertebral arriba. Deja que las piernas bajen unos cuantos centímetros más mientras ruedas hacia arriba. Usa tu *Cuchara abdominal* y aprieta las nalgas para ayudar a levantarte, estírate hacia delante y arriba con los brazos y rueda todo el camino a la posición de *El tejedor*, con los brazos paralelos a las piernas. Procura no rodar tan alto que acabes pasándote tu *Punto de equilibrio*; en lugar de esto, quédate en equilibrio ligeramente detrás de tu rabadilla, siente el hueco del bajo vientre y mantén la parte inferior de la espalda ligeramente curvada. Si ruedas demasiado lejos, la parte inferior de la espalda se enderezará y ya no podrás sentir tu *Cuchara abdominal*. El hecho de mantener correctamente la posición del *Punto de equilibrio* con las piernas rectas es lo que convierte a este ejercicio en parte de la serie avanzada (figura 7-22b).

Inspira: Mantén la posición de *El tejedor.*

Espira: Sigue con los brazos extendidos hacia delante y hacia arriba mientras empiezas a rodar columna vertebral abajo, manteniendo las piernas en la *Primera posición de pilates*. Mete el ombligo y controla el movimiento desde el centro. Rueda hacia abajo lentamente hasta acostarte en el tapete. Deja que caigan tus brazos, y mientras te acuestas, ábrelos en forma de T sobre el suelo mientras completan el círculo hacia atrás y terminan estirados a los lados de la cabeza para empezar de nuevo.

Realiza cinco repeticiones. Para terminar, rueda hasta quedar boca abajo para realizar el *Estiramiento del flexor de cadera.*

Qué hacer y qué no hacer

- ✔ Concéntrate en usar los abdominales mientras dura el ejercicio.
- ✔ Trata de articular toda tu columna vertebral cuando vayas de bajada y de subida.
- ✔ Minimiza la tensión en la parte superior de tu cuerpo; mantén el cuello estirado y relajado.

✔ No sigas adelante si no consigues controlar tus movimientos. Más bien, vuelve al ejercicio del *Punto de equilibrio*.

Variaciones

Estas modificaciones son muy difíciles y ponen mucha carga sobre la parte inferior de la espalda. Detente si sientes alguna tensión en este punto.

Más difícil: Empieza de igual manera, pero en lugar de rodar hacia arriba y barrer con los brazos a los lados, extiéndelos rectos en dirección al cielo y trata de mantenerlos pegados a tus orejas mientras ruedas hacia abajo (figura 7-22c).

El peso adicional de tus brazos en esta posición aumenta la fuerza abdominal necesaria para completar el movimiento.

Más difícil todavía: Una vez que estés arriba en la posición de *El tejedor*, mantén la respiración continuada mientras bajas las piernas quince centímetros y las subes de nuevo a pulso: usa la barriga para levantarlas tres veces seguidas.

Figura 7-22:
El tejedor,
versión
avanzada

Por qué son tan importantes los psoas

La obsesión de muchos instructores de pilates y bailarines son los músculos psoas. Ya puedes imaginarte que los bailarines levantan mucho la pierna y que los instructores de pilates hacen montones de abdominales. En ambos movimientos se usan los psoas. De hecho, una mujer escribió todo un libro dedicado únicamente a los psoas y hasta les atribuyó poder emocional y psíquico. Tal vez te preguntes por qué.

Bueno, pues los *psoas* son los músculos flexores más grandes de la cadera y conectan las piernas con el torso, lo que significa que se activan cuando nos sentamos desde una posición estirada, como en el ejercicio *Rodamiento hacia arriba,* y cuando flexionamos la pierna subiéndola hacia arriba por delante de nosotros.

Los psoas no son fáciles de encontrar en el cuerpo. Están a tal profundidad que debes abrirte paso entre todos tus órganos internos para poder sentirlos. Mi masajista ya ha liberado mis psoas en alguna ocasión, y créeme, no querrás dar con ellos porque ¡duelen un montón!

Cuando realizas un abdominal completo sobre un tapete, no sólo trabajan los abdominales sino también los psoas. Los abdominales flexionan el torso o curvan la espalda hacia delante. Para poder levantarnos completamente cuando estamos acostados, los abdominales trabajan en la primera parte del movimiento (levantan la cabeza del tapete y curvan la columna vertebral hacia delante), y los psoas trabajan para terminar el ejercicio abdominal. En un ejercicio como *El tejedor,* en el que las piernas están suspendidas en el aire, los psoas trabajan horas extra para mantenerlas en el aire y, además, para levantar el torso hasta esa posición. Los abdominales también trabajan, pero sólo en la fase inicial del ejercicio al rodar hacia arriba; los psoas son los responsables de la mayor parte del trabajo. Cuando haces cualquier ejercicio en el que debes

sostener las piernas sin mover el torso del tapete (por ejemplo: *El cien,* el *Estiramiento sencillo con una pierna* o el *Estiramiento de ambas piernas*), usas los psoas para mantener arriba las piernas, mientras que los abdominales trabajan para mantener tu torso estable.

Los psoas están sujetos a la parte inferior de la espalda, así que si sientes una presión excesiva en esta parte mientras realizas ejercicios abdominales, lo más probable es que tus psoas estén sobrecargados. Ten cuidado porque eso puede causarte lesiones. En la medida en que se fortalezcan tus abdominales y psoas, la parte inferior de la espalda ya no sentirá esa tensión. Pero hasta entonces, no fuerces demasiado tus psoas y tampoco te fuerces tú, porque no querrás maltratar la parte inferior de tu espalda cuando hagas ejercicios abdominales. Si sientes alguna molestia, descansa y prueba con alguna modificación o regresa a la versión más fácil del ejercicio.

Desde el punto de vista emocional, hay quienes han atribuido los psoas tensos o adoloridos a un miedo excesivo no expresado. Un escritor que conozco tiene la teoría de que el único temor instintivo del hombre es el miedo a caerse (los simios, por ejemplo, temen caerse de los árboles). Y, adivina, si te cayeras de un árbol, ¿qué músculos trabajarían para detener la caída? ¡Ajá, acertaste!, los psoas; porque son el flexor central del cuerpo y no permiten que nos vayamos a romper la crisma contra el suelo. La teoría sostiene que, posiblemente, las personas que han internalizado ese temor tensan inconscientemente sus psoas, en algún tipo de respuesta primigenia de agarre que, a su vez, causa el dolor lumbar.

De manera más prosaica, los psoas de cualquier oficinista, por ejemplo, se pueden poner tensos. ¿Por qué? Bueno, pues piensa en lo que se hace en un escritorio. Se está sentado. Y sentado. Y sentado. ¿Y cuál es la posición cuando se está sentado? Estás en flexión de cadera, con los muslos en un ángulo de 90 grados con respecto al torso; en otras palabras, los psoas están en una posición acortada todo el santo día. Cuando llegan las siete de la tarde y nuestro oficinista se levanta para irse a su casa, probablemente sus psoas están tensos. Créeme: en esta época de hábitos laborales sedentarios son muchas las personas que tienen los psoas muy tensos, lo que con el tiempo puede ocasionar problemas lumbares.

Si durante la práctica de algunos ejercicios intensivos para psoas (como *El tejedor*) sientes tensión en la parte inferior de la espalda, detente y acuéstate boca arriba, lleva las rodillas al pecho y suelta la espalda. En este capítulo puedes ver una forma de estirar tus pobres psoas con el *Estiramiento del flexor de cadera*, ejercicio que explico a continuación.

Estiramiento del flexor de cadera

Acuéstate boca abajo, flexiona la pierna izquierda y tómate el pie izquierdo con la mano izquierda. Estira el brazo derecho al frente sobre el tapete (figura 7-23a). Para aumentar la intensidad del estiramiento, trata de levantar el muslo izquierdo tan alto como te sea posible jalando del pie izquierdo con la mano y presionando hacia afuera con el pie. Además, empuja el ombligo hacia la columna vertebral y aprieta las nalgas, mientras tratas de meter la pelvis debajo lo más fuerte que puedas. Debes sentir un estiramiento intenso en la parte frontal de tu cadera. Respira profundamente cinco o seis veces, y trata de incrementar el estiramiento cada vez que espires. Cambia de lado y repite el estiramiento (figura 7-23b). Rueda hasta quedar boca arriba, y apóyate en los codos para el ejercicio *Círculos de cadera*.

Figura 7-23:
Estiramiento del flexor de cadera

Círculos de cadera

Este ejercicio se concentra en fortalecer los músculos centrales al tiempo que estira el pecho y los hombros. Al igual que *El tejedor*, supone una carga para los músculos psoas, por lo cual puede lesionarte la parte inferior de la espalda si no estás lo suficientemente fuerte. Si te duele la espalda, relájala deteniéndote y acostándote boca arriba con las rodillas en el pecho.

Prepárate

¡Una imagen vale más que mil palabras! Esta es una posición difícil de describir, así que te ruego que observes muy bien la figura 7-24a. Básicamente, te debes situar en la posición *Punto de equilibrio*, ligeramente atrás de la rabadilla, las piernas rectas y estiradas en diagonal con respecto al suelo. Apóyate en los codos y descansa sobre los antebrazos con las palmas de las manos hacia abajo. Tus piernas han de estar colocadas en la *Primera posición de pilates*, con las rodillas orientadas en direcciones opuestas, las caras internas de los muslos juntas y apretadas y los talones también juntos, uno contra el otro.

El ejercicio

Inspira: Dibuja un círculo con las piernas juntas, al tiempo que metes bien el bajo vientre (figura 7-24b). El círculo empieza con las piernas hacia abajo y hacia la izquierda.

Espira: Completa el círculo: lleva las piernas a la derecha y de regreso a la posición inicial (figuras 7-24c y d). Acentúa el movimiento cuando vayas de subida. Mantén el torso estable.

Cambia de dirección, inspira al bajar y espira al subir.

Realiza seis repeticiones.

Qué hacer y qué no hacer

✔ Concéntrate en usar los abdominales para realizar el ejercicio.

✔ Mantén el pecho levantado y la cabeza estirada hacia arriba y sin pegarse al cuello.

✔ No permitas que los hombros se encorven y se suban hasta las orejas. En lugar de eso, que todo el tiempo tus omóplatos jalen la espalda hacia abajo.

✔ No dejes que tu torso se mueva.

Figura 7-24:
*Círculos de
cadera*

Natación

Siempre que empieces un ejercicio para el cual debas acostarte sobre el estómago, puedes apostar que vas a ejercitar los músculos de la espalda. Así que estará bien sentir que la espalda trabaja, pero sin lesionarte.

Prepárate

Acuéstate sobre la barriga con los brazos extendidos al frente y las piernas estiradas atrás (figura 7-25a). Junta y aprieta la cara interna de muslos y talones, en la *Primera posición de pilates*. Si esta posición ejerce demasiada presión en la parte inferior de la espalda, abre las piernas ligeramente pero mantenlas giradas hacia afuera, los talones de cara entre ellos y las rodillas mirando en direcciones opuestas.

El ejercicio

Respira de forma continuada: Levanta un poco el ombligo con respecto al tapete y también la parte superior de la espalda y la cabeza; simultáneamente despega del tapete el brazo derecho y la pierna izquierda (figura 7-25b). Aprieta las nalgas y trata de mantener el hueso púbico presionado contra el tapete.

Cambia de brazo y de pierna y empieza a "nadar" a un ritmo constante (figura 7-25c); trata de extenderlos muy lejos de ti, y estira tu cuerpo tanto como te sea posible.

Nada continuamente durante un total de veinticuatro golpes.

Para terminar, lleva la espalda a la posición de descanso y siéntate sobre los talones para liberarla (figura 7-26). Alcanza la posición de tablón (como si fueras a hacer una flexión) para prepararte para el *Control frontal*.

Qué hacer y qué no hacer

✔ Mantén piernas y brazos extendidos en direcciones opuestas.

✔ No dejes que los hombros se encorven hasta quedar junto a las orejas. En lugar de esto, haz que los omóplatos jalen tu espalda hacia abajo. Tal vez necesites ampliar el estiramiento de tu brazo para conseguirlo.

✔ No estires la cabeza hacia arriba, trata de estirar la nuca.

Variación

Para hacer más fácil este ejercicio, no levantes mucho la parte superior del cuerpo y la cabeza y mantén las piernas y los brazos muy bajos y cercanos al tapete. Cuanto más alto levantes las piernas, los brazos y la parte superior del cuerpo, más trabajarán tu trasero y los músculos de la espalda.

Figura 7-25:
Natación

Figura 7-26:
Posición de descanso

Control frontal

Este ejercicio requiere una buena cantidad de fuerza en la parte superior del cuerpo, ya que se concentra en el fortalecimiento de hombros, espalda y trasero, así como en aumentar el control y el equilibrio.

Prepárate

Adopta la clásica posición para hacer flexiones. Separa tus manos a una distancia igual al ancho de tus hombros y apoya bien el cuerpo sobre los brazos, rectos y fuertes. Junta y aprieta la cara interna de los muslos mientras levantas la barriga y aprietas las nalgas. Tu cuerpo debe estar en línea recta, rígido y fuerte como un tablón. Si sientes tensión en la parte inferior de la espalda, sube ligeramente las caderas, mete la barriga y aprieta bien las nalgas. La figura 7-27a muestra la posición correcta.

Eres un tablón de madera que podría sostener el peso de cualquier persona de pie sobre tu espalda.

El ejercicio

Respira de forma continuada: Mantén la posición de tablón y balancéate cuatro veces hacia delante y hacia atrás sobre los dedos de los pies (figura 7-27b). Para mantener el torso estable, mete la barriga con tu *Cuchara abdominal* y aprieta las nalgas.

Sin perder el ritmo del balancín, levanta la pierna derecha y sostenla mientras te meces tres veces adelante y atrás (figura 7-27c). Pon en punta y flexiona el pie de tu pierna derecha (que está levantada), como se muestra en la figura 7-27d, y repite el balancín con el pie izquierdo (cuando te meces hacia delante, el pie va en punta; cuando vas para atrás, va en flex). Baja el pie al balancearte hacia delante, y cambia de pierna.

Realiza seis repeticiones, alternando las piernas. Para terminar flexiona las rodillas y arrodíllate para el ejercicio *Patadas laterales* de rodillas.

¿Te duelen las muñecas?

Los ejercicios básicos de pilates se centran en la barriga, las nalgas y en la estabilidad central. A medida que avanzas en el método pilates, los ejercicios se focalizan más en la fuerza de la parte superior del cuerpo. La teoría dice que una vez que consigues tener estabilidad central, resulta mucho más fácil soportar el peso del cuerpo. Cuando intentes hacer por primera vez estos ejercicios que sostienen todo el peso con las manos, tal vez sientas cierta carga en las muñecas, pero a medida que se fortalezcan los hombros y la espalda dejarás de sentir tanta presión.

Aquí tienes algunos consejos para quitar carga a las muñecas:

Debes mantener las muñecas alineadas con los hombros; en otras palabras, los dedos deben apuntar en la misma dirección que tu brazo. Si estás en una posición simple de flexión o de tablón, tus dedos deben apuntar hacia delante.

Si el brazo está girado hacia un lado, los dedos también deben apuntar en esa dirección.

Procura ahuecar la palma de la mano para retirar peso del pliegue de la muñeca. Extiende los dedos y trata de hacer presión en el suelo con todos los músculos de tus dedos, especialmente el pulgar y el meñique, y trata de quitarle peso a la parte central de la palma y al área de la muñeca.

Trata de quitarle peso a tu muñeca presionando para alejarte del suelo con los músculos de espalda y hombros.

Prueba con una superficie dura. Realizar ejercicios que suponen una carga para tus manos resulta más fácil para las muñecas si se hacen sobre una superficie dura (como un suelo de madera) que sobre un tapete o una alfombra. La superficie dura le da mayor estabilidad a la articulación de la mano y la muñeca, y hace más fácil darle esquinazo a la ley de la gravedad.

Qué hacer y qué no hacer

✔ Mantén la coronilla bien hacia el frente.

✔ Aprieta las nalgas y mete el ombligo con la *Cuchara abdominal* durante todo el ejercicio.

✔ No dejes que los hombros se encorven hasta quedar junto a las orejas. En lugar de esto, haz que los omóplatos jalen tu espalda hacia abajo.

Variación

Ganarás fuerza en tu centro y en la parte superior del cuerpo manteniendo la posición de tablón. Después de sostenerla durante diez segundos, trata de mecerte hacia atrás y hacia delante sobre los dedos de los pies.

b. Balancéate hacia delante y hacia atrás

Figura 7-27:
Control frontal

Patadas laterales de rodillas

Este ejercicio es una versión avanzada de las *Patadas laterales* (que puedes ver en páginas anteriores en la figura 7-21, y leer su descripción detallada en el capítulo 5). Estar de rodillas en lugar de acostarse de costado aumenta el equilibrio y el control necesarios para realizar este ejercicio.

Prepárate

De rodillas en el borde frontal del tapete, apoya la mano izquierda en el suelo (el brazo debe estar completamente recto y perpendicular al suelo, y la mano de cara hacia afuera, de manera que los dedos apunten a la misma dirección que tu cabeza), y pon la mano derecha detrás de la cabeza. Levanta la pierna derecha a la altura de la cadera y extiéndela lo más lejos posible. Presiona con las caderas hacia delante todo el tiempo para que todo tu cuerpo (rodillas, caderas, hombros y pierna estirada) se mantenga en un solo plano (figura 7-28).

El ejercicio

Inspira: Da una patada al frente con tu pierna derecha, flexiona el pie y procura que no te falle la cintura. Para empujar las caderas hacia delante, aprieta las nalgas y empuja el ombligo hacia la columna vertebral.

Espira: Da una patada hacia atrás con el pie en punta, y mantén la pierna a la altura de la cadera. Trata de no arquear la espalda; aprieta las nalgas y mete bien el ombligo para ayudar a estabilizarte.

Realiza diez repeticiones, vuelve a arrodillarte y date la vuelta hacia el otro lado.

Prepárate para la transición: siéntate sobre tus talones para pasar a *Flexión lateral / Sirena avanzada*.

Qué hacer y qué no hacer

✔ Haz fuerza con la palma de la mano apoyada en el suelo para mantener el equilibrio durante todo el ejercicio.

✔ Mantén el cuello estirado y relajado.

✔ Mantén el cuerpo bien equilibrado, hombro sobre hombro y cadera sobre cadera.

✔ No te tambalees como una gelatina. Mantén la estabilidad de tu cuerpo mientras tu pierna se mueve libremente, especialmente al dar la patada hacia atrás. Mantén las caderas al frente durante todo el ejercicio.

Figura 7-28:
*Patadas
laterales de
rodillas*

Variación

Para simplificar el ejercicio, procura que al principio el movimiento de la pierna sea sencillo y preocúpate ante todo por la estabilidad de tu cuerpo. Incrementa el movimiento de tu pierna hacia atrás y hacia delante a medida que adquieras más fuerza central.

Flexión lateral / Sirena avanzada

Este ejercicio hace trabajar los músculos de la espalda y los hombros (*latissimus dorsi*), a la vez que estira maravillosamente tu cuerpo a lo largo de todo tu costado.

Prepárate

Empieza en la posición de sirena: siéntate de costado, sobre un lado de la cadera (apoyándote sobre un brazo recto), con los dedos apuntando en dirección opuesta a ti, las rodillas flexionadas, los tobillos bien juntos y el pie de encima delante.

El ejercicio

Inspira: Haz fuerza con el brazo que está en el suelo y sube hasta quedar como un tablón lateral, levanta las caderas y estira el otro brazo por encima de tu cabeza y cerca de la oreja (figura 7-29b). Mantén atrás el hombro que te sostiene (fuerte y estable) mientras soportas con ese brazo tu propio peso (que sube), y presiona desde los músculos de la espalda para alejarte del suelo.

VISUALIZA

Tu cuerpo es como un tablón de madera, fuerte y estable.

Espira: A medida que bajas el brazo a la posición inicial, deja caer tus caderas casi hasta el suelo, pero sin llegar a tocarlo (figura 7-29c). Debes sentir un gran estiramiento a un lado de la parte inferior de la espalda.

Inspira: Vuelve otra vez al tablón lateral, y repite el movimiento con que empezó el ejercicio. Levanta las caderas y estira el brazo por encima de tu cabeza, muy cerca de la oreja de arriba (figura 7-29d). Hacer este ejercicio exige mucha fuerza en el hombro.

Repite la bajada y el levantamiento de cadera tres veces. En la última repetición, vuelve a sentarte en la posición de sirena pero cambia de lado. Para terminar, deslízate hasta el frente del tapete, siéntate con las piernas abiertas y tómate los tobillos para preparar la transición a *La foca*.

Qué hacer y qué no hacer

✔ Levanta bien alto las caderas para quitar peso de la parte superior de tu cuerpo.

✔ Mantén la estabilidad en el hombro cuando inicies el primer movimiento.

✔ Estira brazos y piernas tanto como te sea posible para obtener un buen estiramiento.

✔ No dejes que los hombros se encorven hasta las orejas. No continúes si te duele la muñeca; de ser así, descansa.

Figura 7-29:
Flexión lateral / Sirena avanzada

Variación

Si te parece que este ejercicio es muy difícil, trata de subir a tablón lateral y mantén esta posición durante una respiración.

La foca

Ahora vamos a hacer *La foca*. Su descripción aparece en el capítulo 6, pero puedes refrescar tu memoria con la figura 7-30. Realiza seis repeticiones, y en la última, trata de soltar tus manos de los pies y rodar hasta quedar de pie para preparar la transición a las *Flexiones de brazos*.

Figura 7-30:
La foca

Flexiones de brazos

Las *Flexiones de brazos* combinan un buen estiramiento (y descanso) para la espalda y los músculos isquiotibiales con una flexión clásica. El ejercicio fortalece hombros, espalda y trasero, y aumenta la articulación de la columna vertebral.

Prepárate

De pie en el extremo de atrás del tapete, pon las piernas en la *Primera posición de pilates* (ligeramente giradas hacia afuera desde la parte superior de las caderas, las rodillas mirando en direcciones opuestas, la cara interna de los muslos apretada y muy junta), y los brazos extendidos en dirección al cielo por encima de tu cabeza (figura 7-31a).

El ejercicio

Inspira: Mete el ombligo, aprieta las nalgas y extiende bien alto los brazos por encima de la cabeza, como cuando te despiertas y te estiras para desperezarte.

Espira: Extiende los brazos al frente y después hacia abajo (paralelos al cuerpo), y empieza a rodar columna vertebral abajo: comienza con la cabeza descolgada hacia delante, después el cuello y la parte superior de la espalda, y finalmente la parte inferior de la espalda hasta completar una flexión hacia delante. Deja que los brazos cuelguen hacia delante mientras ruedas. Llega hasta abajo y apoya las manos en el tapete frente a ti (figura 7-31b). Procura que tus abdominales vayan subiendo mientras tu espalda va bajando.

Inspira: Camina con las manos a lo largo del tapete y hacia delante hasta que tus brazos queden casi alineados con tu espalda (figura 7-31c).

Espira: Baja las caderas y adopta la clásica posición para hacer flexiones: con las manos separadas a la misma distancia del ancho de los hombros y las piernas juntas, esconde la barriga y aprieta las nalgas. Mantén los talones juntos. Asegúrate de que tu cuerpo trace una línea recta, y que esté fuerte y rígido como un tablón (figura 7-31d). Si te duele la parte inferior de la espalda, levanta ligeramente las caderas y aprieta más las nalgas.

Inspira y espira: Mantén la posición de tablón y haz ocho flexiones. Inspira al bajar y espira al subir. Trata de hacerlo lentamente y con control. Para mantener el torso estable, mete la barriga con la *Cuchara abdominal* y aprieta las nalgas (figura 7-31e).

Inspira: Camina con las manos hacia atrás hasta los pies. En este retroceso, siente de nuevo el estiramiento de los músculos y mantén la cabeza completamente descolgada. Tal vez necesites flexionar ligeramente las rodillas si los estiramientos resultan excesivamente difíciles.

Figura 7-31:
Flexiones de brazos

Espira: Relaja las rodillas y empieza a apilar la columna vertebral; levanta el ombligo y llévalo hasta la columna como si te estuvieran levantando por la mitad. Deja la cabeza completamente descolgada mientras te levantas, y apila la columna vertebral, vértebra por vértebra. Para terminar, ponte erguido y en esta posición levanta la cabeza, que debe ser la última en volver a su sitio.

Qué hacer y qué no hacer

✔ Mantén la coronilla bien al frente mientras realizas la flexión.

✔ Aprieta las nalgas todo el tiempo y mete el ombligo con la *Cuchara abdominal* durante todo el ejercicio.

✔ No dejes que los hombros se encorven y se suban hasta las orejas. En lugar de esto, mantén los omóplatos jalando hacia abajo en la espalda.

Variaciones

Ganarás fuerza central en la parte superior del cuerpo con sólo mantener la posición de tablón. Después de mantener la posición durante diez segundos, rueda de nuevo hacia arriba para quedar de pie.

Para hacer un poco más difícil las *Flexiones de brazos*, una vez que llegues a la posición de tablón, levanta una pierna y haz la secuencia de la flexión sobre una sola pierna. Tal vez debas levantar un poco la pelvis para poder mantener el equilibrio. Acaba la secuencia y repítela con el otro lado.

Capítulo 8

Ejercicios superavanzados

· ·

En este capítulo
▶ Añade ejercicios superavanzados a tu programa
▶ Exígete el máximo

· ·

Si ya dominas la serie avanzada de suelo, puedes aceptar el nuevo reto de los ejercicios de este capítulo. Algunos son variaciones de ejercicios intermedios o avanzados (como *El sacacorchos superavanzado*). Otros simplemente son muy, pero que muy difíciles. Un ejercicio se puede considerar superavanzado si requiere una gran cantidad de fuerza, de coordinación o de control. ¡Aunque algunos de los ejercicios superavanzados lo requieren todo a la vez!

En realidad no hay una serie superavanzada: para conseguirla, simplemente agrega los ejercicios que no sean variaciones de otros al final de tu sesión de ejercicios avanzados; eso sí, una vez que hayas calentado el cuerpo como es debido.

¡Buena suerte!

Ejercicios superavanzados de este capítulo

Si estás preparado para afrontar los ejercicios que hacen estremecer incluso a algunos instructores de pilates, aquí los tienes:

✔ El giro (*The Twist*)

✔ Equilibrio controlado (*Control Balance*)

✔ El sacacorchos superavanzado (*The Super Advanced Corkscrew*)

✔ El tejedor superavanzado (*The Super Advanced Teaser*)

✔ La zambullida del cisne (*The Swan Dive*)

✔ La estrella (*The Star*)

✔ El búmeran (*The Boomerang*)

El giro

El giro requiere mucha fuerza de la parte superior del cuerpo y una gran estabilidad central. Es un ejercicio excelente para ganar fuerza y estabilidad en los hombros, y hace que tu columna reciba un estiramiento estupendo. Para prepararte para este ejercicio, practica *Flexión lateral* y *Sirena avanzada* (véase el capítulo 7). Si puedes hacer las flexiones laterales con soltura, entonces no tendrás problemas con el giro.

Este ejercicio exige mucho esfuerzo de las muñecas. Ten cuidado si has tenido lesiones en esta articulación.

Prepárate

Siéntate de lado sobre tu cadera y apóyate con el brazo bien recto. Los dedos deben apuntar en la dirección opuesta a las rodillas flexionadas, los tobillos deben estar bien juntos, y tu pie de encima delante. Ya estás sentado como una sirena (figura 8-1a). Inspira profundamente.

El ejercicio

Espira: Levántate sobre el brazo que te está sirviendo de apoyo, de manera que tu cuerpo se quede como un tablón, de lado. Simultáneamente, estira el brazo libre por encima de tu cabeza y muy cerca de la oreja (figura 8-1b). Mantén el hombro bajo, fuerte y estable, y presiona con los músculos de la espalda para despegarte del suelo.

Inspira: Alcanza una posición de T y extiende el brazo libre en dirección al cielo (figura 8-1c).

Espira: Ahueca la barriga y extiende tu brazo libre por entre el arco que forma tu cuerpo. Este movimiento, que muestra la figura 8-1d, se conoce como enhebrar la aguja.

Si la imagen de enhebrar una aguja no te funciona, imagínate que vas a pinchar una pelota grande con la mano.

Inspira: Vuelve a formar una T, y para aumentar el estiramiento extiende tu brazo hacia atrás, abre el pecho y mira hacia tu brazo (figura 8-1e). Durante todo el tiempo las caderas deben estar bien cuadradas al frente.

Espira: De nuevo haz una T.

Inspira: Siéntate de nuevo como una sirena, en la posición inicial.

Realiza seis repeticiones cambiando la mano de apoyo (tres veces con cada mano).

Figura 8-1:
El giro

Qué hacer y qué no hacer

✔ Levanta alto las caderas para quitar el peso de la parte superior de tu cuerpo.

✔ Cuando inicies el primer movimiento mantén la estabilidad del hombro.

✔ Extiende los brazos y las piernas tanto como te sea posible para obtener un buen estiramiento.

✔ No dejes que los hombros se encorven y se suban hasta las orejas.

✔ No sigas si sientes tensión en la muñeca; de ser así, descansa.

Variación

Si encuentras este ejercicio demasiado difícil, trata de hacerlo hasta llegar a la posición de tablón lateral y sostenlo durante una respiración para volver luego a la posición inicial.

Equilibrio controlado

Este es mi nuevo ejercicio favorito para enseñar a mis alumnos la esencia de la *Levitación*, una de las letras del alfabeto pilates (véase el capítulo 3). La *Levitación* es un concepto avanzado que combina un *Caderas arriba*, una apretada de trasero y un poquito de magia. Como los swamis de la década de los setenta, que supuestamente levitaban durante su meditación profunda, tú también puedes elevarte, con un poco de ayuda de tu centro de poder (tus abdominales, cara interna de los muslos y trasero).

El *Equilibrio controlado* requiere exactamente eso: equilibrio y control. Cuando intentes realizar este ejercicio por primera vez verás que si falta uno de estos elementos, pierdes la posición. *El Equilibrio controlado* puede parecer imposible al principio, pero no tires la toalla, y un día lo lograrás. Cuando se hace correctamente, fortalece los abdominales y las nalgas, y proporciona un estupendo estiramiento a lo largo de toda la columna vertebral.

El *Equilibrio controlado* puede forzar el cuello. Evita este ejercicio si tienes alguna lesión en esta parte del cuerpo.

Prepárate

Acuéstate boca arriba con los brazos a lo largo del cuerpo y las palmas de las manos hacia abajo. Pon las piernas en la *Primera posición de pilates* (una letra del alfabeto pilates del capítulo 3) y rectas hacia al cielo, aunque ligeramente giradas desde la parte superior de las caderas. Asegúrate de tener las rodillas hacia afuera y la cara interna de los muslos junta, al igual que los talones, todo bien apretado. Inspira profundamente.

El ejercicio

Espira: Presiona los brazos contra el suelo y levanta las caderas (sostente sobre los hombros); los dedos de los pies deben apuntar hacia el cielo (figura 8-2a). Aprieta las nalgas y mete la barriga para lograr esta levitación. Trata de imprimir a tu movimiento una fuerza intensa y mantenlo siempre bajo control. No ruedes sobre el cuello, detente y equilíbrate sobre los hombros.

Inspira: Deja caer la pierna derecha hacia tu cabeza y tómate la pantorrilla con las dos manos (figura 8-2b). Sujeta bien firme la pantorrilla y extiende la pierna izquierda en dirección al cielo; para mantener las caderas en el aire y hallar el control interno de la posición usa tu *Cuchara abdominal* y aprieta las nalgas. Baja un poquito más tu pantorrilla derecha con un doble golpe suave (bájala con tus manos, déjala recuperarse un poco y luego vuelve a jalar hacia abajo). El objetivo de este movimiento es probar tu estabilidad.

Asegúrate de no trasladar el peso a tu cuello. Si te resulta difícil tragar saliva, entonces estás apoyado demasiado arriba, sobre el cuello, y por tanto deberás rodar un poco hacia abajo para liberarlo.

El truco de este ejercicio está en encontrar el punto en el que puedes levantar la pierna de arriba lo más alto posible sin tensionar el cuello. Puedes valerte de la fuerza del brazo para mantener abajo la otra pierna y así poder contrarrestar el tirón hacia arriba de la pierna levantada. Piensa en separar las piernas, mientras la de abajo permanece estable.

Alterna las piernas y completa seis repeticiones.

Para terminar, rueda de nuevo sobre la espalda y flexiona las rodillas contra el pecho.

Qué hacer y qué no hacer

✔ Mantén las caderas arriba durante todo el ejercicio.

✔ No dejes que los hombros se encorven y se suban hasta las orejas. Sigue bajando los omóplatos por la espalda.

✔ No ruedes sobre el cuello. Trata de mantenerlo estirado y de llevar el peso de tu cuerpo sobre los hombros y la parte superior de la espalda.

Figura 8-2:
*Equilibrio
controlado*

Variación

Puedes dejar los brazos sobre el suelo para sostenerte mientras dejas
caer la pierna derecha y extiendes la izquierda en dirección al cielo. Alterna las piernas y completa seis repeticiones.

El sacacorchos superavanzado

El sacacorchos superavanzado es básicamente un *Rodamiento sobre la columna*, con un giro; y tiene como objetivo tu centro de poder, además de
que estira la espalda y mejora tu equilibrio y control. El giro de este ejercicio requiere que emplees un elemento de control adicional.

Este ejercicio te puede resultar difícil si tienes tensos los músculos isquiotibiales o la espalda. Además, levantar las caderas por encima de la cabeza siempre es difícil si la parte inferior del cuerpo es grande.

Antes de intentar esta versión de *El sacacorchos*, asegúrate de que dominas el *Rodamiento sobre la columna* (capítulo 7) y *El sacacorchos* clásico.

El sacacorchos superavanzado puede trasladar peso a tu cuello. Evita este ejercicio si tienes una lesión de cuello o algunas molestias en esta parte del cuerpo.

Prepárate

Acuéstate boca arriba en el tapete con las piernas rectas extendidas en dirección al cielo en la *Primera posición de pilates* (piernas ligeramente giradas desde la parte superior de las caderas, y muslos juntos y bien apretados). Presiona el suelo con los brazos (a los lados del cuerpo) y pon las palmas de las manos hacia abajo.

El ejercicio

Inspira: Mete la barriga, junta y aprieta los muslos, y aprieta las nalgas para levantar las piernas por encima de tu cabeza de manera que queden de nuevo paralelas al suelo (detrás de tu cabeza). Empuja hacia abajo con los brazos para ayudarte a subir las caderas. Mantén los hombros hacia abajo, alejados de las orejas.

No ruedes sobre el cuello; equilíbrate con los omóplatos.

Espira: Gira las caderas ligeramente a la izquierda y empieza a hacer círculos con las piernas, en el sentido que giran las manecillas del reloj. Rueda sobre el costado derecho de la columna vertebral. Empuja los brazos hacia el suelo para facilitar este movimiento. Mientras ruedas columna vertebral abajo, deja que tus piernas continúen el círculo en bajada y luego que suban por la izquierda. Para completar el círculo, lleva las piernas de nuevo al centro. La figura 8-3 muestra el movimiento circular como el de un sacacorchos.

Cuando hagas los círculos con las piernas, bájalas lo más cerca del suelo que puedas sin que sobresalga tu barriga ni se arquee tu espalda, que no debe despegarse del tapete. Mantén estable el torso a toda costa: empuja el ombligo hacia la columna y ¡aprieta las nalgas!

Realiza cuatro repeticiones, alternando la dirección. Para terminar, lleva las rodillas al pecho.

Qué hacer y qué no hacer

✔ Mantén tu *Cuchara abdominal* durante todo el ejercicio.

✔ Estabilízate presionando el tapete con los brazos.

b. Deja que tu columna vertebral ruede en el tapete
mientras haces un círculo con las piernas

Figura 8-3:
Movimiento
de giro en *El
sacacorchos
superavanzado*

✔ Minimiza la tensión de la parte superior del cuerpo; mantén el cuello estirado y relajado y la espalda bien extendida sobre el tapete.

✔ Aprieta las nalgas, y también junta y aprieta los muslos para estabilizar el centro.

✔ No dejes que tu columna se arquee ni siquiera un poco. Cuando bajes las piernas al suelo, la columna debe estar completamente apoyada sobre el tapete. Busca la estabilidad absoluta.

El tejedor superavanzado

Vaya, vaya, veo que buscas otro reto. No tuviste suficiente con *El tejedor* avanzado del capítulo 7, ¿verdad? Pues bien, aquí tienes otro desafío.

El tejedor superavanzado empieza con lo que denomino una *flexión en seco.* Esto significa acostarse en el tapete y levantar brazos y piernas desde la posición más difícil posible. Creo que este es uno de los ejercicios abdominales más difíciles del método pilates. Pruébalo, y si te parece que no puedes con él, simplemente vuelve por algún tiempo a *El tejedor* avanzado.

Como todos los demás ejercicios del tipo *El tejedor*, el superavanzado fortalece los músculos abdominales profundos y aumenta tu equilibrio y control. Esta variación exige muchísimo control abdominal, así como fuerza de los músculos que flexionan la cadera (los psoas).

Si sientes tensión en la parte inferior de la espalda, detente y descansa: acuéstate boca arriba y lleva las rodillas al pecho.

Prepárate

Empieza tu flexión en seco (como en la figura 8-4a) con todo el cuerpo extendido sobre el tapete, boca arriba, brazos extendidos atrás y piernas bien estiradas al frente en la *Primera posición de pilates* (piernas ligeramente giradas desde la parte superior de la cadera, muslos y talones completamente pegados). Inspira profundamente.

El ejercicio

Espira: Mete el ombligo y aprieta las nalgas mientras levantas brazos y piernas al mismo tiempo (figura 8-4b), para alcanzar lentamente la posición de *El tejedor*, que muestra la figura 8-4c. Las piernas estiradas en diagonal hacia arriba deben formar una V con el torso; los brazos han de estar extendidos al frente hacia los dedos de los pies, y el peso del cuerpo debe estar en equilibrio, apenas un poco detrás de la rabadilla.

Inspira: Extiende los brazos junto a las orejas (figura 8-4d) y empieza a rodar columna vertebral abajo; deja que las piernas bajen lentamente al tapete mientras controlas ese movimiento. Mete el ombligo y controla el movimiento desde tu centro. Acabarás con los brazos extendidos por encima de la cabeza y las piernas estiradas al frente, en la misma posición de flexión en seco con la que empezaste.

Realiza cuatro repeticiones.

Qué hacer y qué no hacer

✔ Concéntrate en usar tus abdominales para realizar este ejercicio.

✔ Protege la parte inferior de la espalda: para ello aprieta las nalgas y lleva el ombligo hacia la columna vertebral cuando estés saliendo de la flexión en seco.

✔ Trata de hacerlo lentamente y de controlar los movimientos al subir y al bajar.

✔ Minimiza la tensión de la parte superior de tu cuerpo, de manera que el cuello esté estirado y relajado.

✔ No sigas si te duele la espalda.

Variación

Si quieres que aún sea más difícil, una vez estés en la posición de *El tejedor*, baja las piernas quince centímetros e impúlsalas de nuevo hacia arriba, tres veces seguidas; acentúa el movimiento hacia arriba y usa la barriga para levantar. Después rueda de nuevo a la posición flexión en seco.

La zambullida del cisne

La zambullida del cisne es una versión superavanzada de la *Preparación para el cisne*, del capítulo 5. Para hacer este ejercicio se requiere una buena dosis de flexibilidad en la espalda, así que mejor evítalo si tienes la parte inferior de la espalda demasiado tensa o adolorida. Este ejercicio fortalece todos los músculos de la parte de atrás del cuerpo: espalda, cuello, trasero y músculos isquiotibiales.

Debido a que vas a rodar sobre la parte delantera de tu cuerpo, ¡no hagas este ejercicio si acabas de comer o tienes la vejiga llena! Procura hacer primero la *Preparación para el cisne* como calentamiento para *La zambullida del cisne*.

Figura 8-4:
*El tejedor
superavanzado*

Prepárate

Acuéstate boca abajo, la frente apoyada en el tapete, los brazos flexionados con los codos muy cerca de los costados, y las palmas de las manos hacia abajo junto a las orejas. Las piernas deben estar separadas aproximadamente a la misma distancia del ancho de las caderas, los tobillos uno frente al otro.

El ejercicio

Inspira: Despega el ombligo del tapete como si fueras a deslizar una hoja de papel por debajo de la barriga, y presiona tu hueso púbico contra el tapete. Aprieta la parte baja de tu trasero y trata de alargar tu parte inferior de la espalda. ¡Ya tienes tu centro de poder en acción!

Espira: Presiona el tapete con las manos para enderezar tus brazos (figura 8-5a). Para protegerte la parte inferior de la espalda vuelve a meter la barriga y aprieta las nalgas.

Figura 8-5:
La zambullida del cisne

b. Aprovecha el impulso mientras ruedas hacia delante y hacia atrás

Inspira: Libera tus manos, eleva el pecho hacia el cielo y rueda hacia delante sobre el pecho (figura 8-5b). Extiende los brazos al frente y levanta las piernas tan alto como te sea posible.

Espira: Aprovecha el impulso, mécete atrás sobre los muslos y extiende pecho y brazos al cielo.

Mécete atrás y adelante, inspira cuando vayas hacia adelante y espira al volver atrás.

Rueda atrás y adelante un total de cuatro veces y luego siéntate sobre los talones en la posición de descanso. ¡Tu espalda va a necesitar un buen descanso tras esta tensión extrema! La posición de descanso permite que la espalda repose después de todo el trabajo.

Qué hacer y qué no hacer

✔ Mantén estables la cabeza y el cuello. No permitas que tu cabeza ruede de atrás para adelante. La cabeza y el cuello deben seguir la curva de la columna vertebral.

✔ No continúes si sientes presión o tensión en la parte inferior de la espalda.

La estrella

Puedes considerar este ejercicio como una variación superavanzada de *Patadas laterales* (cuya descripción está en el capítulo 5). En la versión principiante de *Patadas laterales* te tienes que acostar sobre el costado y dar unas patadas al aire; en la versión avanzada, (capítulo 7), te apoyas en una rodilla y das unas patadas al aire. Y en esta versión superavanzada, te mantienes en la posición de tablón, de costado, mientras das unas patadas al aire (y agregas movimientos de brazos, sólo por si acaso).

El ejercicio se torna más complicado a medida que la posición desde la cual realizas las patadas es más difícil de estabilizar. Para dominar *La estrella*, debes tener mucha fuerza en la parte superior del cuerpo, así como estabilidad central y en los hombros.

Este ejercicio concentra el esfuerzo en la muñeca. Ten cuidado si tienes lesiones continuas en la muñeca o si sufres simples molestias. Procura hacer este ejercicio sobre una superficie dura y no en el tapete para ayudar a estabilizar la articulación de la muñeca.

Prepárate

Siéntate sobre un lado de la cadera, tensa el brazo y apóyate en él, coloca los dedos en dirección contraria a la tuya. Flexiona las rodillas, pon los tobillos muy juntos, y el pie de encima al frente. Ya estás en la posición de *La sirena*.

El ejercicio

Inspira: Tensa el brazo en el que te apoyas y quédate en la posición de tablón de costado. Estira las piernas, levanta las caderas y extiende el brazo libre en dirección al cielo hasta que tu cuerpo adopte la forma de una T caída de lado (figura 8-6a). El hombro inferior debe estar atrás, estable y fuerte, para ayudar a presionar el suelo con los músculos de la espalda.

Espira: Presiona contra el suelo el borde lateral exterior de tu pie de abajo mientras levantas la pierna de encima hasta que quede un poco más arriba de la cadera (figura 8-6b).

Imagina que eres una estrella que estira y alarga sus miembros en todas las direcciones.

Inspira: Da una patada al frente con la pierna de arriba, flexiona el pie, y trata de tocarte los dedos del pie con el brazo de arriba, bien estirado. Trata de no doblarte por la cintura (figura 8-6c).

Espira: Da una patada hacia atrás con la pierna de arriba y el pie en punta (figura 8-6d). Mantén la pierna ligeramente más alta que tu cadera y no permitas que tu espalda se arquee. Aprieta las nalgas y mete el ombligo para tener más estabilidad. A medida que la pierna vaya hacia atrás, extiende tu brazo al frente y arriba.

Repítelo dos veces más. En la tercera repetición, cuando tu pierna vaya hacia atrás, permite que tu espalda se arquee y se abra tu pecho. Para terminar, lleva el pie de arriba al suelo y vuelve a la posición de sirena.

Cambia de lado y realiza tres repeticiones más.

Qué hacer y qué no hacer

✔ Levanta bien arriba las caderas para restar peso a la parte superior de tu cuerpo.

✔ Para conservar la estabilidad del hombro del brazo en que te apoyas, jala hacia abajo el omóplato.

✔ No permitas que tu cuerpo se incline para todos los lados; conserva el centro estable.

✔ No sigas si la muñeca te produce tensión; de ser así, descansa.

Figura 8-6:
La estrella

Variación

Si este ejercicio te parece demasiado difícil, trata de conservar la forma de estrella (figura 8-6b) durante ocho segundos y vuelve a la posición de sirena. Cuando tengas la suficiente fuerza como para sostener esta posición, puedes agregar el movimiento de la pierna.

El búmeran

El búmeran es uno de mis ejercicios favoritos porque combina muchos conceptos y habilidades avanzadas de pilates de manera fluida. Forman parte de *El búmeran* dos tipos de *El tejedor* (capítulos 6 y 7), un *La navaja* (capítulo 7), un *Rodamiento sobre la columna* (capítulo 7) y un *Estiramien-*

to de espalda hacia delante (capítulo 5). El búmeran requiere muchísimo control, equilibrio y coordinación. Cuando se consigue hacerlo, aumentan la articulación de la columna vertebral y la fuerza central, y se estiran los músculos de la espalda y el cuello.

Para realizar este ejercicio, antes debes ser capaz de hacer *El tejedor*, *La navaja* y el *Rodamiento sobre la columna*. Si tienes problemas en la parte inferior de la espalda o en el cuello, abstente de hacerlo.

Prepárate

Siéntate en posición bien erguida, con las piernas extendidas al frente y el tobillo derecho cruzado sobre el izquierdo. Extiende los brazos a los lados para formar una T con el torso. Inspira profundamente.

El ejercicio

Trata de contar mentalmente las posiciones mientras las vas realizando. Cuando llegues al paso 8 haz una transición para volver al paso 1.

Paso 1

Espira: Rueda hacia atrás con los brazos extendidos hacia los dedos de tus pies, levanta las piernas en diagonal hacia el cielo mantenlas siempre cruzadas. Debes encontrar tu *Punto de equilibrio*, justo detrás de la rabadilla, y mantenerlo con tu *Cuchara abdominal* (figura 8-7a).

Paso 2

Inspira: Rueda hacia atrás sobre tu columna vertebral para hacer *La navaja* y sube las caderas en dirección al cielo (levántalas desde la barriga y las nalgas y presiona el tapete con los brazos para apoyarte). El equilibrio debes mantenerlo con los hombros y no debes rodar hacia atrás sobre el cuello. Sube las piernas hacia el cielo, manteniéndolas siempre rectas, y cuando lleguen a su punto álgido, cambia rápidamente la posición de las piernas colocando la que estaba abajo encima de la otra, de manera que queden cruzadas otra vez.

Paso 3

Espira: Baja lentamente las piernas hacia atrás de tu cabeza hasta que queden paralelas al suelo. No permitas que los dedos de los pies toquen el suelo. No ruedes sobre el cuello; detente y mantén el equilibrio en los hombros. Presiona el tapete con los brazos para apoyarte (figura 8-7c).

Paso 4

Inspira: Empieza a rodar lentamente columna vertebral abajo. Extiende los dedos de los pies hacia la pared detrás de ti. Presiona el suelo con los brazos y las palmas de las manos para controlar el movimiento (figura 8-7d).

Paso 5

Espira: Una vez que la rabadilla ha tocado el suelo, sigue bajando las piernas a medida que ruedas hacia el segundo tipo de *El tejedor,* y extiende los brazos en diagonal hacia los dedos de tus pies. Las piernas, todavía con los tobillos cruzados, y el torso, deben dibujar una V. Debes estar en tu *Punto de equilibrio*, justo tras la rabadilla, y mantener la posición con la *Cuchara abdominal* (figura 8-7e).

Paso 6

Inspira: Si mantienes el equilibrio, tus brazos podrán ir hasta los lados y después hasta detrás de tu espalda. Entrelaza los dedos por detrás de la espalda (figura 8-7f).

Paso 7

Espira: Mantén esta posición mientras bajas las piernas hasta el tapete a la vez que te inclinas sobre las piernas (figura 8-7g). Haz este movimiento con control, ¡no te desplomes de un golpe!

Paso 8 (y vuelta al paso 1)

Inspira: Suelta las manos sin separarlas, tus brazos van ahora hacia los lados y luego hacia delante mientras ruedas de regreso a tu primer *El tejedor* (figura 8-7h). ¡Ya estás de nuevo en el paso 1!

Realiza cuatro repeticiones.

Para un buen estiramiento, termina el último *Búmeran* estirando los brazos hacia los dedos de los pies con la columna vertebral curvada en un arco.

Qué hacer y qué no hacer

✔ Mantén el movimiento fluido y controlado.

✔ No salgas de ninguna posición con un movimiento brusco; todos los movimientos deben ser controlados desde el centro.

✔ No ruedes sobre tu cuello. Trata de mantenerlo estirado.

a. Paso 1

b. Paso 2

c. Paso 3

d. Paso 4

e. Paso 5

f. Paso 6

Figura 8-7:
El búmeran

g. Paso 7

h. Paso 8 (y vuelta al paso 1)

Capítulo 9

Ayuda adicional
para trasero y muslos

¿Sueñas con caderas más delgadas y un trasero más firme? ¿Y quién no? No puedo prometerte un cuerpo completamente nuevo, pero sí puedo asegurarte que si inviertes diez minutos diarios en los ejercicios de este capítulo, verás la diferencia en el tono y la forma de tus muslos y tu trasero.

La vanidad no es la única razón para sustentar el contenido de este capítulo; un trasero fuerte es fundamental para estabilizar la pelvis cuando corres, caminas, esquías o haces cualquier otra actividad en la que usas tus piernas. Tener los músculos fuertes de las nalgas también protege tu espalda de abusos, lo que puede aliviarte el dolor de la parte posterior del cuerpo.

Simplemente añade estos ejercicios a tu serie cuando llegues al ejercicio *Patadas laterales* (que está incluido en todas las series: principiante, intermedia y avanzada). Al hacerlo aumentas la dificultad de la serie y haces que trabajen de verdad tu trasero y tus muslos.

Pon a trabajar el trasero

El trasero (o nalga) está compuesto por tres músculos: el glúteo mayor (*gluteus maximus*), el glúteo mediano (*gluteus medius*) y el glúteo menor (*gluteus minimus*). Los tres contribuyen a estabilizar la pelvis cuando caminas, y si se han debilitado pueden causar dolor lumbar o muchos otros problemas.

El glúteo mayor es la parte carnosa principal de tu trasero; el mediano y el menor se encuentran ambos a un lado de las nalgas, justo detrás del hueso de la cadera.

Vamos a concentrarnos en el glúteo mayor. Como puedes ver por su nombre, es el más grande de los músculos de las nalgas. Conforma, en buena medida, lo que se conoce por trasero. Aislarlo puede resultar difícil, de modo que es importante saber cuándo está trabajando y cuándo no.

El glúteo mayor tiene dos funciones principales: estabilizar la pelvis cuando caminas y mover el muslo hacia atrás. Siempre que llevas la pierna hacia atrás de tu cuerpo (se llama *extensión de cadera*) debes usar tu glúteo mayor. Para asegurarte de que trabajas este glúteo tanto como sea posible cuando haces pilates, no arquees la espalda cuando tu pierna va para atrás. Aplica este consejo a los ejercicios en los que debas acostarte boca abajo y de costado, como en todas las variaciones de *Patadas laterales* que están en este capítulo.

Si tu espalda se arquea cuando estiras la cadera es porque usas los músculos de la espalda, que no estabilizan eficazmente las nalgas. Las nalgas sólo trabajan cuando la pierna no está a más de quince grados por detrás de tu cuerpo. Si mueves la pierna más lejos, arqueas la espalda y usas sus músculos. Así que si quieres aislar el glúteo mayor, debes limitar la distancia a la que mueves la pierna detrás de ti (no más de quince grados atrás).

Trata siempre de apretar las nalgas y usar tu *Cuchara abdominal* para ayudarte a estabilizar la espalda y la pelvis; así evitarás arquear la espalda cuando extiendas la pierna hacia atrás. Puedes aplicar este concepto a cada paso que das, literalmente. Cuando camines, trata de hacerlo desde tus caderas y no desde las rodillas: de esta manera usarás más las nalgas. Imagina que tienes en tus nalgas las manos de alguien empujándote hacia delante cuando das el paso.

Ejercicios de este capítulo para trasero y muslos

A continuación, un resumen de los ejercicios de este capítulo para trasero y muslos. Juntos conforman la serie de *Patadas laterales*.

✔ Patadas laterales (*Side Kicks*)

✔ La bicicleta (*The Bicycle*)

✔ Arriba y abajo en paralelo (*Up / Down in Parallel*)

✔ El triturador de glúteos (*The Butt Cruncher*)

✔ Patadas de la pierna inferior (*Inner Thigh Pulses*)

✔ Arriba y abajo en rotación externa (*Up / Down in Turnout*)

✔ Arriba y abajo en *passé* (*Up / Down with Passé*)

✔ La figura 8 (*The Figure 8*)

✔ *Grande ronde de jambe*

Iniciación a la serie de patadas laterales

Los ejercicios de este capítulo constituyen la serie de *Patadas laterales*. Trata de hacerlos todos seguidos, ya que están diseñados para realizarlos uno a continuación del otro. Si puedes completar toda la serie, con total seguridad experimentarás un delicioso dolor en todo el trasero.

Por favor, ten en cuenta que algunos ejercicios de esta serie son más avanzados que otros. Si llegas a alguno demasiado avanzado para ti, abstente de hacerlo y pasa al siguiente. Para que te sea más cómodo, voy a especificar la dificultad de cada ejercicio al lado de su nombre.

En este capítulo harás mucho flex y punta con los pies, así que se me ocurre que es una buena idea recordarte qué significan estos términos. Tus pies están en *flex* cuando flexionas los dedos hacia las piernas, y están en *punta* cuando estiras los dedos hacia afuera (en la dirección contraria).

Para seguir la serie debes acostarte primero sobre un costado y luego sobre el otro.

Patadas laterales (principiante)

No es ninguna sorpresa que la clásica serie de *Patadas laterales* empiece con el ejercicio homónimo. Si has realizado la serie de los capítulos 5, 6 o 7, ya has hecho *Patadas laterales*. En el capítulo 5 está la descripción completa del ejercicio. Trata de hacer la versión avanzada, con ambas manos detrás de la cabeza. La figura 9-1 muestra el ejercicio de *Patadas laterales* y la figura 9-2 muestra la posición de las manos.

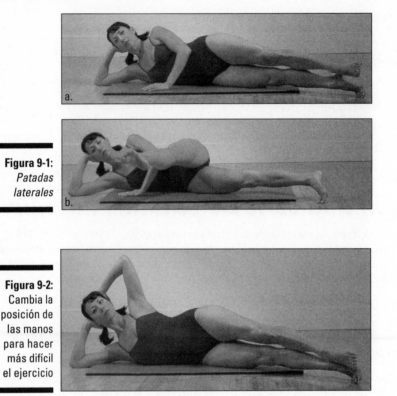

Figura 9-1: *Patadas laterales*

Figura 9-2: Cambia la posición de las manos para hacer más difícil el ejercicio

La bicicleta (principiante)

En este ejercicio vas a mover las piernas como si fueras en bicicleta, pero acostado de lado.

Prepárate

Acuéstate sobre un costado, apóyate en el codo, y con la mano del mismo brazo sostén la cabeza. Pon la otra mano detrás de la cabeza, las piernas juntas y ligeramente más adelante que el cuerpo. Mantén las caderas en ángulo recto durante el ejercicio, y apunta con las rodillas (que debes abrir un poco) derecho al frente, en lo que se conoce como *Posición en paralelo*. Pon los pies en punta. (La figura 9-3a muestra la posición inicial.)

Figura 9-3:
La bicicleta

Si este ejercicio te cuesta trabajo, apoya en el tapete la palma de la mano que habías puesto detrás de la cabeza.

El ejercicio

Respirando de forma continuada, levanta ligeramente la pierna de encima hasta que quede a la altura de tu cadera. Pon el pie en punta y lleva esta pierna hacia delante lo más lejos que puedas, sin perder la estabilidad del torso (figura 9-3b), y luego flexiona la rodilla como si pedalearas en una bicicleta (figura 9-3c). Para completar el movimiento de pedaleo, extiende la pierna hacia atrás (9-3d) y luego llévala de nuevo hacia delante para volver a empezar a pedalear.

Después de tres pedaleos hacia delante, invierte el sentido: lleva la pierna de encima hacia atrás, flexiónala cuando la rodilla esté detrás de ti y extiéndela de nuevo cuando vuelvas a traerla al frente. Pedalea tres veces hacia atrás.

Qué hacer y qué no hacer

✔ Si lo necesitas, pon la palma de tu mano en el suelo delante de ti para ayudarte a mantener el equilibrio durante el ejercicio.

✔ Mantén el cuello estirado y relajado.

✔ Mantén el cuerpo bien equilibrado, cadera sobre cadera y hombro sobre hombro.

Arriba y abajo en paralelo (principiante)

Arriba y abajo en paralelo fortalece los costados de las caderas y las nalgas (el glúteo mediano y el menor). ¡Experimentarás ese dolor que tanto te gusta!

Prepárate

Acuéstate de costado, apóyate en un codo y con la mano del mismo brazo sujétate la cabeza. Pon la palma de la otra mano sobre el tapete, delante de ti, para sostenerte. Asegúrate de tener las piernas rectas y juntas, ligeramente más adelante que el cuerpo. Mantén las caderas bien cuadradas durante el ejercicio. Apunta con las rodillas al frente, en lo que se denomina *Posición en paralelo*. Pies en punta. (La figura 9-4a muestra la posición inicial.)

El ejercicio

Inspira: Levanta la pierna de arriba treinta centímetros por encima del suelo (figura 9-4b).

Espira: Pon en flex el pie que está arriba y baja la pierna a la posición inicial, mete el ombligo y aprieta las nalgas.

Cuando bajes la pierna piensa que estás presionando un muelle imaginario; de este modo crearás resistencia en la cara interna del muslo. Extiende el talón lejos de ti, como si la pierna de encima pudiera llegar más lejos que la de abajo.

Realiza ocho repeticiones, alternando las posturas en punta y en flex de cada pie.

Qué hacer y qué no hacer

✔ Presiona fuertemente la palma de la mano (que tienes en el suelo) sobre el tapete para mantener el equilibrio durante todo el ejercicio.

✔ Mantén el cuello estirado y relajado.

✔ Mantén el cuerpo bien equilibrado, cadera sobre cadera y hombro sobre hombro.

Figura 9-4:
Arriba y abajo en paralelo

El triturador de glúteos (principiante)

El triturador de glúteos va dirigido a trabajar el costado de las nalgas (el músculo glúteo mediano), ya sabes, la parte que enseñas cuando llevas un biquini de corte muy alto. Este ejercicio te hará rabiar de dolor, pero va a darte la firmeza que siempre has querido tener en el trasero.

Prepárate

Acuéstate de costado, apóyate en un codo, sostén la cabeza con la mano y pon la palma de la otra mano sobre el tapete, delante de ti, para sostenerte. Flexiona rodillas y caderas en un ángulo de 90 grados y luego estira la pierna de encima hasta tenerla en un ángulo de 90 grados con respecto a tu cuerpo. Si tienes las piernas tensas, llega lo más cerca que puedas de los 90 grados. También puedes flexionar ligeramente la rodilla para que la posición sea más cómoda. Pon en flex el pie de encima. (La figura 9-5a muestra la posición inicial.)

El ejercicio

Este ejercicio tiene dos partes: primero presionas y luego haces círculos.

Rebotes

Respira de forma continuada, extiende el talón bien lejos de ti mientras subes y bajas la pierna de encima y haces pequeños rebotes hacia arriba (figura 9-5b). Acentúa la dirección ascendente del movimiento durante ocho rebotes (piensa que vas arriba y más arriba y más arriba y más arriba...).

Círculos

Respira de forma continuada, con el talón todavía extendido lejos de ti, haz pequeños círculos como si los estuvieras dibujando en una pared. Dibuja ocho círculos en una dirección y luego ocho más en la dirección opuesta.

Para prepararte para la transición, endereza la pierna de abajo, flexiona la de arriba y deja caer la rodilla de encima sobre el tapete frente a tu pierna de abajo. Con eso, ya estás preparada para las *Patadas de la pierna inferior*.

Figura 9-5:
El triturador de glúteos

Qué hacer y qué no hacer

✔ Mantén el cuerpo bien equilibrado, cadera sobre cadera y hombro sobre hombro.

✔ No permitas que tu pierna gire hacia adentro cuando repites los movimientos. Mantén la rodilla de frente, hacia delante.

Patadas de la pierna inferior (principiante)

Siempre llegan a mis cursos mujeres que quieren tonificar la cara interna de los muslos. Pues bien, señoras, ¡este es su ejercicio! Este entrenamiento le dará un descanso bien merecido a nuestro trasero.

Prepárate

Acuéstate de costado. Con una mano sostén la cabeza, pon la otra mano en el tapete y extiende bien recta tu pierna de abajo. Flexiona la pierna de encima y llévala al frente, de manera que la de abajo tenga espacio para moverse hacia arriba (figura 9-6a).

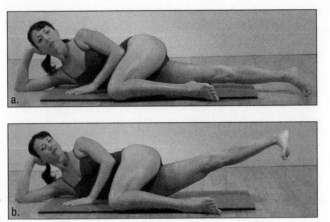

Figura 9-6:
*Patadas de
la pierna
inferior*

El ejercicio

Inspira y espira. Pon el pie de abajo en flex y extiende el talón bien lejos de ti mientras subes y bajas la pierna y das grandes patadas hacia arriba (figura 9-6b). Trata de subir la pierna lo más alto que puedas sin perder el control ni el equilibrio. Empieza el movimiento desde la barriga, llevándote el ombligo hacia la columna vertebral en cada patada ascendente.

Acentúa la dirección ascendente en diez movimientos (piensa arriba y más arriba y más arriba y más arriba...).

Para hacer la transición al siguiente ejercicio, estira ambas piernas y júntalas, de vuelta en la posición acostada de lado, con las piernas ligeramente más adelante que el resto del cuerpo. Con una mano sujétate la cabeza, y apoya la otra en el tapete para sostenerte.

Qué hacer y qué no hacer

✔ Levanta la pierna tan alto como puedas, para que la cara interna del muslo trabaje de verdad.

✔ No permitas que la pierna se tuerza cuando repitas los movimientos. Mantén la rodilla dirigida directamente al frente.

Arriba y abajo en rotación externa (principiante)

La modelo de este ejercicio es bailarina de *ballet* y su flexibilidad es increíble. No te preocupes si no puedes igualar sus movimientos.

Este ejercicio se llama *Arriba y abajo en rotación externa* porque las piernas están giradas hacia afuera, al contrario del *Arriba y abajo en paralelo*, en el que ambas piernas se dirigen directamente al frente.

Prepárate

Acuéstate de lado con las piernas rectas y ligeramente por delante del cuerpo, giradas hacia afuera desde la parte superior de la cadera, y con las rodillas también hacia afuera. Apóyate en un codo y pon la otra mano sobre el tapete frente a ti para tener más estabilidad (figura 9-7a). Puedes girar el pie de abajo hacia el suelo para ayudarte a estabilizar el movimiento.

El ejercicio

Inspira: Extiende la pierna de arriba en dirección al cielo. La figura 9-7b muestra a la modelo subiendo su pierna muy (pero muy) arriba, pero no creas que tú tienes que llegar a esa altura.

Espira: Pon en flex el pie que está arriba, como en la figura 9-7c, y baja la pierna de nuevo a la posición inicial. Mete el ombligo y aprieta las nalgas mientras bajas la pierna.

Piensa que presionas un muelle imaginario mientras bajas la pierna. Mientras extiendes el talón lejos de ti, imagina que la pierna de arriba puede llegar más lejos que la pierna de abajo.

Realiza ocho repeticiones con cada pierna y continúa después con *Arriba y abajo* en *passé*.

Qué hacer y qué no hacer

✔ Presiona con todo tu peso la mano que está en el suelo para mantener el equilibrio durante todo el ejercicio.

✔ Mantén el cuello estirado y relajado.

✔ Mantén el cuerpo bien equilibrado, cadera sobre cadera y hombro sobre hombro.

Figura 9-7:
Arriba y abajo en rotación externa

✔ No dobles la pierna al levantarla, sube solamente hasta donde puedas hacerlo con la pierna recta.

✔ No gires la pierna hacia adentro al levantarla; mantén las rodillas hacia afuera tanto como puedas.

Arriba y abajo en passé (intermedio)

Como en el ejercicio anterior, ten presente que la modelo es bailarina de *ballet* y que, por tanto, su flexibilidad es asombrosa. No te preocupes si no puedes igualar sus movimientos. *Arriba y abajo* en *passé* fortalece las caderas, las nalgas y la parte externa de los muslos, además de estirar también su cara interna.

Prepárate

Acuéstate de lado con las piernas ligeramente por delante del cuerpo, giradas hacia afuera desde la parte superior de las caderas, y pon las rodillas hacia afuera. Apóyate en un codo, sostén tu cabeza con la mano del mismo brazo y apoya la otra en el tapete, frente a ti, para controlar la estabilidad (figura 9-8a). Puedes girar el pie de abajo hacia el suelo para ayudar a estabilizar el movimiento.

El ejercicio

Inspira: Flexiona la pierna de arriba y apunta con la rodilla en dirección al cielo (figura 9-8b). Con el pie en punta, trata de tocar la cara interna de la rodilla de abajo (la posición *passé*) y luego extiende la pierna en dirección al cielo (figura 9-8c).

Imagina que te desplazas a través de una sustancia como la miel, y que encuentras una resistencia pegajosa mientras mueves la pierna.

Espira: Baja la pierna recta y, al juntar los muslos, estírala tanto como puedas.

Completa el movimiento cuatro veces e invierte la dirección.

Inspira: Extiende la pierna de encima muy recta en dirección al cielo.

Figura 9-8:
Arriba y abajo en passé

Un fuerte apretón

Si quieres trabajar todavía más las nalgas y los muslos, te regalo otro nuevo ejercicio: *El apretón de talones*. Debes hacerlo en la mitad de tu serie de *Patadas laterales*. En otras palabras, una vez que hayas terminado la serie sobre un costado, rueda sobre tu barriga y empieza a realizar *El apretón de talones*; después rueda al otro costado para acabar la serie.

Acuéstate boca abajo con la frente en el tapete y las manos bajo la frente. Separa bien las piernas, flexiona las rodillas y junta los talones (que deben apuntar directamente al cielo).

Respira de forma continuada: Presiona los talones uno contra otro y al mismo tiempo aprieta las nalgas y tu hueso púbico contra el tapete. Empuja el ombligo hacia la columna vertebral mientras levantas la barriga lo suficiente como para poder deslizar una hoja de papel bajo ella. Aguanta una respiración completa y suelta. Realiza ocho repeticiones.

El apretón de talones es una forma estupenda de tonificar los músculos de las nalgas. Debes sentir el esfuerzo del ejercicio en el más grande de los músculos del trasero (tu glúteo mayor).

Espira: Flexiona la rodilla y trata de tocar con el pie la cara interna de la rodilla de abajo. Después estira la pierna de arriba y junta de nuevo los muslos.

Completa el movimiento cuatro veces y después junta las piernas para hacer *La figura 8*.

Qué hacer y qué no hacer

- ✔ Presiona con todo tu peso la mano que está en el suelo para mantener el equilibrio durante todo el ejercicio.
- ✔ Mantén el cuello estirado y relajado.
- ✔ Mantén el cuerpo bien equilibrado, cadera sobre cadera y hombro sobre hombro.
- ✔ No dobles la pierna al levantarla, sube solamente hasta donde puedas hacerlo con la pierna recta.
- ✔ No gires la pierna hacia adentro al levantarla; mantén las rodillas hacia afuera tanto como puedas.

La figura 8 (intermedio)

Este ejercicio puede resultar más duro para tu cerebro que para tus nalgas. Hacerlo en la dirección opuesta puede ser todo un desafío, pero un desafío divertido, al fin y al cabo. *La figura 8* fortalece las nalgas y la cara interna de los muslos y aviva la concentración.

Prepárate

La posición inicial para *La figura 8* es la misma que para *Arriba y abajo en rotación externa* y *Arriba y abajo en passé*. Acuéstate de lado con las piernas ligeramente por delante del cuerpo y levemente giradas hacia afuera en la *Primera posición de pilates*. Apóyate en un codo y pon la otra mano frente a ti sobre el tapete, para tener mayor estabilidad (figura 9-9a). Puedes girar el pie de abajo hacia el suelo para ayudarte a estabilizar el movimiento.

El ejercicio

Respira de forma continuada: Levanta ligeramente la pierna de arriba y empieza a dibujar un 8. Mientras llevas la pierna hacia atrás, aprieta las nalgas y usa tu *Cuchara abdominal* para mantener la estabilidad del cuerpo. En las figuras 9-9b y c la modelo hace la forma del 8.

Completa cuatro figuras 8 y luego invierte la dirección para hacer cuatro más. Junta las piernas para el plato fuerte, ¡la *Grande ronde de jambe*!

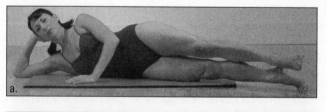

Figura 9-9:
La figura 8

Qué hacer y qué no hacer

✔ Presiona con todo tu peso la mano que está en el suelo para mantener el equilibrio durante todo el ejercicio.

✔ Siente trabajar el trasero cada vez que llevas la pierna atrás.

✔ Mantén el cuerpo bien equilibrado, cadera sobre cadera y hombro sobre hombro.

✔ No gires la pierna hacia adentro cuando repitas el dibujo del *8;* siempre gira ligeramente la rodilla de arriba hacia el cielo.

Grande ronde de jambe (avanzado)

Grande ronde de jambe en francés significa "gran círculo de la pierna", y es un movimiento que normalmente se hace en *ballet* (cuando se está de pie). Mantuve el nombre en francés por el *ballet* y ¡porque me suena mejor!

Definitivamente, este es mi ejercicio favorito para glúteos y muslos, y cuando lo haces correctamente sí que sientes cómo trabajan estos músculos. El movimiento de la pierna desde el costado hasta detrás del cuerpo (o viceversa, cuando inviertes la dirección) es el principal movimiento que hace trabajar tu trasero y la cara externa de tus muslos, así que realiza esta parte bien lentamente en ambas direcciones y sentirás el efecto en los lugares correctos. Jamás impulses tu pierna hacia arriba, ¡porque privarás a tu trasero de este ejercicio tan necesario!

Debes sentir que tu trasero y también la cara externa de tus muslos trabajan realmente. La clave está en hacer despacio las partes duras. ¡Pon tu trasero a trabajar!

Prepárate

Adopta la misma posición inicial que has usado varias veces en esta serie, y más recientemente en *La figura 8.* Acuéstate de lado con las piernas ligeramente delante del cuerpo y levemente giradas hacia afuera desde la parte superior de las caderas. Apóyate en un codo y pon la otra mano frente a ti, sobre el tapete, para lograr mayor estabilidad (figura 9-9a). Puedes girar el pie de abajo en dirección al suelo para ayudarte a estabilizar el movimiento.

El ejercicio

Inspira: Lleva la pierna de encima hacia delante lo más lejos que puedas, tratando de mantener el torso estable y las piernas en posición para dibujar un gran círculo (figura 9-10a).

Espira: Empieza el movimiento de la pierna haciendo un círculo lo más cerca que puedas de la oreja. Aprieta las nalgas y mantén la estabilidad del torso con tu *Cuchara abdominal* (figura 9-10b).

Inspira: Acaba con la pierna detrás de ti, pero a no más de 15 grados detrás de tu cuerpo. La figura 9-10c muestra la pierna cuando va desde lo más cerca posible de la oreja hacia detrás de la modelo. Sigue bajando la pierna hasta el nivel de la cadera. No arquees la espalda mientras llevas la pierna atrás.

Imagina que alguien agarrado a tu tobillo jala de tu pierna para sacarla de la cadera, mientras tú dibujas el círculo más grande que puedas con el dedo gordo del pie.

Espira: Junta tus piernas de nuevo.

Realiza tres repeticiones e invierte la dirección del círculo para hacer otros tres círculos más.

Figura 9-10:
Grande ronde de jambe

Qué hacer y que no hacer

✔ Presiona con todo tu peso la mano que está en el suelo para mantener el equilibrio durante todo el ejercicio.

✔ Siente cómo trabaja el trasero cada vez que llevas la pierna atrás.

✔ Mantén el cuerpo bien equilibrado, cadera sobre cadera y hombro sobre hombro.

✔ No gires la pierna hacia adentro cuando la muevas en círculo. Gira siempre la rodilla en dirección al cielo.

Capítulo 10

¡Miau! Estira la columna

Si alguna vez has observado un felino, sea un gato doméstico o un jaguar, tal vez te haya intrigado su increíble agilidad y elasticidad. ¿Qué hace un gato para poder saltar desde lugares elevados y aterrizar con tanta facilidad? ¿Cómo pueden meterse en espacios que parecen demasiado pequeños para ellos? ¿Cómo mantienen el equilibrio en los sitios más estrechos con la mayor soltura? Yo no sé la respuesta a estas preguntas, pero sé que si deseas parecerte más a un gato y tener su flexibilidad, gracia, equilibrio y fuerza, pilates es el medio para lograrlo.

Es ya un mito que a Joe Pilates le obsesionaba el movimiento de los animales y que los usaba como prototipos para desarrollar los ejercicios. Los siguientes ejercicios tienen por modelo al gato, y su objeto es el estiramiento de la columna vertebral. Tal vez notes en este capítulo la presencia de la palabra "sexy". Acéptalo, tener una columna vertebral flexible es sexy, ¡y ciertos movimientos de la columna también lo son!

Los ejercicios de este capítulo no están considerados como parte del método pilates clásico, pero son excelentes para todo el mundo. Todos son seguros y bastante fáciles (sólo *La sirena* exige un poco más de refinamiento que los otros). Aquí puedes aplicar tu creatividad: realiza estos ejercicios en cualquier momento del día o añádelos a tu entrenamiento cuando sientas necesidad de estirar la columna. A mí me gusta hacer *El estiramiento sexy de columna* después de un concienzudo ejercicio abdominal, porque da a mi espalda un delicioso respiro y me ayuda a continuar con la sesión de ejercicios. ¡Descubre tu estiramiento favorito y hazlo tuyo!

Si te despiertas por la mañana con el cuello o la espalda tensos, invierte un par de minutos en realizar uno o dos de los estiramientos de gato.

Todos los ejercicios que vienen a continuación se consideran de nivel principiante salvo *La sirena*, que es intermedio.

Estiramientos de columna de este capítulo

A continuación un avance de los estiramientos de este capítulo:

✔ El gato básico (*The Basic Cat*)

✔ El gato cazador (*The Hunting Cat*)

✔ La sirena (*The Mermaid*)

✔ El estiramiento sexy de columna (*The Sexy Spine Stretch*)

El gato básico (principiante)

El gato básico es una de las formas más suaves y sencillas de estirar la espalda. Es el movimiento que hacen los gatos al despertarse por la mañana, ¡y tú también puedes hacerlo!

Prepárate

Empieza por ponerte a cuatro patas. Debes alinear las manos con los hombros y las rodillas con las caderas. Ahora tu columna adopta su posición natural, *Columna neutra* (figura 10-1a).

El ejercicio

Inspira: Arquea ligeramente la espalda, levanta la cabeza y levanta y saca las nalgas (figura 10-1b).

Espira: Empuja el ombligo hacia la columna vertebral y aprieta la parte baja de tu trasero. Empiezas con una *Curva en C lumbar*, lo que quiere decir que la parte inferior de tu espalda debe curvarse como una C, y la curva continúa en la parte superior de la espalda (figura 10-1b). Por último, descuelga la cabeza lentamente hacia delante. En este punto, toda tu columna debe ser una *Curva en C* (figura 10-1c). Tu espalda debe estar lo más curvada posible.

El gato sexy

El gato sexy es una modificación de *El gato básico* y requiere algo más de coordinación; porque dibujas una espiral con las caderas y la columna, este estiramiento es tridimensional y afloja más zonas tensas que *El gato básico*.

Empieza haciendo *El gato básico* para conseguir la fluidez de la columna al arquearse y contraerse. Después dibuja una espiral con tus caderas, y en la dirección opuesta con la cabeza y el cuello. Imagina que tu rabadilla dibuja un círculo completo en la pared de detrás de ti, en una dirección, y que la coronilla de tu cabeza dibuja un círculo completo en la pared del frente, en la dirección opuesta.

Realiza cuatro repeticiones y luego invierte la dirección de la espiral cuatro veces más.

Empuja el tapete con los brazos para crear más resistencia mientras estiras la parte superior de la espalda. Mete bien los abdominales y la caja torácica, y aprovecha esta tracción para estirar toda tu columna.

Imagina que metes la cola entre las piernas y redondeas tu espalda en una pose de gato a la defensiva.

Figura 10-1:
El gato básico

Inspira: Vuelve a *Columna neutra*, acentúa el arco, saca la cola y levanta la cabeza.

Realiza cuatro repeticiones.

Qué hacer y qué no hacer

✔ Busca el estiramiento más completo en cada dirección.

✔ No curves los hombros. Déjalos relajados, abajo y lejos de las orejas.

El gato cazador (principiante)

El gato cazador fue creado por Kathy Grant, una de las estudiantes iniciales de Joe Pilates. Ella todavía enseña en Manhattan, ama a los gatos y ha desarrollado diversas variaciones de *El gato básico* (incluida *El gato sexy*). Esta es sólo una de tantas, y te enseña a articular la columna lumbar (parte inferior de la espalda) independientemente de tu columna torácica (parte superior de la espalda), lo cual no es tan fácil como parece.

Mírate en un espejo al hacer este ejercicio. No debes ver ningún movimiento de la columna hasta que estés a punto de saltar.

Prepárate

Ponte a cuatro patas. Debes alinear las manos bajo los hombros y las rodillas bajo las caderas; permite que la espalda asuma su posición natural, en *Columna neutra* (figura 10-2a). Inspira profundamente.

El ejercicio

Espira: Como muestra la figura 10-2b, empieza por curvar la parte inferior de la espalda. Imagina que escondes la cola entre las piernas y ahuecas el bajo vientre para empezar la *Curva en C lumbar*. Recuerda que al principio deberás tratar de mover sólo la parte inferior de la espalda y no curvar la parte superior. Lentamente, empieza a echarte hacia atrás hasta sentarte sobre los talones, lo que permitirá que el estiramiento dé toda la vuelta a la espalda (figura 10-2c).

Imagina que eres un gato a punto de abalanzarse sobre su presa. Prepárate para lanzarte de tal manera que no alarmes a la pobre víctima. Esto sólo se puede lograr si mueves la parte inferior de la espalda independientemente de la parte superior. Si la parte superior de la espalda empieza a redondearse, ¡tu presa imaginaria te verá moverte y huirá!

Inspira: De nuevo sobre tus talones, desplázate lentamente hacia delante, curva y estira toda tu columna y avanza lo más lejos que puedas sobre los brazos (los hombros deben quedar por delante de las manos). La figura 10-2d muestra esta posición.

Espira: Empieza por la cola para volver a la posición del principio. Imagina que alguien te jala de la cola hasta que la base de tu columna vuelve a quedar en *Columna neutra*.

Realiza cuatro repeticiones.

Qué hacer y qué no hacer

✔ Mete muy bien la barriga para aumentar el estiramiento de la espalda.

✔ Si puedes, mírate en un espejo.

✔ No encorves los hombros hasta las orejas.

Figura 10-2:
El gato cazador

La sirena (intermedio)

Puedes realizar *La sirena* sobre el tapete y en todas las máquinas pilates. Es un estiramiento excelente para los costados del torso (abdominales laterales y músculos laterales de la espalda). Es muy recomendable para personas con la espalda y el pecho tensionados; ¡cuando pruebes este ejercicio notarás en seguida si los tienes tensionados!

Prepárate

Siéntate sobre la cadera izquierda, las rodillas flexionadas y las piernas dobladas una encima de la otra, pies a la derecha y detrás de ti. Puedes acomodar las piernas una encima de la otra o más separadas, hasta que encuentres una posición cómoda para tus caderas. Es la posición de una sirena sentada con la cola a un lado, que puedes ver en la figura 10-3a.

Si las rodillas te molestan en la posición inicial, puedes sentarte sobre una almohada o estirar la pierna de encima hacia el lado.

El ejercicio

Inspira: Apoya el codo izquierdo en el tapete. Simultáneamente, extiende el brazo derecho por encima de la cabeza lo más lejos que puedas (figura 10-3b).

Espira: Invierte la dirección del estiramiento extendiendo el brazo izquierdo por encima de la cabeza. Recuerda meter el ombligo hasta la columna vertebral o usar tu *Cuchara abdominal* (figura 10-3c). Esta es tu posición de estiramiento lateral.

Inspira: Repite el primer movimiento: apóyate en el codo izquierdo a tu lado y extiende el brazo derecho por encima de la cabeza.

Respira de forma continuada: Invierte la dirección del estiramiento extendiendo el brazo izquierdo por encima de la cabeza, empuja el ombligo hacia la columna vertebral o usa tu *Cuchara abdominal*. Ahora agrega una espiral a este estiramiento: arquea la espalda y extiende el brazo derecho hacia atrás, lo más lejos que puedas (figura 10-3d). A esta parte la llamo cortar la esfera. Continúa el estiramiento con el círculo más grande que puedas hacer con el brazo izquierdo; cuando este llegue al frente, la espalda deberá estar curvada hacia delante (figura 10-3e). Completa el círculo mientras metes el ombligo y ahuecas la barriga, y vuelve a la posición de estiramiento lateral. Invierte el círculo con el brazo, curva la espalda mientras llevas el círculo al frente y arquéala cuando tu brazo haga el círculo por detrás de ti.

Figura 10-3:
La sirena

Imagina que alguien te toma de la mano y jala de tu brazo para hacer el círculo lo más grande posible.

Hazlo una sola vez y repite el ejercicio sobre el otro lado.

Qué hacer y qué no hacer

✔ Deja que el brazo llegue bien lejos por detrás de ti para abrir tu pecho y estirarlo al máximo.

✔ Si te duelen las rodillas, siéntate en una almohada.

El estiramiento sexy de columna (principiante)

Este ejercicio lo bautizó una niña de ocho años, que era alumna mía de danza. Lo llamó sexy porque la posición en la que termina es algo sensual y recuerda a una portada de *Playboy*. De nuevo, es un estiramiento excelente para la columna vertebral y el pecho.

Este estiramiento requiere girar la columna, lo cual no es un buen movimiento si tienes una lesión en algún disco intervertebral. Si te han diagnosticado este tipo de lesión, actúa con prudencia. Si este ejercicio te causa cualquier sensación molesta en la columna, no lo hagas.

Prepárate

Acuéstate boca arriba con la pierna izquierda extendida al aire y con la rodilla flexionada en ángulo de 90 grados; la pierna derecha recta al frente, sobre el tapete (figura 10-4a).

El ejercicio

Inspira: Inspira profundamente.

Espira: Cruza la pierna izquierda sobre el cuerpo hasta que la rodilla toque el suelo. Agarra la rodilla izquierda con tu mano derecha y mantenla firme para aumentar la fuerza del estiramiento (figura 10-4b).

Si tienes la espalda o el pecho muy tensionados, tu rodilla no llegará al suelo y tu hombro derecho tampoco se quedará pegado al suelo, pero no importa. Debes encontrar el equilibrio entre el momento en que tu hombro izquierdo se despega del tapete y el momento en que la rodilla izquierda toca el tapete.

Inspira: Arrastra por el suelo tu brazo izquierdo y dibuja un círculo hasta que el brazo acabe junto a tu oreja izquierda. A medida que el brazo se acerque a la oreja, rueda tu cuerpo en la misma dirección del brazo, de modo que quedes acostada de lado con el brazo junto a la oreja (figura 10-4c).

Espira: Arrastra tu brazo izquierdo en la dirección opuesta y vuelve a rodar hasta quedar boca arriba, mientras arrastras el brazo por el suelo para maximizar el estiramiento del pecho.

Figura 10-4:
*El estiramiento
sexy de
columna*

Puedes quedarte en esta posición final: tu brazo izquierdo dibuja una T
con el cuerpo mientras el derecho sostiene la pierna izquierda. Respira
profundo y siente el efecto del estiramiento.

Hazlo una vez y repite el ejercicio del otro lado.

Mécete sobre la espalda

Mecerse sobre la espalda es un excelente ejercicio que es posible hacer en cualquier momento (especialmente si los ejercicios abdominales en verdad duros te han dejado tensa la espalda). Acuéstate boca arriba y lleva las rodillas al pecho.

Pon una mano en cada rodilla. Dibuja suaves círculos con tus piernas así agarradas, para masajearte la espalda con el tapete. Después de tres círculos, cambia de dirección.

Qué hacer y qué no hacer

✔ Mantén todo el peso del brazo sobre el suelo mientras lo arrastras para abrir el pecho y obtener el máximo estiramiento del mismo.

✔ No sigas si sientes comprimida la parte inferior de tu espalda o si percibes molestias o un dolor fulgurante (intenso y de aparición brusca).

Parte III

Más allá del tapete: ejercicios con máquinas y accesorios

En esta parte...

Puedes mejorar tu rutina de pilates si usas los aparatos apropiados. Te enseñaré cómo usar ciertas piezas pequeñas del equipo, entre ellas el rodillo, la pelota pequeña y la grande. También te enseñaré ejercicios que harás con la espalda contra la pared, literalmente. Si tienes acceso a un centro de pilates o si te gana la curiosidad, te gustará leer el capítulo 15, en el que hablo del equipo pesado de pilates.

Todo lo que necesitas para tener una excelente experiencia pilates es un tapete. Pero si deseas ir un escalón más arriba e introducir más variedad, ¡adelante!

Capítulo 11

El rodillo

En mi estudio, el rodillo (o rulo, o barra de espuma) es uno de los accesorios más adictivos. Te sorprenderá saber lo eficaz que puede llegar a ser un un cilindro de hulespuma. (Echa un vistazo unas páginas más adelante para ver el rodillo en acción.)

En mi centro de pilates, tanto mis instructores como yo, usamos el rodillo para ayudar a las personas a estirar los músculos del pecho (pectorales) y a realinear el cuello y la parte superior de la espalda. Usar el rodillo es una de las mejores maneras de aliviar el dolor de la parte superior de la espalda y del cuello. También lo utilizamos para masajear muchos de los músculos del cuerpo. Puedes hacer cientos de cosas con el rodillo; en este capítulo menciono algunas de mis favoritas.

Si te parece que es demasiado difícil quedarte sobre el rodillo sin tensionar el cuerpo, entonces aún no estás a punto para realizar estos ejercicios. Hazlos mejor en el tapete y vuelve al rodillo cuando ya los domines.

Haz todos los ejercicios de esta lista en el orden que aparecen; deben realizarse uno después del otro. Todos los ejercicios con rodillo aquí descritos, excepto *El cisne*, empiezan en la misma posición, y debes fluir de uno a otro.

Originalmente, fueron los profesionales del método Feldenkreis quienes usaron el rodillo por primera vez, de modo que a veces se le llama "rodillo feldenkreis". El Feldenkreis también se conoce como "conciencia a través del movimiento", y es otro sistema de movimientos para ayudar a las personas a sentirse más en contacto con su cuerpo. Aunque el rodillo no forma parte del pilates clásico, es una herramienta maravillosa para usar en combinación con los ejercicios de pilates porque ayuda a las personas a conseguir un correcto alineamiento y una buena postura.

Nota: Todos los ejercicios de este capítulo se consideran de nivel principiante.

Ejercicios de este capítulo

Los ejercicios de este capítulo están divididos en una serie básica de hombros y unos ejercicios con rodillo. La serie básica de hombros la desarrollé yo misma para abrir y estirar los músculos del pecho (pectorales), enseñar el correcto alineamiento de cuello y hombros, y liberar la parte superior de la espalda y el cuello. La serie básica de hombros es una excelente manera de empezar tu sesión de ejercicios en el tapete, porque ayuda a incorporar conceptos de pilates de suelo y a encontrar el correcto alineamiento de la columna vertebral.

Serie básica de hombros

✔ Golpes de hombros (*Shoulder Slaps*)

✔ Estiramiento de brazos / Círculos de brazos (*Arm Reaches / Arm Circles*)

✔ Alas de pollo (*Chicken Wings*)

✔ Ángeles en la nieve (*Angels in the Snow*)

Otros ejercicios con rodillo

✔ Arcos de fémur (*Tiny Steps*)

✔ El cisne (*The Swan*)

Golpes de hombros

En el capítulo 4 describo cómo hacer *Golpes de hombros* en el tapete. Cuando lo haces con el rodillo, *Golpes de hombros* es todavía más eficaz por el hecho de soltar los músculos de los hombros y enseñar su posición apropiada.

Prepárate

Para la posición inicial, siéntate en el borde del rodillo, con las manos apoyadas en el suelo para controlar el movimiento, y rueda suavemente hacia atrás hasta acostarte sobre él. Ahora debes estar boca arriba con el rodillo a lo largo de tu columna vertebral, las rodillas flexionadas, los pies apoyados en el suelo a una distancia igual al ancho de tus caderas, y los brazos abajo a los lados, con las palmas de las manos hacia abajo. Debes tener sobre el rodillo la cabeza y toda la columna vertebral (muévete un poco hacia atrás o hacia delante si estás a punto de caerte). El rodillo es

a. Levanta los hombros del rodillo…

Figura 11-1:
*Golpes de
hombros*

b. Y déjalos caer de nuevo

demasiado inestable para que mantengas la *Columna neutra*; en lugar de esto, aplasta bien la parte inferior de la espalda sobre el rodillo con tu *Cuchara abdominal*. (Ambos ejercicios forman parte del alfabeto pilates. Más información en el capítulo 3.)

El ejercicio

Inspira: Extiende los brazos en dirección al cielo y permite que las escápulas (los omóplatos) se despeguen del rodillo (figura 11-1a).

Espira: Mantén los brazos rectos mientras relajas y sueltas por completo los músculos de los hombros y los omóplatos se deslizan hacia abajo (figura 11-1b).

Realiza cuatro repeticiones; en la última, deja que las escápulas bajen lentamente: imagina que esos omóplatos se están derritiendo espalda abajo. Sigue empujándolos hacia atrás y siente los músculos que están trabajando. Esta idea de "tener los hombros espalda abajo" es muy importante y se repite una y otra vez en pilates.

Qué hacer y qué no hacer

✔ Al espirar, suelta bien y deja que la fuerza de la gravedad haga caer omóplatos y brazos.

✔ No flexiones los brazos cuando dejes caer los omóplatos.

Estiramiento de brazos / Círculos de brazos

Puedes hacer el *Estiramiento de brazos* y *Círculos de brazos* (que describo en el capítulo 4) tanto sobre el tapete como sobre el rodillo. Al igual que el ejercicio *Encogerse de hombros*, este es todavía más eficaz en cuanto a sus dos objetivos (estirar los músculos de pecho y espalda y adquirir estabilidad en la parte superior del torso) cuando se realiza sobre el rodillo. Puedes agarrarte al rodillo si te parece mejor y sientes que lo necesitas.

Si la tensión se ha apoderado de ti y necesitas estirarte, concéntrate en abrir el pecho cuando hagas este ejercicio. Si eres como una lombriz y tu cuerpo es muy flexible, entonces concéntrate en estabilizar el torso; ¡no arquees la parte superior de la espalda ni dejes que se salga del rodillo!

Prepárate

Si hiciste *Golpes de hombros*, ya debes estar en la posición correcta. Asegúrate de que el rodillo esté a lo largo de tu columna vertebral y de que tengas las rodillas flexionadas, los pies apoyados en el suelo a una distancia igual al ancho de las caderas y los brazos abajo, a los lados, con las palmas de las manos hacia abajo. Asegúrate también de tener la cabeza sobre el rodillo (muévete hacia atrás o hacia delante si estás a punto de caerte). El rodillo es demasiado inestable para que mantengas la *Columna neutra*; en lugar de esto, aplasta bien la parte inferior de la espalda sobre el rodillo con tu *Cuchara abdominal*.

El ejercicio

Inspira: Extiende los brazos en dirección al cielo y deja que las escápulas (omóplatos) se salgan del rodillo (figura 11-2a).

Espira: Primero, imagina que has soldado las costillas a tu barriga, y extiende los brazos atrás, junto a las orejas. Si es demasiada la tensión de la zona de los hombros, quizás no puedas llegar atrás por completo. Llega a una posición en la que sientas el estiramiento. Siente el contacto de toda tu espalda sobre el rodillo; usa tus abdominales superiores para impedir que se arquee la espalda y sobresalgan las costillas (figura 11-2b).

Inspira: Abre los brazos dibujando un círculo hasta quedar en forma de T (debes mantener los brazos con todo su peso sobre el suelo) y luego ponlos a los lados del cuerpo, para volver a la posición inicial.

Realiza tres repeticiones e invierte la dirección.

En el último círculo, lleva los brazos completamente hacia atrás junto a las orejas y trata de mantenerlos en el suelo. Arquea la espalda y expande el pecho para abrirlo. Toma una inspiración profunda y expándela para llenar toda tu caja torácica y tus pulmones. Ese movimiento es la transición para pasar al ejercicio siguiente, *Alas de pollo*.

Qué hacer y qué no hacer

✔ Mantén el torso absolutamente estable. Para lograrlo, mantén las costillas abajo hasta la última repetición.

✔ Mantén los hombros alejados de las orejas desde que empieces el ejercicio.

✔ No arquees la espalda ni la separes del rodillo hasta el final. ¡Ese es el objetivo de este ejercicio! Cuando levantas los brazos, tu espalda tiende a subir de forma natural con ellos. La figura 11-3 muestra la espalda arqueada y separada del rodillo. Este es un modelo de lo que no se debe hacer.

Figura 11-2:
Estiramiento de brazos / Círculos de brazos

b. Mantén la espalda sobre el rodillo

Figura 11-3:
Cómo *no* hacer el *Estiramiento de brazos* y los *Círculos de brazos*

No permitas que tu espalda se arquee y separe del rodillo

Alas de pollo

Si fueras un pollo, tus omóplatos serían las alas, ¿verdad? En este ejercicio, imagina que bajas los omóplatos por la espalda para entrar en contacto con tu pollo interior. El nombre *Alas de pollo* proviene de

Jennifer Stacey, una de mis primeras maestras de pilates en San Francisco y una persona extremadamente entendida. Creo que ella ideó este ejercicio.

Alas de pollo es un estiramiento delicioso para los músculos del pecho y los hombros. Si notas mucha tensión y el estiramiento es demasiado intenso, pásate del rodillo al suelo y trata de hacer el ejercicio sobre el tapete. Cuando tus músculos hayan cedido un poco más, vuelve al rodillo.

Prepárate

Después de haber hecho el *Estiramiento de brazos* y *Círculos de brazos*, ya debes estar preparado en la posición correcta: el rodillo a lo largo de tu columna vertebral, las rodillas flexionadas, los pies apoyados en el suelo a una distancia igual al ancho de las caderas, los brazos abajo y a los lados, con las palmas de las manos hacia abajo. Debes tener la cabeza y toda la columna vertebral sobre el rodillo (muévete hacia atrás o hacia delante si estás a punto de caerte). El rodillo es demasiado inestable para que mantengas la *Columna neutra*; en lugar de esto, aplasta bien la parte inferior de la espalda sobre el rodillo con tu *Cuchara abdominal*.

Inspira: Extiende los brazos atrás junto a las orejas, en dirección a la pared detrás de ti (figura 11-4a). Expande el pecho y arquea la espalda hasta separarla un poco del rodillo.

Espira: Empieza a doblar lentamente los codos y jala de ellos hacia abajo para tratar de que toquen el suelo (figura 11-4b). Si notas mucha tensión, no lograrás que tus codos toquen el suelo, así que déjalos caer hacia atrás a una distancia que no te incomode. Trata de mantener el brazo y el antebrazo en un ángulo de 90 grados, uno con respecto al otro, mientras realizas el ejercicio. Imagina que jalas de tus omóplatos hacia abajo con los músculos de la espalda. Una vez hayas bajado los codos tan lejos como puedas, endereza los brazos y bájalos a los lados del cuerpo.

Inspira: Gira las palmas de las manos en dirección al cielo y empieza con *Ángeles en la nieve*.

Realiza tres repeticiones en las que alternes *Alas de pollo* y *Ángeles en la nieve*.

Qué hacer y qué no hacer

✔ Deja que tus brazos lleguen al suelo para obtener un mejor estiramiento.

✔ Arquea la espalda y sepárala un poco del rodillo para un mejor estiramiento del pecho.

Figura 11-4:
Alas de
pollo

✔ Haz una inspiración profunda y mantén durante unos segundos cualquier parte del movimiento que sientas como un estiramiento particularmente agradable o beneficioso.

Ángeles en la nieve

Yo crecí en Filadelfia, y cuando era pequeña a todos nos encantaba que nevara para salir a hacer ángeles de nieve. Aunque he vivido en California más de 15 años, todavía los hago en mi mente. *Ángeles en la nieve* es un excelente ejercicio para aprender el correcto alineamiento de los hombros mientras se expande el pecho (los músculos pectorales).

Prepárate

Después de haber hecho *Alas de pollo*, ya debes estar en la posición correcta: el rodillo está a lo largo de tu columna vertebral, las rodillas flexionadas, los pies apoyados en el suelo a una distancia igual al ancho de las caderas, los brazos abajo y a los lados con las palmas de las manos hacia abajo. Debes tener la cabeza y toda la columna vertebral sobre el rodillo (muévete hacia atrás o hacia delante si estás a punto de caerte). El rodillo es demasiado inestable para que mantengas la *Columna neutra*; en lugar de esto, aplasta bien la parte inferior de la espalda sobre el rodillo con tu *Cuchara abdominal*. Inspira profundamente.

El ejercicio

Espira: Baja los omóplatos mientras empiezas a arrastrar los brazos lentamente por el suelo y los abres para formar una T con tu cuerpo (figura 11-5a).

Estás haciendo ángeles en la nieve con tus brazos. Imagina que te has acostado en la nieve y que la estás desplazando con los brazos para dibujar el ángel. Para hacerlo, usa los músculos de la espalda y abre el pecho.

Inspira: Mantén todo el peso de los brazos sobre el suelo mientras los arrastras para abrir el pecho y obtener un estupendo estiramiento del mismo; continúa el movimiento de los brazos para completar un semicírculo que va a acabar con tus brazos junto a las orejas (figura 11-5b).

Espira: Mueve los brazos hacia atrás y hacia abajo con el movimiento de *Alas de pollo*: empieza a doblar lentamente los codos y jala de ellos hacia abajo para tratar de que toquen el suelo (figura 11-4b). Si notas mucha tensión, tus codos no conseguirán llegar al suelo, así que déjalos caer hacia atrás a una distancia que no te incomode. Trata de mantener el brazo y el antebrazo en un ángulo de 90 grados, uno con respecto al otro, mientras realizas el ejercicio. Imagina que jalas de tus omóplatos hacia abajo con los músculos de la espalda. Una vez que hayas bajado los codos tan lejos como puedas, endereza los brazos y bájalos a los lados del cuerpo.

Figura 11-5:
*Ángeles en
la nieve*

Alterna *Ángeles en la nieve* (sube los brazos) y *Alas de pollo* (baja los brazos).

Realiza tres repeticiones.

Qué hacer y qué no hacer

✔ Deja los brazos con todo su peso en el suelo y trata de arrastrarlos sólo desde los músculos de la espalda.

✔ Haz una inspiración profunda y mantén durante unos segundos cualquier parte del movimiento que sientas como un estiramiento particularmente agradable o beneficioso.

Arcos de fémur

Cualquier ejercicio de estabilidad que practiques en el tapete se hace más difícil cuando lo llevas al rodillo, y *Arcos de fémur* no es la excepción. Si *Arcos de fémur* ya es lo suficientemente difícil como ejercicio de suelo (véase capítulo 4), en el rodillo es mortal, dado que este se mueve de un lado a otro (al parecer es lo que a las cosas redondas les gusta hacer). Para que el rodillo no ruede, debes usar aún más tus músculos centrales.

Arcos de fémur es un ejercicio de estabilidad que pone a prueba la fuerza y la estabilidad de tus abdominales inferiores. El objetivo de este ejercicio es no mover las caderas ni la parte inferior de la espalda mientras subes y bajas las piernas. Parece sencillo, pero lo cierto es que para hacerlo se requiere bastante fuerza interna. Aquí te lo juegas todo a una sola carta: ¡la estabilidad!

Presiona el suelo con los brazos para estabilizarte mejor durante este ejercicio, y asegúrate de que toda tu espalda esté en contacto con el rodillo (figura 11-6a).

Prepárate

Después de haber hecho *Ángeles en la nieve*, ya debes estar en la posición correcta: el rodillo a lo largo de tu columna vertebral, las rodillas flexionadas, los pies apoyados en el suelo a una distancia igual al ancho de las caderas, los brazos abajo y a los lados con las palmas de las manos hacia abajo. Debes tener la cabeza y toda la columna vertebral sobre el rodillo (muévete hacia atrás o hacia delante si estás a punto de caerte). El rodillo es demasiado inestable para que mantengas la *Columna neutra*; en lugar de esto, aplasta bien la parte inferior de la espalda sobre el rodillo con tu *Cuchara abdominal*. Inspira profundamente.

Figura 11-6:
Arcos de fémur

Espira: Empuja el ombligo hacia la columna vertebral y levanta la rodilla derecha hacia el pecho (figura 11-6b).

Inspira: Mantén la posición.

Espira: Baja la pierna derecha hasta el suelo, controlando el movimiento desde el centro, y vuelve a la posición inicial.

Alterna los lados y repite ocho veces.

Qué hacer y qué no hacer

✔ No arquees la espalda ni dejes que las caderas se balanceen de un lado a otro.

✔ No tensiones la parte superior del cuerpo cuando hagas este ejercicio. Estira el cuello y relaja los hombros.

El cisne

El cisne es un ejercicio básico de estiramiento de la espalda. En el capítulo 5 hay una versión llamada *Preparación para el cisne*, y en el capítulo 8 está la variante superavanzada que se llama *La zambullida del cisne*. En el rodillo, *El cisne* te descubre una manera suave de estirar la columna, aunque sobre todo te enseña el correcto alineamiento del cuello y los hombros. El ejercicio también fortalece los músculos del cuello y la parte superior de la espalda, lo que resulta muy importante para corregir la postura encorvada y los hombros redondeados.

Prepárate

Acuéstate boca abajo con la frente apoyada en el tapete y los brazos sobre el rodillo frente a ti. Pon los brazos de manera que sólo tus muñecas hagan contacto con el rodillo, y gira las palmas de las manos para que queden cara a cara, como en una posición de karate... ¡listas para partir en dos el rodillo! Los brazos deben estar separados a una distancia un poco mayor que el ancho de los hombros. Gira las piernas desde la parte superior de la cadera; en otras palabras, pega los talones uno contra otro. (Véase figura 11-7a). Puedes mantener una distancia cómoda entre las piernas; si tienes caderas delgadas puedes juntar más los muslos. Despega el ombligo con respecto al tapete, como si quisieras deslizar un papel bajo tu barriga, y presiona el hueso púbico contra el tapete. Aprieta las nalgas para contribuir a recoger todo bajo la pelvis. ¡Ya tienes tu centro de poder en acción! Para empezar, inspira profundamente.

El ejercicio

Espira: Jala del rodillo lentamente hacia ti, mientras bajas los omóplatos y levantas la cabeza y el cuello del suelo muy despacio (figura 11-7b). Llega a la posición de *El cisne*: la coronilla en dirección al cielo y el pecho levantado del tapete. Sube sólo hasta donde puedas hacerlo sin experimentar compresión en la parte inferior de la espalda.

Inspira: Mantén la posición de *El cisne*. No necesitas llegar muy alto para aprovechar los beneficios de este ejercicio. No te detengas: levanta la barriga y métela hacia la columna vertebral y no dejes de apretar las nalgas.

Espira: Vuelve a la posición inicial, en el tapete.

Realiza tres repeticiones.

Adopta la posición de descanso para darle un respiro a tu espalda (siéntate sobre los talones hasta que te hayas doblado y relajado hacia delante en la clásica posición fetal).

Qué hacer y qué no hacer

✔ Sostén la cabeza sobre el cuello estirado y fuerte.

✔ No dejes descolgar la parte inferior de tu espalda; que tu centro de poder trabaje horas extra.

Figura 11-7:
El cisne

Capítulo 12

El círculo mágico (o la pelota pequeña)

*E*l círculo mágico es una pieza clave del equipo de pilates. Consiste básicamente en un anillo metálico con una pequeña almohadilla a cada lado para que resulte más cómodo apretarlo. En mi centro de pilates, el círculo mágico se usa sobre todo para poner a trabajar los músculos de la cara interna de los muslos (colocándolo entre las rodillas o los tobillos). También lo puedes sostener con las manos y empujar para que trabaje el pecho (los músculos pectorales). Maestros de pilates de todo el mundo han desarrollado cientos de variaciones diferentes de ejercicios en los que se usa el círculo mágico.

Te voy a ser franca: normalmente yo reemplazo el círculo mágico con una simple pelota de goma o de plástico (como verás en muchas de las fotos de este capítulo, en donde hemos usado la pelota). Una pelota pequeña es mucho más barata que un círculo mágico; y en mi centro de pilates hacemos muchas clases en grupo, de modo que usar las pelotas es mucho más fácil. Como el círculo mágico puede escaparse de los tobillos o las rodillas, mantenerlo en su lugar requiere más coordinación; además, comparados con una pelota suave y flexible, muchos círculos mágicos son bastante difíciles de apretar.

Tal vez mi opinión no sea imparcial, pero creo que una simple pelota de 15 a 20 centímetros de diámetro y de dureza media es el accesorio perfecto para los ejercicios de pilates de suelo. En mi centro, prefiero la de la marca Gertie Ball, una pelota pequeña y muy buena que se puede inflar muy fácilmente.

No se te ocurra usar una pelota de baloncesto o futbol. La principal cualidad que debe tener tu pequeña pelota es la elasticidad: es preciso que recupere su forma original una vez que la hayas apretado. Una pelota pequeña elástica te hará trabajar los músculos y no te causará lesiones si llegas a apretarla muy fuerte. Debes poder encontrar una buena pelota en cualquier centro comercial o en una tienda especializada, incluso en una juguetería. No tiene que ser especial, simplemente del tamaño preciso y no demasiado dura.

Si prefieres un círculo mágico, puedes comprárselo a cualquiera de los fabricantes de equipo de pilates (busca en Internet). Los círculos mágicos pueden tener distintos nombres según el lugar donde los compres, pero por lo general la palabra "círculo" suele formar parte del nombre.

Casi todos los ejercicios que aparecen a continuación se presentan también en capítulos anteriores, pero sin la pelota. Si ya tienes una pelota, simplemente realiza los siguientes ejercicios en el orden en que figuran en la lista de las series de los capítulos 4 al 7. *El indicador de abdominales profundos* es el único ejercicio diseñado especialmente para la pelota pequeña, y te conviene hacerlo inmediatamente antes los *Abdominales superiores*.

Los ejercicios de este capítulo

Son estos:

- ✔ El indicador de abdominales profundos (*The Deep Abdominal Cue*)
- ✔ Abdominales superiores (*Upper Abdominal Curls*)
- ✔ El puente (*The Bridge*)
- ✔ Rodamiento sobre la columna (*Roll Over*)
- ✔ Balancín con piernas abiertas (*Open Leg Rocker*)
- ✔ Alrededor del mundo (*Around the World*) (avanzado)

El indicador de abdominales profundos (básico)

El indicador de abdominales profundos es tan fácil que ni siquiera incluyo fotografías. Sin embargo, como ejercicio, ¡es tan difícil que el concepto que enseña se te podría escapar!

Aquí va: poner a trabajar los músculos de la cara interna de los muslos, cuando se realiza un ejercicio abdominal, ayuda a encontrar (a sentir) los músculos abdominales profundos. Los músculos de la cara interna de los muslos y los abdominales profundos trabajan juntos, de modo que cuando usas unos resulta muy fácil usar también los otros. Cada vez que tengas la pelota pequeña entre las piernas al realizar un ejercicio, podrás sentir esa profunda conexión abdominal.

No te preocupes si no puedes hacer bien *El indicador de abdominales profundos*. De todas maneras, si no llegas a experimentar lo que describo, bastará con el resto de los ejercicios.

Prepárate

Acuéstate boca arriba, con las rodillas flexionadas y los pies apoyados en el suelo, separados a una distancia igual al ancho de tus caderas. Relaja la espalda para quedar en *Columna neutra*. Pon la pelota entre tus rodillas, y las manos a cada lado del bajo vientre, con los dedos exactamente entre los huesos de las caderas. La idea es que tus manos puedan sentir cómo trabajan los músculos abdominales. Inspira profundamente.

El ejercicio

Espira: Empuja el ombligo hacia la columna vertebral y aprieta lentamente la pelota; imagina que empiezas a apretar desde los músculos que quedan exactamente dentro de los huesos de la cadera (que son los abdominales oblicuos). Imagina que jalas de esos huesos para acercarlos uno al otro desde los músculos que están bajo tus dedos. Trata de endurecer estos músculos mientras aprietas la pelota.

Inspira: Afloja lentamente la pelota y relaja la barriga.

Realiza cuatro repeticiones muy despacio. Pasa enseguida a los abdominales superiores.

Qué hacer y qué no hacer

✔ Piensa mientras haces este ejercicio. Realmente trata de sentir esas conexiones entre los músculos de tu cuerpo.

✔ No dejes que la parte inferior de la espalda se aplane. En lugar de esto, mantén la rabadilla anclada al tapete, y también la *Columna neutra*.

Abdominales superiores (básico)

En el capítulo 4 presento los *Abdominales superiores* como un ejercicio básico de suelo. Siempre enseño este ejercicio a mis nuevos alumnos en su primera sesión, y siempre uso la pelota pequeña cuando lo enseño; hacerlo así te permite poner a trabajar la cara interna de los muslos y mantiene tus piernas bien alineadas. Como espero que experimentes, la pelota pequeña también ayuda a sentir los músculos abdominales profundos.

Antes de practicar este ejercicio asegúrate de hacer primero *El indicador de abdominales profundos*.

Prepárate

Acuéstate boca arriba con las rodillas flexionadas y los pies apoyados en el suelo, separados a una distancia igual al ancho de tus caderas. Relaja la espalda para quedar en *Columna neutra*. Acomoda la pelota o círculo mágico entre tus rodillas. Entrelaza los dedos y ponte las manos detrás de la cabeza (figura 12-1a). Inspira profundamente.

El ejercicio

Espira: Empuja el ombligo hacia la columna vertebral mientras aprietas suavemente la pelota (usa tus músculos abdominales profundos para ayudarte); levanta la cabeza y lleva el mentón hacia el pecho. Cuando levantes la cabeza, imagina que estás apretando una mandarina bajo el mentón mientras ruedas a la *Posición abdominal de pilates*; tu cabeza debe estar lo suficientemente alta como para que los omóplatos apenas estén despegados del tapete (figura 12-1b).

Inspira: Controla el movimiento de bajada al tapete mientras liberas lentamente la pelota pequeña.

Realiza ocho repeticiones muy despacio.

Qué hacer y qué no hacer

✔ Mantén la *Columna neutra* mientras te incorporas.

✔ No dejes que la parte inferior de la espalda se aplane. En lugar de esto, mantén la rabadilla anclada al tapete.

✔ No fuerces el cuello; deja que tus manos sostengan el peso de la cabeza y recuerda mantener el espacio de una mandarina entre el mentón y el pecho.

Figura 12-1:
Abdominales superiores

El puente (principiante)

Este ejercicio ya te lo he presentado en la serie principiante del capítulo 5. Es un entrenamiento excelente para fortalecer el trasero y la cara posterior de las piernas, además de enseñar estabilidad central. Agregar el círculo mágico o la pelota pequeña entre las rodillas hace trabajar a los músculos de la cara interna de los muslos y mantiene el correcto alineamiento de las piernas.

Prepárate

Acuéstate boca arriba con las rodillas flexionadas y los pies apoyados en el suelo, separados a una distancia igual al ancho de tus caderas. Los pies deben estar en una posición cómoda, ni muy cerca ni muy lejos de las nalgas. Debes poder encontrar fácilmente la posición de *Columna neutra*. Prueba distintas posiciones de los pies hasta que descubras la que te resulte más cómoda. Mantén los brazos a los lados y las palmas de las manos hacia abajo (figura 12-2a).

Acomoda el círculo mágico (o la pelota pequeña) entre tus rodillas. Asegúrate de apretarlo lo suficiente como para mantener en línea caderas, rodillas y pies. Si la pelota tiene más de veinte centímetros de diámetro, es posible que tus rodillas estén más separadas que los pies y el ancho de tus caderas, así que si es necesario, separa un poco más los pies para acomodarla. Inspira profundamente.

El ejercicio

Espira: Presiona los pies contra el tapete y aprieta las nalgas mientras levantas las caderas. Tu cuerpo debe formar una línea recta desde los hombros hasta las rodillas. No subas tanto que no alcances a verte las rodillas (figura 12-2b).

Inspira: Mantén la posición de _El puente._

Espira: Imagina que has soldado las costillas a la barriga, aprieta las nalgas y trata de estirar la parte delantera de tus caderas.

Inspira: Arquea la columna levantando más las caderas, e imagina que inflas tu espalda hacia arriba como si fuera un globo.

Espira: Rueda lentamente columna abajo, vértebra por vértebra. Usa la _Cuchara abdominal_ para presionar la parte inferior de tu espalda contra el tapete mientras vuelves a quedar en _Columna neutra._

Realiza cinco repeticiones.

Para preparar la transición, llévate las rodillas al pecho y relaja la espalda.

Figura 12-2:
El puente

Qué hacer y qué no hacer

✔ Mantén la posición de tablón cuando hayas subido las caderas y alineado tus hombros con las rodillas. Trata de no arquear la espalda.

✔ Intenta articular la columna vertebral cuando vayas de bajada.

✔ Minimiza la tensión de la parte superior de tu cuerpo; el cuello debe estar estirado y relajado.

Rodamiento sobre la columna (avanzado)

Te presenté el *Rodamiento sobre la columna* como un ejercicio avanzado en el capítulo 7. Añadiéndole la pelota pequeña entre los tobillos podrás trabajar la cara interna de los muslos y encontrar mejor tu *Cuchara abdominal* profunda. Este ejercicio exige mucha fuerza central, pero cuando se hace bien, es un estiramiento excelente para los músculos de cuello y espalda. Trata primero de realizar el *Rodamiento sobre la columna* sin la pelota, y después intenta incorporar esta variación.

Si tienes problemas en la parte inferior de la espalda o del cuello, no realices este ejercicio.

Prepárate

Acuéstate boca arriba con los brazos a los lados, las palmas de las manos hacia abajo y las piernas rectas en dirección al cielo (en un ángulo de 90 grados) con una pelota pequeña o círculo mágico entre los tobillos (figura 12-3a).

El ejercicio

Inspira: Mete la barriga, aprieta las nalgas y la pelota o círculo mágico, y levanta las piernas hasta que pasen por encima de tu cabeza y queden paralelas al suelo; los pies no deben tocar el suelo. No ruedes sobre el cuello; detente y mantén el equilibrio sobre los hombros.

Espira: Con los pies en flex, como en la figura 12-3b, baja lentamente la columna (figura 12-3c). Presiona las palmas de las manos y los brazos contra el suelo para ayudarte a controlar el movimiento. Una vez que la rabadilla haya tocado el tapete, baja las piernas hacia el suelo, pero no tan abajo que no puedas mantener plana la parte inferior de la espalda (figura 12-3d). Usa tu *Cuchara abdominal* y aprieta las nalgas para ayudarte a mantener la parte inferior de la espalda pegada al tapete. ¡Ni se te ocurra arquearla, ni siquiera un poco!

Inspira: Aprieta tu pelota pequeña o círculo mágico y empieza la secuencia de nuevo.

Realiza cuatro repeticiones.

Para terminar, llévate las rodillas al pecho y relaja la espalda.

Qué hacer y qué no hacer

✔ Mantén el movimiento fluido y controlado.

✔ No ruedes sobre el cuello. Tenlo siempre alargado.

Variaciones

Para hacer más fácil este ejercicio, una vez que hayas hecho el *Rodamiento sobre la columna*, lleva de nuevo las piernas a un ángulo de 90 grados y procura bajarlas poco a poco cada vez que repitas el ejercicio. No las bajes tanto que no puedas mantener la parte inferior de la espalda pegada al tapete. Si cuando bajes las piernas la parte inferior de tu espalda se arquea aunque sea un poco, detente y levántalas de nuevo; así protegerás tu espalda. A medida que tengas más fuerza abdominal podrás bajar las piernas cada vez más, hasta que puedas empezar con ellas en el suelo.

Figura 12-3:
Rodamiento sobre la columna

Si tienes la espalda tensa y deseas estirarte más con este ejercicio, empieza el primer rodamiento sobre la columna y detente arriba, con las piernas sobre la cabeza, y agárrate de las pantorrillas con las manos. Rueda lentamente columna abajo, usando los brazos para ayudarte a estirar la espalda. Después continúa la secuencia.

Si tienes la osadía de hacerlo, ¡prueba la mezcla del *Rodamiento sobre la columna* con *El tejedor*! Empieza el *Rodamiento sobre la columna* básico, levantando primero las piernas por encima de la cabeza. Cuando bajes, columna y rabadilla tocarán el tapete; deja las piernas en ángulo de 45 grados con respecto al suelo y vuelve a subir hacia arriba a la posición de *El tejedor*. Extiende los brazos al frente. Rueda columna abajo de nuevo y empieza tu próximo *Rodamiento sobre la columna*. Repítelo cuatro veces y, en la última, en lo alto de *El tejedor*, tómate de los tobillos o de las pantorrillas y haz el *Balancín con piernas abiertas*. La figura 12-4 muestra la variación de *El tejedor*. ¡No te olvides de usar siempre la pelota!

Figura 12-4:
Modificación
de *El tejedor*
para el
Rodamiento
sobre la
columna

Balancín con piernas abiertas (intermedio)

En el capítulo 6 presento el *Balancín con piernas abiertas* como un ejercicio de suelo de nivel intermedio. Este entrenamiento, que es una combinación del ejercicio *Caderas arriba* y el *Punto de equilibrio*, implica fuerza y control. Como todos los ejercicios de rodar en pilates, el *Balancín con piernas abiertas* es una manera divertida de masajearse la propia espalda, descubrir cómo articular la columna vertebral y encontrar el centro de control abdominal. Con la pelota pequeña o el círculo mágico entre los tobillos, la cara interna de tus muslos empezará a participar, y tu *Cuchara abdominal* se hará más accesible.

Como en cualquier ejercicio de rodar, ¡ten cuidado de no hacerlo sobre el cuello!

Prepárate

Siéntate con las rodillas flexionadas y una pelota pequeña o círculo mágico entre los tobillos. Toma la cara externa de los tobillos con las manos y rueda hacia atrás hasta la posición de *Punto de equilibrio*, y luego levanta las piernas bien arriba hasta formar con las piernas y el cuerpo una V. Mantén el bajo vientre ahuecado y quédate en el *Punto de equilibrio* (un poco detrás de la rabadilla) para sentir cómo la *Cuchara abdominal* te ayuda a mantener el equilibrio.

Si tienes tensos los músculos isquiotibiales (músculos de la parte trasera de las piernas) o la espalda, tómate las piernas más cerca de las rodillas que de los tobillos y trata de flexionarlas ligeramente (figura 12-5a).

El ejercicio

Inspira: Rueda hacia atrás hasta quedar sobre la parte superior de tu espalda y haz un *Caderas arriba*; sube las caderas con tu *Cuchara abdominal.* Aprieta las nalgas para subir un poco más. Ahora tus piernas están por encima de ti, paralelas al suelo (figura 12-5b).

Espira: Regresa a tu *Punto de equilibrio*, y frena el rodamiento con tu *Cuchara abdominal.*

Qué hacer y qué no hacer

✔ Imagina que te masajeas la espalda al ahuecar tus abdominales para ayudarte a articular cada vértebra.

✔ Aprovecha el impulso para ayudarte a rodar hacia atrás, y controla el movimiento con los abdominales en el punto álgido del ejercicio *Caderas arriba*.

✔ Regresa a tu *Punto de equilibrio* usando los abdominales para controlar el movimiento y frenar el impulso.

✔ No dejes que tu espalda produzca el sonido de un golpe, especialmente cuando vuelvas a subir. Con los abdominales, mete la parte inferior de la espalda para que el movimiento sea suave.

Alrededor del mundo (avanzado)

Alrededor del mundo se parece mucho a *El sacacorchos superavanzado* del capítulo 8. Tener la pelota pequeña o el círculo mágico entre los tobillos hace trabajar los músculos de la cara interna de los muslos y te ayuda a encontrar tu *Cuchara abdominal*. Como *El sacacorchos superavanzado*, este ejercicio también tiene como objetivo tu centro de poder (abdominales, cara interna de los muslos y trasero), además de estirarte la espalda y mejorar el equilibrio y control. Los giros de este ejercicio agregan un elemento adicional de control. Para intentar hacerlo es preciso que domines ya el *Rodamiento sobre la columna* clásico y *El sacacorchos* (ambos en el capítulo 7).

Alrededor del mundo puede maltratar bastante el cuello. No hagas este ejercicio si tienes alguna lesión en esta parte del cuerpo.

Prepárate

Acuéstate boca arriba y acomódate una pelota pequeña o un círculo mágico entre los tobillos. Extiende las piernas rectas en dirección al cielo, pon los brazos a los lados con las palmas de las manos hacia abajo, y presiona los brazos sobre el tapete. Baja las piernas hasta que queden en un ángulo de 45 grados con respecto al suelo.

El ejercicio

Inspira: Mete la barriga y aprieta las nalgas para poder levantar las piernas por encima de tu cabeza hasta que estén paralelas al suelo detrás de ti. Presiona el tapete con los brazos para ayudarte a subir las caderas. Mantén los hombros abajo, alejados de las orejas. No ruedes sobre el cuello; en lugar de esto, mantén el equilibrio entre los omóplatos.

Espira: La figura 12-6 muestra el movimiento circular de las piernas, que realizas durante la espiración, y que da su nombre al ejercicio. Para iniciar el movimiento, gira las caderas ligeramente a la derecha y dibuja un círculo bajando con las piernas hacia la izquierda. Rueda sobre el costado izquierdo de la columna vertebral. Empuja el suelo con los brazos para facilitar este movimiento. Mientras ruedas columna abajo, continúa el círculo con las piernas, bájalas y luego súbelas hacia la derecha para completar el círculo con las piernas (mientras ruedas sobre el costado derecho de tu columna).

Cuando dibujes los círculos con las piernas, bájalas tan cerca del suelo como puedas, sin sacar la barriga ni arquear la espalda. Mantén el torso estable, a toda costa, ¡y para ello empuja el ombligo hacia la columna vertebral y aprieta las nalgas! Presiona suavemente la pelota pequeña entre las piernas durante todo el ejercicio para que la cara interna de tus muslos trabaje permanentemente.

Inspira cuando estés en el punto álgido del círculo y espira para empezar en la dirección opuesta.

Realiza seis repeticiones, alternando las direcciones. Para terminar lleva las rodillas al pecho.

Figura 12-6:
*Alrededor
del mundo*

Clases a buen precio

Existe el mito de que las clases de pilates cuestan un ojo de la cara. ¡No es cierto! Puedes encontrar clases a precios razonables, incluso en las que se usa la pelota pequeña o el círculo mágico.

Hay que recordar que ahora puedes encontrar una clase de pilates de suelo en casi todos los gimnasios, ¡y a veces este servicio ya viene incluido en la cuota mensual! Si ya estás pagando una cuota, la instrucción de pilates suele ser gratis. Además, en los centros de pilates totalmente equipados puedes encontrar clases de grupo con máquinas o accesorios de pilates. Debo reconocer que una instrucción personalizada se sale del presupuesto de muchas personas, pero las grupales son muy asequibles.

Qué hacer y qué no hacer

✔ Mantén tu *Cuchara abdominal* durante todo el ejercicio.

✔ Empuja el tapete con los brazos para lograr mayor estabilidad.

✔ Minimiza la tensión de la parte superior de tu cuerpo; cuello estirado y relajado y espalda bien extendida sobre el tapete.

✔ Aprieta las nalgas y la cara interna de los muslos para ayudarte a estabilizar el centro.

✔ ¡No arquees la espalda ni la separes del tapete, ni siquiera un poco! Mantén la parte inferior de la espalda plana sobre el tapete cuando bajes las piernas al suelo. En este punto, trata de obtener estabilidad absoluta.

Capítulo 13

El tamaño sí importa: ejercicios con la pelota grande

· ·

· ·

*L*a *fitness ball*, también conocida como "balón terapéutico" (que básicamente es una pelota enorme que rebota), al parecer fue implantada en Europa por un fisioterapeuta deseoso de que sus pacientes lesionados pudieran realizar algunos ejercicios aeróbicos, así que los puso en la pelota para que rebotaran... y ¡bravo! Los pacientes pudieron realizar excelentes sesiones de ejercicio a pesar de sus lesiones.

Los fisioterapeutas y maestros de pilates todavía usan las pelotas grandes para tratar lesiones de espalda, de rodilla y de cadera. Pero estas pelotas significan mucho más: pueden hacer que los ejercicios sean mucho más divertidos y son una herramienta formidable para ayudarte a adquirir estabilidad central, equilibrio, control y fuerza.

Sentarse en una pelota grande, en lugar de hacerlo en una silla, es una forma excelente de mantener saludable la columna vertebral. Si trabajas muchas horas sentado, te recomiendo que lo hagas al menos durante parte de tu día laboral. Cuando te sientas en una pelota, la postura obligada es estar erguido ya que no hay en qué apoyarse. Además, como se mueve continuamente, te mantiene alerta y en movimiento, lo que ayuda a evitar la rigidez y el dolor de espalda que puedes experimentar si llevas una vida demasiado sedentaria.

La pelota se mueve fácilmente, por lo que se requiere fuerza central y equilibrio para mantenerla quieta, como ocurre con el rodillo (para más información sobre el rodillo, consulta el capítulo 11). El reto de mantener quieta la pelota grande la convierte en una herramienta formidable para enseñar estabilidad y hacer rehabilitación. Hasta el movimiento más simple, si se hace sobre una pelota, se puede convertir en todo un reto.

Si tienes una pelota, puedes incorporar los ejercicios mencionados en este capítulo a tu entrenamiento; así le aportarás un poco más de variedad y desafío. Puedes hacer estos ejercicios después de tu sesión de pilates de suelo.

La pelota grande está disponible en diferentes tamaños. Mi regla básica para escoger el tamaño correcto es que al sentarte sobre ella puedas equilibrarte fácilmente con los pies en el suelo. Tus caderas y rodillas deben estar en el ángulo correcto. Las medidas que presento a continuación te ayudarán a elegir el tamaño correcto de la pelota, de acuerdo a tu estatura:

✔ 55 centímetros si mides menos de 1,50 metros.

✔ 65 centímetros si mides entre 1,50 y 1,70 metros.

✔ 75 centímetros si mides entre 1,70 y 1,85 metros.

✔ 85 centímetros si mides más de 1,85 metros.

Cuando compres tu pelota, ínflala hasta que ceda un poco cuando la aprietes, pero no tanto como para que se sienta blanda. Mi amiga Carol infló la suya con la boca, pero yo recomiendo usar una bomba para bicicleta, o una de esas que se accionan con el pie o, para ir más rápido, la bomba para neumáticos de una gasolinera.

Nota: Incluyo el nivel de dificultad junto al nombre de cada uno de los ejercicios de este capítulo.

Los ejercicios de este capítulo

Mi centro de pilates ofrece clases con pelota grande que combinan una sesión de ejercicios con muchos y muy duros ejercicios abdominales y para la parte superior del cuerpo. Los que se explican en este capítulo son algunos de mis favoritos:

✔ Rodamiento hacia atrás (_Roll Down_)

✔ Abdominales superiores (_Upper Abdominal Curls_)

✔ Estiramiento de espalda abierta (_Open Back Stretch_)

✔ El puente sobre la pelota (_The Bridge on the Ball_)

> ✔ La plancha sobre la pelota (*The Plank on the Ball*)
>
> ✔ Rodillas al pecho (*Knees to Chest*)
>
> ✔ Estiramiento hacia arriba (*Up Stretch*)
>
> ✔ Estiramiento Lana Turner (*Lana Turner Stretch*)

Rodamiento hacia atrás (principiante)

Este ejercicio pone a prueba tu estabilidad y sirve para calentar la barriga y la espalda. Para hacerlo será mejor que te descalces o que uses tenis o algún tipo de suela adherente, ya que podrías resbalarte y caer del balón. Si tus pies descalzos resbalan, quizás ayude humedecerlos si estás sobre una superficie lisa, o también puedes tratar de realizar el ejercicio sobre una alfombra.

Si has olvidado un poco el alfabeto pilates, tal vez quieras dar un vistazo al capítulo 3. *La Curva en C*, *El puente*, la *Cuchara abdominal* y *Apilar la columna vertebral* son todos elementos del alfabeto que aparecen en este ejercicio.

Prepárate

Siéntate sobre la pelota en posición erguida, con los pies separados a una distancia un poco mayor que el ancho de tus caderas. Extiende los brazos al frente hasta que estén más o menos paralelos a las caderas (figura 13-1a). Inspira profundamente.

El ejercicio

Espira: Empuja el ombligo hacia la columna vertebral y empieza a rodar hacia atrás sobre tu columna, mientras empujas la pelota hacia delante con la rabadilla o redondeas la parte inferior de tu espalda hasta formar una *Curva en C*. Lentamente, mueve los pies hacia delante para acomodar el movimiento del cuerpo (figura 13-1b). Rueda hacia abajo hasta que la parte superior de la espalda y los hombros estén sobre la pelota; tu cuerpo debe estar en la posición de *El puente*: pies firmemente apoyados en el suelo, trasero apretado y barriga metida para mantener las caderas a la misma altura de los hombros.

Inspira: Extiende los brazos hacia atrás por encima de tu cabeza, manteniendo el torso estable, y ábrelos como dibujando un círculo; extiéndelos luego al frente (figuras 13-1c y d).

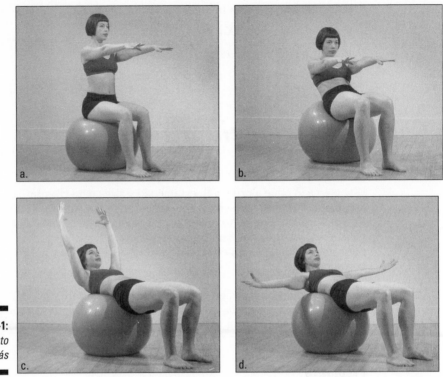

Figura 13-1:
*Rodamiento
hacia atrás*

Espira: Empieza a andar para atrás y lleva los pies hacia la pelota mientras ruedas hacia arriba y usas tu *Cuchara abdominal* para controlar mejor el movimiento. Para terminar, apila la columna y siéntate erguida en la posición inicial, con los brazos todo el tiempo extendidos al frente.

Realiza cuatro repeticiones. La última vez que ruedes abajo, mantén la posición de *El puente*, ponte las manos detrás de la cabeza y pasa enseguida a los *Abdominales superiores*.

Abdominales superiores (intermedio)

Si ya dominas los *Abdominales superiores* en el tapete y de veras quieres sentir el efecto del ejercicio en la barriga, prueba a hacerlos en la pelota grande. ¡Para estabilizarte en la pelota debes encontrar tu *Cuchara abdominal* profunda! Este es uno de los ejercicios abdominales más exigentes que existen.

Cuanto más lejos se encuentre tu pelvis de la pelota, más fácil te resultará el ejercicio. Si lo quieres un poco más fácil, aleja los pies de la pelota hasta que tus hombros queden en contacto con la misma. Haz los abdominales desde esta posición.

Prepárate

Si mantuviste la posición de *El puente* después de haber rodado hacia abajo, ya estás en la posición correcta. Debes estar boca arriba, tu espalda media en contacto con la pelota, los pies firmemente apoyados en el suelo a una distancia un poco mayor que el ancho de tus caderas y levemente girados hacia afuera. Aprieta las nalgas y mete la barriga para mantener las caderas a la misma altura de los hombros. Mantén el torso lo más estable que puedas.

Ahora entrelaza los dedos y ponte las manos detrás de la cabeza. Inspira profundamente.

El ejercicio

Espira: Aprieta las nalgas y mete la barriga. Rueda hacia arriba a tu *Primera posición de pilates* (figura 13-2). Sube la cabeza lo suficiente como para que tus omóplatos se separen de la pelota. No dejes caer las caderas mientras levantas la parte superior del cuerpo.

No vayas rebotando de arriba para abajo, mejor haz este ejercicio lentamente para que puedas aprovechar sus beneficios.

Inspira: Controla el movimiento hasta que bajes a la posición de *El puente*.

Figura 13-2:
Abdominales
superiores

Figura 13-3:
Modifica los
Abdominales
superiores
colocando
los pies más
adentro

Mete los pies para hacer más difícil el ejercicio

Realiza ocho repeticiones lentamente, y después ve directo a tu estiramiento de espalda. Créeme, después de este ejercicio, ¡lo vas necesitar!

Qué hacer y qué no hacer

✔ Mete la barriga lo suficiente como para que quede plana la parte inferior de la espalda contra la pelota mientras empiezas a rodar hacia arriba. Durante este ejercicio no debes estar en *Columna neutra*.

✔ No fuerces el cuello. Sostén el peso de tu cabeza con las manos y mantén el espacio de una mandarina entre el mentón y el cuello.

Variaciones

Para hacer el ejercicio más difícil, mueve un poco los pies y empieza con la pelvis y la parte inferior de la espalda en contacto con la pelota. Es más difícil estabilizarse si la barriga está en la parte superior de la pelota. Al comenzar a rodar hacia arriba: aplasta la zona inferior de tu espalda contra la pelota cuando empieces a incorporarte (figura 13-3).

También puedes modificar el ejercicio para que trabajen tus abdominales oblicuos (los abdominales profundos que giran el torso). En lugar de rodar de una vez hacia arriba, trata de rodar hacia arriba con un leve giro y extiende primero el codo izquierdo hacia la rodilla izquierda y luego el derecho hacia la rodilla derecha, y vas alternando los lados.

Estiramiento de espalda abierta (intermedio)

Este es un estiramiento maravilloso para hombros, barriga y brazos, así como para los músculos del pecho (pectorales), y aporta un gran alivio a la espalda. Por lo general a la gente le suele encantar este estiramiento porque resulta muy agradable: es exactamente lo que la espalda necesita después de un día de trabajo frente a la computadora, de llevar en brazos un bebé, de cargar objetos pesados o simplemente de vivir en este planeta con sus molestas fuerzas gravitacionales. ¡El *Estiramiento de espalda abierta* seguramente será uno de tus favoritos!

Este ejercicio requiere una buena cantidad de fuerza central y equilibrio. Antes de probarlo debes poder hacer bien el *Rodamiento hacia atrás* con la pelota grande.

Prepárate

Empieza desde la posición de *El puente*, con la espalda sobre la pelota y los pies en el suelo. Si acabas de hacer los *Abdominales superiores* sobre la pelota, ya puedes comenzar. Recuerda: tu espalda debe estar encima de la pelota.

El ejercicio

Inspira: Con los pies apoyados en el suelo a una distancia mayor que el ancho de tus caderas, empuja hacia atrás con las piernas, y extiende los brazos por encima de la cabeza y hacia el suelo detrás de ti.

¡Mantén los pies en contacto con el suelo para no caerte de la pelota!

Respira de forma continuada: Dibuja lentamente un círculo con los brazos; deja que el mismo peso de los brazos los lleve hasta el suelo para abrir realmente el pecho (figura 13-4a). Deja los brazos abiertos a los lados, crúzalos como si te fueras a sacar una camiseta, y luego extiéndelos de nuevo por encima de tu cabeza.

Si mientras haces el círculo con los brazos sientes que algún punto en particular necesita un buen estiramiento, mantén esta posición e inspira profundamente.

Para aumentar el estiramiento, expande el pecho cuando inspires.

Realiza dos repeticiones e invierte el círculo para otras dos repeticiones.

Figura 13-4:
*Estiramiento
de espalda
abierta*

Para terminar, rueda los brazos lentamente hacia delante con el cuerpo,
hasta quedar con las rodillas flexionadas (figura 13-4b). Abre las rodillas
y los pies y acomódate de manera que quedes con las rodillas profundamente flexionadas pero con ambos pies totalmente apoyados en el suelo.
Tal vez debas abrir más los pies para mantener los talones firmes.

Mantén la espalda pegada a la pelota de manera que tu cabeza siga caída
hacia atrás, con el pecho abierto, y que el peso de cuello y cabeza quede
soportado por la pelota. Mantén la flexión de rodillas durante diez segundos para permitir que la sangre salga de tu cabeza. Si te incorporas demasiado rápido, podrías marearte.

Levanta lentamente la cabeza (puedes ponerte las manos detrás de la
cabeza para hacerlo) y empieza a rodar hacia atrás sobre tu columna;
mueve los pies hacia la pelota, estira los brazos al frente y usa los abdominales para controlar el movimiento hacia atrás en la subida. Terminarás
en posición sentada y erguida sobre la pelota.

El puente sobre la pelota (principiante)

En la serie principiante de suelo (capítulo 5) describo cómo hacer *El puente*, y en el capítulo 12 indico cómo hacerlo con la pelota pequeña. Aquí tienes una variación con la pelota grande. Como los otros puentes, este ejercicio es excelente para fortalecer el trasero y la cara posterior de las piernas, y enseña estabilidad central. Hacer *El puente sobre la pelota* grande agrega un elemento adicional de estabilidad porque se requiere mucho control para evitar que ésta se mueva.

Prepárate

Acuéstate boca arriba sobre el tapete, los brazos a los lados del cuerpo y las piernas rectas apoyadas en la pelota (figura 13-5a). Cuanto más cerca de tu cuerpo quede la pelota, más fácil será estabilizarte. La primera vez que hagas este ejercicio, las pantorrillas y las rodillas deben descansar sobre la pelota grande. Cuando te hayas fortalecido más podrás empezar con la pelota más alejada. Para comenzar, inspira profundamente.

El ejercicio

Espira: Presiona las piernas (absolutamente rectas) contra la pelota y aprieta las nalgas para levantar las caderas con respecto al tapete. Presiona el suelo con brazos y manos para ayudar a estabilizarte. Tu cuerpo debe hacer una línea recta de hombros a pies (figura 13-5b). No presiones la pelota tan arriba que no puedas verte las rodillas o debas sostener el peso con el cuello.

Inspira: Mantén esta posición de *El puente*.

Espira: Mete el ombligo, imagina que tienes las costillas soldadas a la barriga y aprieta las nalgas. Trata de estirar la parte delantera de tus caderas.

Inspira: Aprieta las nalgas para levantar un poco más las caderas.

Espira: Rueda lentamente columna abajo, vértebra a vértebra. Usa la *Cuchara abdominal* para presionar la parte inferior de la espalda contra el tapete mientras vuelves a quedar con la columna vertebral neutra.

Realiza cinco repeticiones.

Para preparar la transición, lleva las rodillas al pecho y relaja la espalda.

Figura 13-5:
El puente sobre la pelota

Figura 13-6:
Variación con una sola pierna para *El puente sobre la pelota*

Variación

Haz *El puente* con una sola pierna, como muestran las figuras 13-6a y b. Adopta la posición de *El puente*, levanta una pierna en dirección al cielo y flexiona la rodilla; luego vuelve a enderezarla. Mantén esta posición durante una respiración y luego vuelve a poner la pierna sobre la pelota (mientras vuelve a la pelota, mantenla bien extendida). Cuadra las caderas y cambia de lado.

Qué hacer y qué no hacer

✔ Cuando estás arriba en *El puente*, mantén una posición recta. Trata de no arquear la columna.

✔ Trata de articular la columna vertebral cuando la bajes.

✔ Minimiza la tensión de la parte superior de tu cuerpo; mantén el cuello estirado y relajado.

La plancha sobre la pelota (intermedio)

Ahora vas a empezar a fortalecer la parte superior de tu cuerpo. Muchos de estos ejercicios sobre la pelota son formidables como calentamiento antes de ponerse a hacer gimnasia o yoga. Si practicas con regularidad *La plancha sobre la pelota* y los dos ejercicios siguientes, *Rodillas al pecho* y *Estiramiento hacia arriba*, acumularás mucha fuerza en la parte superior del cuerpo. La plancha sobre la pelota es parecido al ejercicio de tapete avanzado *Control frontal* (capítulo 7), que debes dominar antes de realizar este.

Prepárate

Acuéstate boca abajo sobre la pelota con las palmas de las manos apoyadas en el suelo (figura 13-7a). Los brazos deben estar separados a una distancia igual al ancho de tus hombros y los dedos han de apuntar hacia el frente. Levanta las piernas en línea con el torso para que todo tu cuerpo forme un tablón rígido, une y aprieta las piernas desde la cara interna de los muslos, mete el ombligo y aprieta las nalgas para adquirir más apoyo.

Mueve las manos para alejarlas un poco de la pelota, sólo hasta donde puedas seguir manteniendo la posición de tablón. Cuanto más te alejes de la pelota, más fuerza central necesitarás para mantener la posición. No dejes que la parte inferior de la espalda se descuelgue, mete la pelvis y sube la barriga para dar soporte a la parte inferior de la espalda. Por último, mueve las manos hasta que tus rodillas queden sobre la parte más elevada de la pelota, como muestra la figura 13-7b.

Eres un tablón o plancha de madera, y alguien se va a parar en la mitad de tu espalda. Presiona hacia arriba desde los brazos, jala hacia arriba desde tu barriga y aprieta las nalgas para resistir este peso imaginario.

El ejercicio

Respira de forma continuada: Mantén la posición de tablón rígido y los brazos rectos, las manos firmemente apoyadas en el suelo y los dedos bien separados. Mécete hacia delante y hacia atrás, unos cuantos centímetros en cada dirección, y mantén rígida la plancha todo el tiempo (figura 13-7c).

Figura 13-7:
La plancha sobre la pelota

c. Mécete unos cuantos centímetros hacia delante y hacia atrás

Realiza ocho repeticiones de este movimiento en balancín y después mueve las manos atrás hacia la pelota para acabar acostándote sobre ella. Permite que tu cabeza cuelgue hacia adelante en un buen estiramiento relajado sobre la pelota.

Variación

Una vez en tu posición de tablón, realiza ocho flexiones. Espira al bajar e inspira al subir. Cuenta hasta tres en cada dirección para que no solamente subas y bajes. Mantén el cuello estirado.

Amolda bien tu cuerpo en la pelota para acomodar tu nivel de fuerza. Cuanto más cerca de la pelota esté tu torso, más fácil será el ejercicio.

Qué hacer y qué no hacer

✔ Mantén la parte superior de tu cabeza estirada al frente.

✔ Aprieta las nalgas y mete el ombligo todo el tiempo; usa tu *Cuchara abdominal* durante todo el ejercicio.

✔ No dejes que tus hombros se encorven hacia las orejas, mantén los omóplatos jalando hacia abajo en la espalda.

Rodillas al pecho (intermedio)

Rodillas al pecho combina una sesión de ejercicios para la parte superior del cuerpo con trabajo abdominal y estiramiento de la espalda, ¡y es muy divertido hacerlo!

Prepárate

La posición es la misma que la de *La plancha sobre la pelota*. Empieza por acostarte boca abajo sobre la pelota con las palmas de las manos apoyadas en el suelo (figura 13-8a). Mantén los brazos separados a una distancia igual al ancho de tus hombros y pon los dedos hacia el frente. Levanta las piernas en línea con el torso para que todo tu cuerpo forme un tablón rígido, une y aprieta las piernas desde la cara interna de los muslos, mete el ombligo y aprieta las nalgas para mantener el apoyo del centro.

Mueve las manos para alejarlas de la pelota, pero mantén la posición de tablón de manera que tus rodillas queden encima de esta (véase la figura 13-8b).

Asegúrate de empezar en la posición correcta para este ejercicio. Las rodillas deben estar en la parte más elevada de la pelota. Si estás demasiado cerca, ¡no tendrás espacio suficiente para hacer el movimiento! Si estás demasiado lejos, ¡probablemente te caerás al suelo!

Figura 13-8:
Rodillas al pecho

El ejercicio

Inspira: Levanta las caderas metiendo la barriga y lleva las rodillas al pecho hasta quedar en posición fetal encima de la pelota; mientras subes las caderas debes empujar la pelota hacia delante con las rodillas. Mantén los brazos rectos y firmes. Las figuras 13-8c y d muestran este movimiento.

Espira: Regresa a la posición de tablón.

Realiza ocho repeticiones. Luego regresa los brazos en dirección a la pelota y descansa reclinándote hacia delante sobre esta.

Variación

Puedes poner a trabajar tus músculos oblicuos si haces el mismo ejercicio que en *Rodillas al pecho*, sólo que en lugar de llevarte las rodillas directamente al pecho, vas a sacarlas ligeramente del centro de la pelota con un movimiento circular de la misma para traerlas hasta tu cuerpo. Adopta la posición fetal encima de la pelota y, de regreso, completa la forma circular moviendo las rodillas en la dirección opuesta. Las figuras 13-9a y b muestran el movimiento circular.

Si la pelota tuviera pintura, dejaría una gran huella ovalada en el suelo.

Asegúrate de levantar realmente las caderas y de subir y meter la barriga para iniciar el movimiento de las rodillas, así evitarás caer de la pelota.

Estiramiento hacia arriba (avanzado)

Si alguna vez has soñado que un día serías capaz de hacer el pino, este ejercicio es para ti. Es una estupenda manera de practicar para mantener el equilibrio con los brazos, y puedes ajustar la posición de manera que corresponda a tu nivel de fuerza. Este ejercicio desarrolla la fuerza profunda de barriga y espalda y enseña equilibrio en los brazos.

Prepárate

La posición es la misma de *Rodillas al pecho*. Empieza por acostarte boca abajo sobre la pelota grande, con las palmas de las manos apoyadas en el suelo. Los brazos deben estar separados a una distancia igual al ancho de tus hombros y los dedos deben apuntar hacia el frente. Levanta las piernas y ponlas en línea con el torso para que todo tu cuerpo forme un tablón rígido, une y aprieta las piernas desde la cara interna de los mus-

Figura 13-9:
Modificación
de *Rodillas
al pecho*
para poner a
trabajar los
músculos
oblicuos

los, mete el ombligo y aprieta las nalgas para mantener el centro bien apoyado.

Aleja las manos de la pelota, pero mantén la posición de tablón, de modo que tus rodillas queden encima de la pelota (figura 13-10a).

Asegúrate de empezar en la posición correcta para este ejercicio. Las rodillas deben estar en la parte más elevada de la pelota. Si estás demasiado cerca, no tendrás espacio suficiente para hacer el movimiento. Si estás demasiado lejos, ¡probablemente te caerás al suelo!

Figura 13-10:
Estiramiento hacia arriba

El ejercicio

Inspira: Respira profundamente y mantén tu posición de tablón.

Espira: Levanta las caderas, mete la barriga y dobla tu cuerpo por la mitad (figura 13-10b). Empuja la pelota hacia delante con las rodillas mientras subes las caderas. Mantén las piernas y los brazos rectos y fuertes, e imagina que empujas el suelo con los brazos para alejarte de él. Piensa en el movimiento de una navaja: de un solo golpe tu cuerpo se dobla por la mitad para formar una V invertida.

Inspira: Vuelve a la posición de tablón.

Realiza ocho repeticiones. Luego mueve los brazos de vuelta a la pelota y descansa acostado hacia delante encima de ella.

Estiramiento Lana Turner (principiante)

Una de mis alumnas bautizó este ejercicio con el nombre de Lana Turner debido a su parecido con las poses de la bella actriz. Este entrenamiento es un estiramiento excelente para los costados del cuerpo.

Figura 13-11:
Estiramiento Lana Turner

Prepárate

Empieza en la posición de sirena: siéntate de lado sobre tu cadera, rodillas flexionadas, piernas dobladas una encima de la otra, y el pie de encima en frente. Pon una mano en un lado de la cabeza y apoya el costado de las costillas y la axila contra la pelota con el codo arriba (véase la figura 13-11a), hasta que puedas mantener el equilibrio. Relaja la otra mano frente a ti o ponla sobre tus piernas.

Si no sientes un estiramiento en un lado de tu cuerpo, trata de alejarte un poco de la pelota, de manera que tu brazo quede apoyado en ella.

El estiramiento

Respira y mantén el estiramiento durante treinta segundos. Para variarlo mueve lentamente las costillas hacia delante y hacia atrás. En cada movimiento debes mantener la posición, y ya verás cómo en cada posición encontrarás un nuevo estiramiento, como lo muestran las figuras 13-11b y c.

Repite el ejercicio del otro lado.

Capítulo 14

Ejercicios clásicos de pared

Como verás, los siguientes ejercicios se realizan apoyados sobre una pared. ¡Pronto te darás cuenta de que son muy sencillos!

Por lo general yo realizo estos ejercicios con pesas de medio kilo o de uno en cada mano. Pero no importa si tú no tienes pesas: puedes hacer estos ejercicios sin utilizar ningún accesorio adicional. Todo lo que necesitas es una pared con suficiente espacio libre como para extender los brazos hacia arriba y hacia los lados.

Ejercicios de pared en este capítulo

No hay muchos ejercicios de pared; en este capítulo incluyo sólo una selección de los mejores que conozco:

✔ Círculos de brazos en la pared (*Arm Circles on the Wall*)

✔ Sentadillas contra la pared (*Squats Against the Wall*)

✔ Rodar abajo por la pared (*Rolling Down the Wall*)

Círculos de brazos en la pared

Este ejercicio es una manera estupenda de alinear y estirar los hombros hacia afuera. A primera vista puede parecer algo flojo ("Oye, ¡si lo único que hago es mover los brazos en redondo!"), pero su objetivo es la *pro-*

piocepción, que significa la percepción que tiene el cerebro de dónde te encuentras en el espacio. En este caso, concéntrate en saber si tienes la columna vertebral en línea recta con tu cabeza en posición erguida. El movimiento de tus brazos proporciona valiosa información a tu cerebro acerca de dónde debe estar la parte superior de tu cuerpo en el espacio. Créeme, ¡no es tan sencillo como parece!

Prepárate

Ponte de pie, con la espalda contra la pared, las rodillas flojas y los pies a una distancia igual al ancho de tus caderas. Para mantener la *Columna neutra* presiona la rabadilla contra la pared y deja un pequeño espacio entre esta y la parte inferior de tu espalda. Los brazos cuelgan a los lados. Si tienes pesas de medio kilo o de uno, toma una en cada mano.

Cuando digo que aflojes las rodillas, significa que las flexiones ligeramente; prefiero decir que las "aflojes" porque te da una idea mejor de lo que debe ser tu objetivo. Inspira profundamente.

El ejercicio

Espira: Siente cómo bajan tus hombros y se alejan de las orejas mientras levantas lentamente los brazos al frente y presionas los omóplatos contra la pared (figura 14-1a).

Inspira: Sigue levantando los brazos hasta que queden pegados arriba del todo a la pared, junto a tus orejas. Trata de no separar la parte superior de tu espalda de la pared (figura 14-1b).

Espira: Dibuja un círculo con los brazos pegados a la pared: imagina que estás dibujando un gran sol detrás de ti, y acaba el círculo con los brazos otra vez a los lados del cuerpo (figura 14-1c). Es decir, empieza arriba de todo, ve bajándolos hasta que te toques las piernas y vuélvelos a situar a media altura.

Realiza dos repeticiones. Invierte el círculo: mueve los brazos hacia arriba desde los lados como si dibujaras ángeles en la nieve. Cuando los brazos estén a la altura de las orejas, estíralos al frente, separados a una distancia igual al ancho de tus hombros, y presiona los omóplatos contra la pared. Acaba con los brazos otra vez a los lados.

Qué hacer y qué no hacer

✔ Mantén toda la columna vertebral contra la pared.

✔ No subas los hombros hacia las orejas, mantenlos siempre abajo.

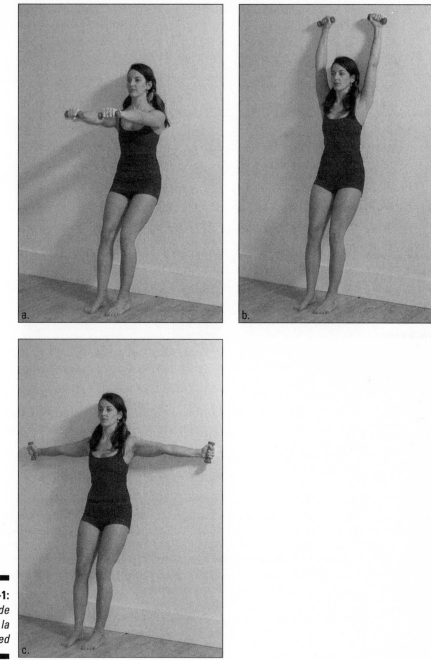

Figura 14-1:
Círculos de
brazos en la
pared

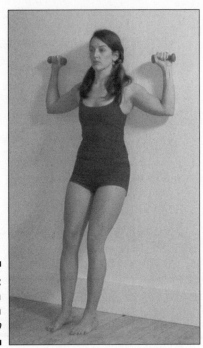

Variación

Alas de pollo es una formidable modificación del ejercicio *Círculos de brazos* en la pared. La simple adición de flexionar los codos al bajar ayuda a abrir más aún el pecho y estira los pectorales, además de hacer trabajar a otros músculos necesarios para mantener los hombros correctamente alineados.

Empieza por invertir la dirección de los círculos de brazos. Primero pon los brazos bien abiertos a los lados y luego arrástralos hasta que estén junto a las orejas. Cuando vayan a llegar arriba, flexiona los codos tratando de que los brazos sigan en contacto con la pared. Baja los codos lentamente hasta dibujar un ángulo recto con el brazo, como lo muestra la figura 14-2. Cuando ya no puedas bajar más los codos, endereza los brazos para bajarlos a los lados, y empieza de nuevo.

Realiza tres repeticiones.

Sentadillas contra la pared

Este ejercicio pone a trabajar tus piernas y trasero, además de ayudarte a alinear la columna vertebral y mejorar la postura.

Prepárate

Ponte de pie, la espalda contra la pared y los pies separados dos "pies" de la pared (mide dos de tus pies y fija esa distancia desde la pared). Mantén los pies separados a una distancia igual al ancho de tus caderas. Para mantener la columna neutra, presiona tu cóccix contra la pared y deja un pequeño espacio entre la parte inferior de tu espalda y la pared. Los brazos deben colgar a los lados. Si tienes pesas de medio kilo o de uno, toma una en cada mano y deja que cuelguen a los lados.

El ejercicio

Respira lentamente de forma continuada: Deslízate pared abajo para empezar la flexión de las rodillas y mantén la *Columna neutra*. Pon las piernas paralelas y las rodillas alineadas con los dedos del pie.

Deslízate hasta una altura en la que sientas que trabajan piernas y trasero, pero no más abajo de lo que podrías hacerlo si tuvieras una silla debajo de ti. Tal vez debas alejar las piernas un poco más de la pared para que la sentadilla sea completa. Imagina que presionas dentro de tus talones para ayudar a activar los músculos de la parte posterior de las piernas y de las nalgas.

Extiende los brazos al frente, sostenlos allí y mantén la flexión de las rodillas durante tres respiraciones completas. Tu posición debe ser parecida a la de la modelo de la figura 14-3. Puedes aumentar la duración de la sentadilla a medida que adquieras más fuerza. Deslízate hacia arriba por la pared y descansa durante una respiración. Realiza de tres a cinco repeticiones.

Cuando realices este ejercicio, jamás flexiones las rodillas más de 90 grados, porque la presión sobre las articulaciones de las rodillas será excesiva.

Qué hacer y qué no hacer

✔ Mantén toda tu columna vertebral contra la pared.

✔ Mantén la presión de tus pies contra el suelo para que trabaje la cara posterior de las piernas y las nalgas.

Figura 14-3:
Sentadillas contra la pared

Figura 14-4:
Modifica la *Sentadilla contra la pared* con un movimiento parecido a lanzar un par de puñetazos mientras mantienes la flexión

Variaciones

Puedes agregar la acción de mover los brazos. Después de flexionar las rodillas, con los brazos estirados al frente, puedes flexionar los codos contra la pared y mantener los antebrazos delante. Debes parecerte más o menos a un boxeador echado hacia atrás y listo para pegar (véase la figura 14-4). Luego lleva de nuevo los brazos a la posición inicial, rectos al frente, como si acabaras de golpear con los dos puños.

Si quieres otra variación, cambia la posición de tus piernas. Trata de hacer la misma flexión de las rodillas pero con las piernas bien abiertas y hacia afuera, al igual que las rodillas. Mientras te deslizas pared abajo, todavía debes tener alineadas las rodillas con los dedos de los pies. Esto significa que debes seguir trabajando en rotación externa desde las caderas.

Rodar abajo por la pared

Rodar abajo por la pared es una buena manera de terminar tu sesión de ejercicios, porque enseña al cuerpo dónde está la vertical, de modo que podrás finalizar la sesión con la sensación de tener una postura perfecta. Este ejercicio estira la parte inferior y superior de la espalda y el cuello.

Prepárate

Ponte de pie, con la espalda pegada a la pared, las rodillas flojas, los pies separados a una distancia igual al ancho de tus caderas, y alejados de quince a treinta centímetros de la pared. Presiona el cóccix contra la pared para mantener la *Columna neutra*, y deja un pequeño espacio entre la parte inferior de tu espalda y la pared. Los brazos deben colgar a los lados. Si tienes pesas de medio kilo o de uno, toma una en cada mano (figura 14-5a).

El ejercicio

Respira lentamente de forma continuada: Para empezar a rodar hacia abajo por la pared, deja que la cabeza se descuelgue lentamente hacia delante y siente el estiramiento en la nuca. Luego despega de la pared la columna, vértebra por vértebra, permitiendo que los brazos caigan hacia delante con (o sin) las pesas. Las figuras 14-5b y c muestran a la modelo caída hacia delante. ¡No te preocupes si no eres tan flexible como ella!

Una vez que hayas caído hacia delante tan lejos como puedas hacerlo sin que tus caderas se despeguen de la pared, dibuja pequeños círculos

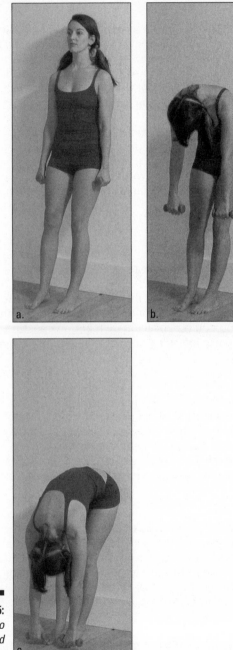

Figura 14-5:
*Rodar abajo
por la pared*

con los brazos mientras cuelgan con el peso de la gravedad. Interrumpe los círculos y empieza a rodar pared arriba: levántate desde la barriga y ajusta la inclinación de tus rodillas de manera que puedas presionar la parte inferior de la espalda contra la pared. Trata de presionar cada vértebra contra la pared para poder apilar la columna vertebral lentamente. Los brazos cuelgan hacia delante mientras tú ruedas hacia arriba. La cabeza debe colgar hasta el último minuto. Finaliza el ejercicio de pie, en la posición inicial, en *Columna neutra* y con los brazos a los lados junto al cuerpo.

Qué hacer y qué no hacer

✔ Mantén la barriga hundida para soportar el estiramiento de la espalda.

✔ Mantén las rodillas flojas y las caderas contra la pared.

✔ Sigue respirando lentamente mientras realizas tu estiramiento de forma gradual.

Capítulo 15

Perspectiva general del equipo de pilates

"Uy, ¡esto parece terrible!"

"¿Hace daño?"

"Vamos, ¡si parece un potro de tortura!"

Siempre que la gente ve por primera vez el equipo de pilates, hace este tipo de comentarios. Y yo debo refutarlos con una sonrisa y asegurar que las máquinas de pilates son algunas de las más cómodas y relajantes que existen.

En este capítulo te ofrezco una perspectiva general del equipo de pilates, sólo para que te familiarices con lo que hay. Es probable que el trabajo de suelo te haya seducido de tal manera que quieras ir al centro de pilates más cercano y subirte a un reformer para explorar todavía más lo que pilates puede ofrecer. No voy a entrar en detalles de ejercicios específicos, porque eso sería otro libro completo. Como he supuesto que no posees equipo alguno en este momento, he decidido enfocar este libro en el trabajo de suelo y con accesorios sencillos y baratos.

Comprar un elemento de los grandes del equipo de pilates es una inversión de tiempo y espacio. Pero puede ser que valga la pena. Si te gana la curiosidad y después de haber leído este capítulo quieres experimentar con las máquinas, hazle una visita a tu centro de pilates favorito. No recomiendo comprar nada hasta que hayas tenido oportunidad de probar la máquina que te interesa más de ocho o diez veces.

Si decides comprar un elemento del equipo de pilates, no intentes usarlo sin la orientación de un instructor certificado o de un buen video. Te recomiendo recibir primero alguna instrucción personal, y posteriormente usar un video para ayudarte con tu sesión de ejercicios en casa una vez que hayas entendido lo básico. Aprender la forma correcta de utilizarlo es fundamental, en especial cuando se trata de elementos más complejos del equipo, ya que fácilmente podrías lesionarte.

¿Para qué necesitas las máquinas?

Si has practicado a conciencia los ejercicios de pilates de suelo, tal vez se te ocurra pensar para qué se podría necesitar alguna máquina especial. Después de todo, ¡el tapete es más que suficiente para una sesión de ejercicios! Todo esto es cierto, pero las máquinas agregan toda una nueva dimensión al trabajo de pilates que, además, puede resultar muy divertida.

Para ayudarte con los movimientos básicos

Dicen que Joe Pilates inventó este equipo para que lo reemplazara como instructor de sus alumnos. Él se cansó de tirar de algunas personas que no eran capaces de hacer un abdominal por sí mismas. Así que inventó *La barra de rodar* (del tablero de resortes o cadillac), que consiste en una clavija de madera que trae adosados dos resortes bastante fuertes. La clavija, a su vez, está sujeta a una pared o estructura contra la cual puedes rodar fácilmente hacia arriba y hacia abajo. Supón que no puedes hacer sin ayuda un *Rodamiento hacia arriba* (un ejercicio del capítulo 6). La barra de rodar te puede dar la posibilidad de que completes un movimiento que de otra manera sería imposible. Por lo que no sólo podrás completar ese inalcanzable *Rodamiento hacia arriba*, sino que la ayuda de los resortes te permitirá hacer el movimiento suavemente, con articulación y control.

Los resortes actúan como los músculos abdominales que todavía no tienes. A medida que te vayas haciendo más y más fuerte, se puede reducir la resistencia de los resortes, de manera que tus músculos abdominales lentamente puedan encargarse de más y más trabajo, hasta que ¡listo!, ¡seas capaz de hacer sin ayuda alguna un *Rodamiento hacia arriba*!

Para ayudarte a hacer todo el repertorio exótico

Las máquinas te permiten experimentar todo tipo de posiciones estrambóticas que sólo un acróbata podría realizar. Si no me crees, échales un vistazo a las fotografías de este capítulo.

Para fortalecer tus brazos y piernas

El trabajo de suelo se concentra principalmente en la fuerza central: abdominales, trasero y espalda. Sin embargo, las máquinas combinan el entrenamiento central con el entrenamiento de fuerza para piernas, caderas, brazos, hombros y cara interna de los muslos. Las máquinas te permiten entrenar la resistencia de todo el cuerpo, muy similar a una rutina con pesas, pero en este caso los músculos no se hinchan, como explico en la siguiente sección.

Para que tengas músculos largos y delgados

Si tienes la suerte de trabajar con las máquinas de pilates, notarás que tus músculos ganan fuerza y tonicidad sin aumentar su volumen. Este resultado se debe a los resortes de las máquinas. La resistencia de un resorte aumenta en una secuencia continuada (a medida que un resorte se estira, se pone más y más tenso). El músculo que el resorte está haciendo trabajar también se estira en esa secuencia continuada.

Cuando empiezas a tirar de un resorte, éste puede tener 2 kilos de resistencia, pero para cuando lo has estirado del todo, puede alcanzar los 4,5 kilos de resistencia. Este cambio va a afectar al músculo que está trabajando. Trabajar los músculos en una secuencia continua construye músculos largos, fuertes y flexibles, en tanto que trabajarlos con pesas o practicando deportes de impacto crea músculos más grandes, voluminosos y tensos. (Más información en el recuadro "Elige entre pilates y un entrenamiento con pesas".)

Elige entre pilates y un entrenamiento con pesas

No hace mucho tuve una plática con otro profesional del pilates recién llegado de una convención de *fitness*. Me contó que allí vio muchos antiguos levantadores de pesas y que tenían mal aspecto. Los músculos de la mayoría de ellos se habían desinflado y vuelto fofos y muchos pesaban más de la cuenta. Este es el problema con el levantamiento de pesas: aumentas el volumen de tus músculos y debes mantenerlo con un entrenamiento constante. Si dejas de levantar pesas, los músculos pierden su tono, pues la piel se ha expandido para albergar una masa más grande, y cuando el músculo se reduce, la piel se descuelga.

Esto no ocurre en pilates. Como adquieres tono muscular con la resistencia de los resortes, los músculos no ganarán volumen; es probable que se alarguen y tonifiquen sin aumentar mucho de tamaño (dependiendo del que tengan cuando empieces). Notarás definición sin volumen. Tus músculos aprenderán a trabajar de manera más eficaz y tus movimientos serán más airosos. No es necesario que entrenes constantemente para mantener el tono (aunque, por supuesto, lo perderás en parte si dejas de entrenar completamente durante largo tiempo).

Sin embargo, la principal diferencia entre pilates y el entrenamiento con pesas es que los ejercicios del primero son movimientos completos que requieren el trabajo simultáneo de muchos músculos, mientras que en el entrenamiento con pesas se trabajan los músculos de forma aislada.

Incluso si eres un atleta de alto nivel, en tus movimientos cotidianos utilizas muchos músculos a la vez. En pilates, al igual que en los movimientos diarios, como subir escaleras o agacharte para cargar a tu hijo, no aíslas un músculo sino que siempre haces trabajar muchos músculos al mismo tiempo (se llama *sinergia*). Por lo tanto, un músculo nunca se desarrollará en exceso.

Cuando pienso en el levantamiento de pesas, se me viene a la mente la idea de un músculo grande que se ha trabajado de forma aislada y que simplemente está ahí en el cuerpo; una gran masa que no tiene oficio alguno. Debes cargar con esa masa adicional, aunque realmente no te esté ayudando a funcionar en tu vida diaria. Cargar con ella es usar los recursos de tu cuerpo de forma ineficaz.

Para enfatizar el control

Cuando se estira un resorte, al soltarlo se acortará de nuevo a su longitud original. Cuando se realiza un ejercicio de pilates contra esa resistencia, debes trabajar para que el resorte recupere su longitud original lenta y cuidadosamente (es decir, con control). Cuando se trabaja en las máquinas de pilates, siempre debes controlar el movimiento de retorno de todos los ejercicios. Si estás estirando las piernas contra una resistencia, por ejemplo, debes controlar el movimiento de vuelta a la posición inicial, con las piernas flexionadas. Cuando entrenas a tu cuerpo para controlar el movimiento de extensión y contracción del resorte, lo capacitas para tener un mayor equilibrio y un control general.

Controlar ambas direcciones de un movimiento supone un reto para los músculos mientras se contraen (al realizar el empuje inicial contra el resorte, llamado *contracción concéntrica* de un músculo) y mientras se alargan (en la parte de control del movimiento llamada *contracción excéntrica* de un músculo). El entrenamiento excéntrico construye musculaturas largas y delgadas.

Un resumen de las máquinas

Hoy en día, las máquinas que se usan en la mayoría de los centros de pilates son cinco:

✔ El reformer universal (probablemente la máquina de mayor venta para uso individual)

✔ La silla wunda

✔ El cadillac (a veces también llamado mesa del trapecio)

✔ El tablero de resortes

✔ El barril alto

En las siguientes secciones voy a hablarte con más detalle del reformer, la silla wunda y el cadillac. *El barril alto* se usa principalmente para estirar caderas y piernas y es una de las piezas menos importantes del equipo de pilates, así que no entraré en mucho detalle. Pero sí me referiré a una pieza del equipo desarrollada recientemente, conocida como el tablero de resortes.

Un aparato medieval de tortura con tapicería de piel: el reformer universal

El reformer universal, normalmente denominado sólo reformer, es una de las piezas más versátiles del equipo de pilates. Cuando abrí mi centro por primera vez, todo lo que tenía era el reformer y un tapete. Pasé varios años muy contenta con ese montaje y creo que mis alumnos también. De hecho, fue durante la rehabilitación de mi rodilla que supe del pilates por primera vez, e hice especialmente ejercicios en el reformer.

Figura 15-1:
*Control
frontal* en el
reformer

Figura 15-2:
*Spagat
frontal* en el
reformer

Este aparato consiste en un marco grande de madera con rieles a cada lado por los cuales rueda un carro, en el que te puedes acostar o sentar, que se mueve hacia atrás y hacia delante sobre los rieles. Hay cinco resortes sujetos al carro, que puedes modificar según el ejercicio. Sujeta al marco hay una barra para los pies que puedes presionar en los ejercicios para fortalecer las piernas. Esta barra convierte al reformer en la pieza principal del equipo para fortalecer la parte inferior del cuerpo y en un artefacto excelente para la rehabilitación de rodillas, tobillos y caderas. El carro tiene correas que se ponen en pies o manos para crear un entrenamiento de resistencia para la parte inferior y superior del cuerpo.

Puedes hacer cientos de ejercicios en el reformer; por esta razón si pudieras comprar sólo una pieza del equipo, te sugeriría que, definitivamente, elijas el reformer. Su único inconveniente es el precio. Adquirir un reformer de calidad para un centro de pilates puede ser costoso. Pagas por un aparato de madera con resortes metálicos, construido a mano, que también incluye cuerdas de alta calidad, asas de neopreno y correas de algodón para los pies. Estos reformers son increíblemente resistentes y vienen con garantía de varios años. Tengo uno desde hace casi diez años y aunque se usa a diario, a lo largo de una década sólo ha requerido mantenimientos de poca importancia. ¡La vieja Bessie aún funciona bastante bien para todo el uso y abuso que ha sufrido!

En la figura 15-1, la modelo (que es quien escribe) hace una demostración de *Control frontal*, un ejercicio avanzado (para la versión de suelo, véase el capítulo 7). Este ejercicio fortalece tu centro, la parte superior de tu cuerpo, las piernas y las nalgas. En este ejercicio, el carro se mueve ligeramente hacia atrás y hacia delante, y se controla este movimiento desde los músculos abdominales.

En la figura 15-2 hago una demostración de *Spagat frontal*, otro ejercicio avanzado que aumenta la flexibilidad de caderas y piernas al tiempo que tonifica y fortalece las piernas por delante y por detrás. Se trata de un excelente entrenamiento para gimnastas.

La silla wunda: también se puede usar como pieza de mobiliario

La silla *wunda* (en alemán, silla maravilla) tiene una apariencia muy sencilla y sin pretensiones (un banco tapizado con una barra móvil en uno de sus lados), pero es una de las piezas del equipo más difíciles de usar. Incluso los ejercicios para principiantes en la silla wunda resultan bastante duros, en parte porque los resortes son muy pesados. Gran parte de los ejercicios desarrollados para esta silla requieren mucha fuerza, tanto central como de la parte superior e inferior del cuerpo.

Este aparato es excelente para gimnastas que se preparan para competir, o para quienes desean desarrollar los músculos de la espalda y los hombros. Debido a su orientación vertical, en la silla wunda puedes sentarte o estar de pie (al contrario de lo que pasa en el reformer y el cadillac), y eso permite una preparación física diferente. Dado que puedes recrear posiciones que son muy comunes en la vida diaria (como sentarte y estar de pie), los ejercicios sirven también para rehabilitación. La silla wunda aporta una considerable variedad a tu entrenamiento de pilates. Las figuras 15-3 y 15-4 muestran la silla wunda en acción.

Figura 15-3:
Extensión lateral de pierna en la silla wunda

Figura 15-4:
El tejedor con giro en la silla wunda

Se buscan choferes: el cadillac

Dicen que Joe Pilates puso resortes en las camas del hospital cuando fue enfermero en el ejército durante la Segunda Guerra Mundial, y el artefacto resultante fue el padre del cadillac actual.

El cadillac tiene un trapecio que cuelga de la parte de arriba del marco como accesorio desmontable, y que le dio su nombre original: la mesa del trapecio. Se cree que ese nombre cambió un día que un chiquillo entró en el centro original de pilates, en Nueva York, vio la mesa del trapecio y dijo: "Vaya, ¡eso parece un cadillac!". Este nuevo nombre causó sensación, y sí, realmente esta máquina colosal es un tanto ostentosa.

Estas son las características de un cadillac:

✔ **Una base amplia, como una cama:** Es más alta que el reformer, para que las personas ancianas o con lesiones puedan subirse y bajarse fácilmente. Como la cama es bastante grande, generalmente los ejercicios que se hacen en él son más cómodos para las personas con sobrepeso y muy altas, así como para las que tienen los músculos muy tensos y no pueden acomodar su cuerpo en espacios pequeños.

✔ **Resortes:** El cadillac tiene varios resortes colocados en un extremo, dos para los brazos y dos para las piernas, y una barra de rodar.

✔ **Un marco de metal:** La base tipo cama está enmarcada por cuatro postes metálicos (tipo dosel), uno en cada esquina y conectados por encima, que forman una estructura rectangular tridimensional de aproximadamente 2 metros de largo por 60 centímetros de ancho y 2 metros de altura. Te puedes subir a los postes y dar vueltas, hacer una variedad de tracciones o, simplemente, sujetarte en ellos por seguridad cuando trabajas con los resortes.

✔ **Fuzzies:** Las *fuzzies* son unas bandas realizadas con lana de oveja, atadas a la parte superior del marco del cadillac. Estas lazadas mullidas (parecidas a unos anillos) sirven para sostenerte por los tobillos mientras cuelgas cabeza abajo u horizontalmente con las manos agarradas de la parte superior del marco. En la figura 15-5 estoy usando las fuzzies.

✔ **Barra de torre:** La barra de torre es una barra metálica con dos soportes metálicos en cada extremo. Se puede balancear en cualquier dirección y está sostenida por un resorte que puede ir en la parte superior o inferior del marco. La barra tiene una ruta circular. Ese movimiento circular es exclusivo y permite realizar ejercicios muy especiales, que se pueden apoyar en otras piezas del equipo.

En la figura 15-6 muestro la torre invertida usando la barra de torre con un resorte que la sostiene desde arriba. Para mantener la barra en esa posición, estoy aplicando mucha fuerza central y de las nalgas. Este es un entrenamiento poco usual para el cadillac, ya que en su mayoría los ejercicios van orientados a la parte superior del cuerpo (hombros, brazos, abdominales y espalda) y sólo unos cuantos se concentran en las piernas y las nalgas.

Un cadillac que no necesita garage de dos plazas: el tablero de resortes

¡Me siento muy orgullosa de decir que he diseñado mi propio aparato de equipo pilates! Lo llamo el tablero de resortes. Es una variación del cadillac que no ocupa más de 1,5 metros cuadrados de espacio en el suelo.

Figura 15-5:
Estiramiento de espalda abierta en el cadillac

Figura 15-6:
La torre invertida en el cadillac

Figura 15-7:
Levitación
en el
tablero de
resortes

Figura 15-8:
Estocada
swackadee
en el
tablero de
resortes

Con el tablero puedes hacer no pocos de los ejercicios que se hacen en el cadillac, y también muchísimos que no se pueden hacer en el cadillac. Las figuras 15-7 y 15-8 muestran algunos ejercicios que se pueden hacer en el tablero de resortes.

El tablero de resortes consiste en un gran tablero rectangular de madera con pequeños agujeros en cada lado, a intervalos de quince centímetros. Al igual que el cadillac, lleva dos resortes para brazos, dos para piernas y una barra para rodar hacia atrás. Pero a diferencia del cadillac, puedes ajustar la altura de los resortes desde el nivel del suelo hasta por encima de tu cabeza, lo que abre un gran abanico de posibilidades. Puedes hacer ejercicios que requieran acostarte en el tapete, sentarte, arrodillarte, estar en posición de estocada o de pie. Muchos ejercicios de suelo se pueden modificar de manera que el tablero de resortes facilite o dificulte el trabajo. Con el tablero de resortes puedes entrenar la resistencia de todo el cuerpo y fortalecer los músculos de tu centro, brazos, piernas, hombros, trasero y espalda.

Rehabilitación con pilates

Cuando estás en el proceso de recuperarte de una lesión y tratas de volver a ganar fuerza en una zona debilitada o desestabilizada, es clave empezar el entrenamiento de fuerza con mucho cuidado. El equipo de pilates está perfectamente diseñado para esta situación porque aprovecha la resistencia de los resortes.

Un resorte aumenta su resistencia a lo largo de una secuencia continuada, al igual que una articulación aumenta su fuerza a lo largo de una secuencia continuada. En otras palabras, no es bueno poner una carga muy grande sobre una articulación cuando está totalmente flexionada. Probablemente has experimentado este concepto cuando tratas de incorporar de una profunda flexión de piernas. ¿Sabes por qué ese movimiento puede dañarte las rodillas? Porque en una flexión profunda las rodillas no están en su mejor nivel de estabilidad.

Cuando inicias un movimiento contra un resorte flojo, tu articulación o músculo apenas percibe oposición, y por tanto el movimiento será seguro para una rodilla lesionada. A medida que extiendes la pierna el resorte se extiende todavía más y aumenta su resistencia poniéndose más y más tenso. Pero como la articulación de tu rodilla se va haciendo menos vulnerable a medida que la pierna se endereza, el aumento de la resistencia es un reto seguro y bien recibido.

Otra ventaja del equipo de pilates es que permite al cuerpo recuperar la capacidad de movimiento funcional después de una lesión. Los movimientos funcionales son los que reproducen los de la vida diaria, como caminar, sentarse, levantarse, inclinarse, girar y acostarse.

Como los resortes del tablero son bastante pesados, las extremidades adquieren una buena preparación física mientras tu centro trabaja horas extra para estabilizarse debido al rebote de un resorte tenso. Debes probarlo para entender lo que digo.

El tablero de resortes debe estar sujeto con pernos a una pared que le dé soporte, preferiblemente sobre un tabique. Por eso es perfecto para un cuarto adicional, un gimnasio casero, un garage, una bodega o un sótano.

Parte IV
Situaciones especiales

"BUENO, EL PILATES ES BUENO PARA LA SALUD, PERO QUIZÁS VALDRÍA LA PENA APLICAR OTRO ENFOQUE EN EL TRATAMIENTO DE SUS CONSTANTES DOLORES DE CABEZA".

En esta parte...

Tal vez necesites una rutina especial de pilates. Si estás embarazada o has dado a luz hace poco, échale un vistazo al capítulo 16. Aunque no puedas hacer todo el repertorio de ejercicios de pilates, necesitas estar saludable, activa y fuerte. El capítulo 16 te muestra cómo hacerlo.

El capítulo 17 contiene consejos especiales para personas mayores o que tienen problemas de espalda o tortícolis. Si estás en alguna de estas categorías, es posible que debas abstenerte de hacer ciertos ejercicios y concentrarte en otros.

Capítulo 16

El pilates durante el embarazo y el posparto

En este capítulo

▶ Conoce las pautas para hacer pilates mientras estás embarazada

▶ Entérate de qué ejercicios no debes hacer si estás embarazada

▶ Echa un vistazo a los consejos sobre el pilates para el posparto

*E*l embarazo es una época en la que el cuerpo de la mujer gana peso de forma natural y crece para hacer posible un nacimiento saludable. Un programa eficaz de ejercicios prenatales apoya este proceso natural de expansión y se ocupa de los posibles puntos débiles que pueden surgir durante y después del embarazo, y que pueden dejar a la mujer indefensa ante posibles lesiones.

En este capítulo ofrezco una perspectiva general de los ejercicios que son seguros e importantes para soportar la presión y el peso adicional que el embarazo ocasiona en tu cuerpo. Además, hay unas pautas generales de lo que se debe evitar estando embarazada.

El posparto, por supuesto, es algo muy distinto. En esta fase el cuerpo tiene necesidades totalmente diferentes, y en este capítulo te ayudo a entender los conceptos que hay en esas diferencias. ¡Espero inspirarte para que lleves a cabo un programa de ejercicios regular y muy bien pensado!

Pautas prenatales

Si ya llevabas un tiempo haciendo pilates antes de quedar embarazada, simplemente modifica tu programa de acuerdo con las pautas y los protocolos marcados en las páginas siguientes. No trates de sobrepasar tu nivel de ejercicios de pilates una vez sepas que estás embarazada; simplemente quédate en el mismo nivel, pero con unas ligeras modificaciones. Si conoces un instructor de pilates altamente cualificado y con experiencia en el entrenamiento de mujeres embarazadas, podrás hacer pilates de forma segura en cualquier momento, siempre y cuando sigas los consejos del instructor.

Suelo advertir a las mujeres de que deben tener mucho cuidado al empezar un programa de pilates estando embarazadas. Si es la primera vez que haces pilates y estás embarazada, sigue cuidadosamente las pautas de este libro, y obtendrás los beneficios del pilates sin temor a lesionarte.

Mantén fuertes los abdominales mientras crece la barriga

El dolor de espalda es una dolencia común de las mujeres embarazadas a medida que aumentan de peso y su barriga empieza a sobresalir, lo que ocasiona mayor presión a la espalda. Durante el embarazo es fundamental mantener fuertes los músculos abdominales, porque son los que soportan el peso adicional y protegen la espalda de lesiones y del exceso de presión. Pero no todos los ejercicios para fortalecer los músculos abdominales son iguales. Tú debes abstenerte de hacer los ejercicios de flexión y concentrarte en los de estabilidad.

Flexión es la curvatura de la columna vertebral hacia delante cuando estás sentada o de pie, o rodando hacia arriba si estás acostada. Un ejercicio abdominal es un tipo de flexión, y los músculos abdominales son los responsables de esa acción de flexión. Los ejercicios abdominales (que forman parte de muchos ejercicios de pilates, entre ellos los *Abdominales superiores*, el *Rodamiento hacia arriba* y el *Rodamiento hacia atrás*) comprimen el abdomen y estrechan la pared abdominal. Esto *no* es lo que debes hacer cuando tu barriga está creciendo y en expansión, como ocurre durante el embarazo.

Creo que no es bueno ir contra natura ni tampoco intentar contraer lo que está en expansión. Además, a algunas mujeres embarazadas se les separa el músculo abdominal superficial (*rectus abdominis*) y ese problema se puede agravar con los ejercicios abdominales o con cualquier actividad que comprima en exceso el abdomen.

Realizar ejercicios de flexión (que ponen a trabajar los músculos abdominales) no es una buena idea si estás embarazada. En otras palabras, las flexiones de torso superior, no importa en qué forma, no convienen.

En lugar de hacer flexiones de torso superior, que recargan el abdomen, realiza ejercicios que lo fortalezcan gracias a la estabilización y no a la flexión. Los ejercicios de estabilización hacen trabajar los músculos abdominales más profundos, que son los más importantes en el soporte de tu espalda, mientras se mantiene el torso estable. (Para saber más sobre la estabilización, consulta el apartado "Los ocho grandes principios del pilates", en el capítulo 1).

En las pautas para el embarazo que aparecen en este capítulo, básicamente eliminé los ejercicios de flexión y conservé todos los que son beneficiosos para las mujeres embarazadas.

Mantén fuerte el resto del cuerpo

Mientras estás embarazada, es importante mantener la fuerza de piernas, caderas y parte superior del cuerpo, y no sólo para soportar los kilos adicionales; cuando el bebé haya nacido también necesitarás la fuerza de los brazos para poder cargar todo el tiempo con tu ya no tan pequeño retoño. Además, darle el pecho te hará adoptar una posición encorvada que puede crear tensiones en los hombros y la parte superior de la espalda. Si preparas tu cuerpo para estas situaciones durante el embarazo, se reducen las posibilidades de lesionarte durante y después del parto, y tú, probablemente, te recuperarás mucho más rápido. Te puedes preparar para el posparto con un programa de ejercicios específicos (te lo explico en este capítulo), que incluye algunos de pilates y también de otras disciplinas.

No te estires más de la cuenta

Cuando una mujer está embarazada, su cuerpo libera una sustancia llamada elastina que relaja músculos, tendones y ligamentos para permitir que el bebé salga a través de la pelvis. En otras palabras, si tiene los músculos tensos antes del embarazo, notará una relajación gradual y la capacidad de llegar más lejos en sus estiramientos.

En el segundo trimestre, y especialmente en el tercero, las mujeres deben tener mucho cuidado de no hacer estiramientos que sobrepasen su alcance de movimiento. Podrías estirarte demasiado y llegar a desestabilizar las articulaciones, especialmente las de la región pelviana. De manera que aunque es importante que mantengas el cuerpo abierto y estirado para evitar la tensión muscular, es igualmente importante que sepas hasta dónde puedes llegar con tus estiramientos. El músculo de la cara interna de los muslos es particularmente vulnerable y si se estira demasiado puede perjudicar a la pelvis, así que por favor ¡no vayas por ahí haciendo esos *spagats* chinos sólo porque de repente eres capaz de hacerlos!

Sé moderada

He oído decir que en el momento de dar a luz se pueden quemar más calorías que corriendo una maratón. El parto, pues, requiere una enorme cantidad de resistencia, por lo que ejercitarse a diario durante el embarazo es fundamental. Dar a luz se convertirá en la mayor sesión de ejercicios de tu vida, así que debes estar preparada. Mantén un programa habitual de actividad mientras dure el embarazo, e incluye algún tipo de ejercicio aeróbico suave (como caminar o nadar) adicional al método de estiramiento y fortalecimiento que uses (como pilates o yoga). Sin embargo, todo esto debes hacerlo con moderación.

Especialmente cuando estés cerca de tu tercer trimestre, "moderación" es la palabra clave cuando hagas ejercicios. Sigue tu intuición: no te maltrates a ti misma ni tampoco al bebé. Y si haces ejercicios con regularidad, come suficiente para mantener a tu bebé bien nutrido y contento.

Modifica tus sesiones si ya eres toda una atleta, particularmente cuando te acerques al segundo y tercer trimestre. El equilibrio es fundamental en todas las situaciones de la vida, especialmente en el ejercicio. En este sentido, excederte durante el embarazo puede maltratar tu cuerpo y privar de energía y nutrición al bebé que crece en tu interior. Conozco unas cuantas atletas obsesivas que bailaron, corrieron e hicieron ejercicios durante varias horas todos los días durante su embarazo, y acabaron teniendo partos prematuros o bebés con peso más bajo de lo normal.

Ejercicios prenatales

En este apartado te digo qué ejercicios de pilates te conviene realizar cuando estés embarazada. También te ofrezco unos cuantos ejercicios nuevos.

Antes de entrar en materia, aquí tienes unas pautas generales de lo que debes hacer si estás embarazada:

✔ Haz ejercicios de estabilización para torso y caderas

✔ Mantén las piernas fuertes

✔ Mantén brazos y espalda fuertes

✔ Estira las caderas

✔ Estira la espalda

Pero también ten muy presente lo que no debes hacer estando embarazada:

✔ No hagas flexiones

✔ No hagas nada que sientas que te comprime el abdomen

✔ No te acuestes boca abajo sobre la barriga

✔ No te acuestes boca arriba en el tercer trimestre. Si lo haces vas a comprimir la aorta abdominal y se bloqueará el flujo de sangre para ti y para tu bebé

✔ No te estires en exceso durante el segundo y el tercer trimestre

Sigue tu instinto. Si hacer algún tipo de ejercicio no te sienta bien, ¡simplemente déjalo de lado!

Ejercicios de pilates que puedes hacer

¡Aquí tienes los ejercicios de pilates que te conviene hacer! Notarás que algunos forman parte de las series principales presentadas en los capítulos 4, 5, 6 y 7. Otros son de los capítulos 8, 9 y 10, en los que ofrezco complementos útiles para tu rutina. Cada ejercicio lleva al lado el número del capítulo correspondiente.

Ejercicios básicos

Todos estos ejercicios básicos se realizan acostada boca arriba, así que hazlos únicamente durante el primer y segundo trimestre.

✔ Encogerse de hombros (*Shoulder Shrugs*) (capítulo 4)

✔ Golpes de hombros (*Shoulder Slaps*) (capítulo 4)

✔ Estiramiento de brazos / Círculos de brazos (*Arm Reaches / Arm Circles*) (capítulo 4)

✔ Elevación de pelvis (*Coccyx Curls*) (capítulo 4)

✔ Arcos de fémur (*Tiny Steps*) (capítulo 4)

✔ Rodar como una pelota, modificado (*Rolling Like a Ball, Modified*) (capítulo 4)

Ejercicios para principiantes

✔ El puente (primer y segundo trimestre solamente) (*The Bridge*) (capítulo 5)

✔ Estiramiento sexy de columna (*Sexy Spine Stretch*) (capítulo 10)

✔ El gato básico (*The Basic Cat*) (capítulo 10)

✔ Estiramiento de espalda hacia delante (*Spine Stretch Forward*) (capítulo 5)

Ejercicios intermedios

✔ Balancín con piernas abiertas (primer y segundo trimestre solamente) (*Open Leg Rocker*) (capítulo 6)

✔ La sirena (*The Mermaid*) (capítulo 10)

✔ La foca (primer y segundo trimestre solamente) (*The Seal*) (capítulo 6)

Ejercicios avanzados

✔ La sierra (*The Saw*) (capítulo 7)

✔ El puente desde los hombros (primer y segundo trimestre solamente) (*The Shoulder Bridge*) (capítulo 7)

✔ Flexión lateral / Sirena avanzada (*Side Bend / Advanced Mermaid*) (primer y segundo trimestre solamente) (capítulo 7)

✔ Torsión de columna (*Spine Twist*) (capítulo 7)

✔ Control frontal (primer y segundo trimestre solamente) (*Control Front*) (capítulo 7)

✔ Flexiones de brazos (primer y segundo trimestre solamente) (*Pilates Push-Up*) (capítulo 7)

✔ Patadas laterales de rodillas (primer y segundo trimestre solamente) (*Kneeling Side Kicks*) (capítulo 7)

Ejercicios superavanzados

✔ El giro (primer y segundo trimestre solamente) (*The Twist*) (capítulo 8)

✔ La estrella (primer y segundo trimestre solamente) (*The Star*) (capítulo 8)

Serie de *Patadas laterales*

Todos los ejercicios de *Patadas laterales* son seguros y altamente reco-
mendados para hacerlos durante tu embarazo. (Fotografías y descripcio-
nes en el capítulo 9.)

Ejercicios Kegel-pilates

El embarazo, la preparación al parto y el parto mismo provocan un gran
estiramiento y mucha presión en el cuerpo, especialmente en los músculos de la región pelviana. Es importante prestar especial atención a estos
músculos durante el embarazo, así como después del parto. *Kegel* es el
nombre de un ejercicio que a menudo se prescribe a las mujeres antes y
después del parto para tonificar los músculos de la región pelviana y ayudar a evitar la incontinencia después del parto. Puedes integrar ejercicios
Kegel en tu sesión de ejercicios de pilates y tonificar simultáneamente la
región pelviana mientras trabajas los músculos abdominales.

¿Cómo se hace un *Kegel*? Puedes sentir los músculos de tu región pelviana tan sólo apretando los músculos que usas cuando tienes que aguan-
tarte las ganas de hacer pipí. Imagina que estás en el supermercado,
esperando en la cola para comprar ese medio kilo de helado con nueces
de macadamia y un bote de pepinillos, y realmente necesitas hacer pipí:
contrae los músculos que evitarían que te hicieras pipí ahí mismo y, al
contraerlos, pondrás a trabajar los músculos profundos de la región pelviana.

Añade este indicador de la región pelviana o *Kegel-pilates* a cada uno de
los ejercicios de tu sesión. Cada vez que inicies un ejercicio y pienses
en empujar tu ombligo hasta la columna vertebral, piensa también en tu
acción *Kegel* (retener la pipí). También trata de añadir la acción adicional
de apretar el ano y cerrar la vagina cuando hagas este *Kegel-pilates*. (Hacerlo activa los músculos posteriores y anteriores de la región pelviana,
respectivamente.) Trata de mantener la contracción *Kegel* durante todo el
ejercicio. El objetivo es que, finalmente, logres mantener el *Kegel* durante
dos respiraciones largas.

Mi hermana, que es especialista en obstetricia, continuamente prescribe
ejercicios *Kegel* a sus pacientes embarazadas. Ella recomienda hacer una
sesión de diez *Kegel* tres veces al día, mantener cada vez la posición tanto
como se pueda e incrementar la duración de cada apretón a medida que
te vas fortaleciendo. Todo este *kegelismo* puede parecer tedioso al principio, pero más adelante, tú y tu pareja ¡disfrutarán de los beneficios!

¿Terapia de spa para la mujer después del parto? *Mais oui!*

Mi amiga, que vive en el sur de Francia, me contó que el gobierno francés le pagó sus clases de *Kegel* después del parto, así como otros servicios de mimos terapéuticos tipo spa, para volver a poner el cuerpo en forma después del parto. Los franceses tienen fama de preocuparse mucho por su vida sexual y de mantener sus cuerpos en óptimas condiciones y, por lo visto, destinan dinero de su gobierno para respaldar esa reputación. Pero en México es diferente, o sea que ¡deberás procurarte esos mimos por cuenta propia!

Los 4 en el suelo

Los 4 en el suelo son ejercicios excelentes para estirar las nalgas y las piernas. Para empezar, ponte a cuatro patas con mucho cuidado. Alinea las manos debajo de los hombros y las rodillas debajo de las caderas. Mantén el cuello estirado y concéntrate en el suelo frente a ti, como muestra la figura 16-1a. Después, haz en orden estos 4 ejercicios.

1: El cuadrúpedo

El cuadrúpedo es un clásico ejercicio de rehabilitación de espalda que aporta estabilización central y fortalece los músculos de trasero, espalda y hombros. Este ejercicio resulta particularmente útil para mujeres embarazadas porque la posición de inicio es en cuatro patas, que es segura y cómoda. Además, dado que no puedes acostarte sobre la barriga cuando estás embarazada, *El cuadrúpedo* puede reemplazar los ejercicios acostada boca abajo que fortalecen espalda y nalgas (como *Natación*, *El cisne*, y otros) en tu rutina de ejercicios.

Inspira: Levanta el brazo izquierdo y la pierna derecha y estíralos ambos bien lejos (figura 16-1b). Trata de mantener el torso absolutamente estable.

Espira: Mantén esta posición. Empuja el estómago hacia la columna vertebral y aprieta las nalgas para ayudar a estabilizarte.

Cambia de lado y completa seis repeticiones, alternando los lados.

Figura 16-1:
El cuadrúpedo

2: Natación a cuatro patas con una sola pierna

Respira de forma continuada, levanta una pierna y extiéndela lejos de ti, muévela arriba y abajo diez veces con el torso siempre estable, y concéntrate en que tu trasero haga el trabajo (figura 16-2).

Cambia de pierna y completa cuatro repeticiones.

Figura 16-2:
*Natación
a cuatro
patas con
una sola
pierna*

3: Triturador de glúteos a cuatro patas

Respira de forma continuada, levanta una pierna y flexiona la rodilla de manera que el talón quede en dirección al cielo. Mantén las caderas bien cuadradas. Mueve el talón arriba y abajo diez veces, concentrada en mantener el torso estable (figura 16-3). Trata de no arquear la espalda.

Cambia de pierna y haz dos series de diez con cada pierna.

Figura 16-3:
Triturador de glúteos a cuatro patas

4: Patadas de perrito a cuatro patas

Respira de forma continuada, levanta la rodilla derecha, mantenla flexionada al principio y luego llévala recta al lado, rotando desde la cadera (figura 16-4a). En esta posición vas a parecer un perrito haciendo pipí en un poste. Luego extiende la pierna derecha tras de ti, en una leve diagonal a la derecha (figura 16-4b). Mantén el pie en flex y piensa que te estiras mucho con tu talón, como si estuvieras pateando algo en diagonal detrás de ti. Lleva de nuevo la pierna a la posición flexionada, y deja caer la rodilla en línea con la otra pierna para volver a empezar.

Realiza ocho repeticiones con cada pierna.

Figura 16-4:
*Patadas
de perrito
a cuatro
patas*

Flexión de las rodillas contra la pared con una pelota grande

Usa una pelota grande para hacer este ejercicio contra la pared. Este ejercicio es excelente para fortalecer los muslos y las nalgas (para información detallada sobre la pelota grande, consulta el capítulo 13).

Prepárate

Acomoda la pelota entre tu espalda y la pared. Empieza de pie, levemente apoyada en la pelota. Coloca las piernas a igual distancia del ancho de las caderas y a unos cuantos centímetros por delante del resto del cuerpo, con los pies mirando hacia afuera. Estira los brazos al frente (figura 16-5a).

El ejercicio

Flexiona lentamente las rodillas, y apoya gran parte de tu cuerpo en la pelota. Flexiona las piernas y baja solamente hasta donde te sientas cómoda, nunca más abajo de un ángulo de 90 grados en la rodilla (figura 16-5b). Mantén las rodillas alineadas sobre los dedos del pie y presiona los talones para que trabaje la parte de atrás de tus piernas y trasero. La pelota debe

Figura 16-5:
*Flexión de
las rodillas
contra la
pared con
una pelota*

estar en la región baja o segmento dorsal de tu espalda para ayudarte a
mantener la columna vertebral neutra.

Mantén la posición durante dos respiraciones, haz un círculo con los brazos y ábrelo al subirlos en una respiración; luego invierte el mismo movimiento para la segunda respiración (figura 16-5c). Sube lentamente hacia
arriba. Realiza cuatro repeticiones.

Variación

Haz el mismo ejercicio, pero empieza con las piernas separadas a una distancia del doble del ancho de tus caderas, con las rodillas mirando hacia
afuera (figura 16-6). Debes alinear las rodillas sobre los dedos de los pies
y no permitir que los pies giren hacia afuera más que las rodillas.

Mantén la posición durante dos respiraciones, haz un círculo con los brazos y ábrelo al subirlos en una respiración; luego invierte el mismo movimiento para la segunda respiración. Sube lentamente hacia arriba. Realiza
cuatro repeticiones.

Figura 16-6:
Variación de
*Flexión de
las rodillas
contra la
pared* con
una pelota
grande

a.   b.

Flexión profunda de rodillas con una pelota

Las flexiones de rodillas pueden ser una forma ergonómica de dar a luz. Si planeas hacerlo en esta posición, es importante que abras los músculos de las caderas y fortalezcas las piernas. Incluso si no planeas parir en cuclillas, de igual modo te va a beneficiar mucho tener abiertas las caderas y los músculos pelvianos. Este ejercicio es excelente para este propósito. Debes hacerlo descalza y cerciorarte de tener buen agarre en el suelo.

De hecho, durante el parto algunas mujeres tienen a mano pelotas grandes. Acostarse y rodar sobre la pelota distrae muchísimo del dolor, y puede aliviar las molestias de la espalda durante el trabajo de parto.

Prepárate

Siéntate sobre la pelota con las piernas abiertas al doble del ancho de tus caderas, giradas hacia afuera desde la cadera, las rodillas también mirando hacia afuera pero alineadas con los dedos del pie (16-7a). No permitas que los pies queden más abiertos que las rodillas.

El ejercicio

Flexiona lentamente las rodillas, recuéstate con todo tu peso apoyado en la pelota y mueve los pies lentamente hacia delante hasta que quedes en una flexión profunda de piernas (las figuras 16-7b y c muestran este movimiento). (Puedes usar los brazos para soportar todo tu peso sobre la pelota mientras mueves los pies hasta quedar con las rodillas flexionadas.) La espalda debe quedar moldeada sobre la pelota y la pelvis caída tan abajo como te sea cómodo. Coloca los pies de modo que queden alineados con las rodillas y para que cada pie permanezca en contacto total con el suelo.

Mantén la posición durante cuatro respiraciones y luego deshaz el camino lentamente. Realiza cuatro repeticiones.

Variación

Puedes darle a tu espalda un estiramiento de lujo. Empieza desde la posición de flexión profunda, comienza a salir de la flexión y sube los brazos hasta que queden junto a las orejas. Luego, inclínate hacia atrás sobre la pelota hasta que toda tu columna quede extendida sobre ella. Deja caer la cabeza pesadamente sobre la pelota y respira en este estiramiento de espalda abierta. Abre lentamente los brazos en círculo y cuando lo completes y empieces a bajar los brazos a los lados, vuelve a la posición de flexión profunda de piernas. Repítelo tres veces. Mantén la flexión durante unas cuantas respiraciones para fortalecer las piernas y abrir las caderas. Las figuras 16-8a y b muestran la modificación.

Figura 16-7:
Flexión profunda de rodillas con una pelota

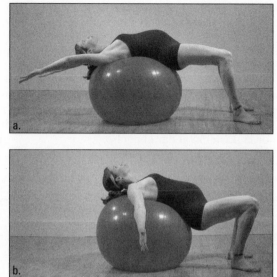

Figura 16-8:
Modifica
la flexión
profunda
para
obtener un
estiramiento
óptimo

Pautas para el posparto

¡Las madres deben ser fuertes! Cuidar de un bebé requiere bastantes esfuerzos físicos que no son muy perceptibles. Las acciones de levantarlo, llevarlo sobre la cadera y amamantarlo, o simplemente incorporarse para salir de la cama pueden representar esfuerzos adicionales, en especial para la espalda. Pilates es la técnica de ejercicios perfecta para el posparto. Por supuesto, disponer de tiempo para cuidarse es la parte más difícil para una madre, pero si lo haces diez o veinte minutos diariamente, vas a experimentar una gran diferencia. No conozco nada mejor que el pilates para volver a ponerte en forma.

Después del parto, los músculos abdominales quedan muy estirados y poco tonificados. Esta falta de tono muscular puede hacerte vulnerable de sufrir lesiones en la espalda debido, especialmente, a la carga física tan grande que asume una madre. Si realizaste un programa de pilates durante el embarazo, tu músculo abdominal se recuperará mucho más rápido. Si no lo hiciste, ¡este es un buen momento para empezar!

Lo bueno de ser una mamá en vez de una mujer embarazada es que ya no tienes que preocuparte tanto de lo que no debes hacer.

Todos los ejercicios de pilates son excelentes para el posparto, sólo que debes asegurarte de haberte dado el tiempo suficiente para recuperarte. Sigue las recomendaciones de tu médico sobre este tema. Empieza con los básicos y avanza muy lentamente, igual que hace todo el mundo, pero con un poco más de paciencia por tratarse de ti misma.

Si estás amamantando, yo recomiendo en particular la serie básica de hombros que se hace con el rodillo (capítulo 11) . El rodillo es formidable para contrarrestar el maltrato de la parte superior de la espalda y de la nuca causado por la posición al dar el pecho.

Consejos especiales por si el parto fue con cesárea

Si te practicaron una cesárea, el médico probablemente te habrá dicho que no hagas esfuerzo alguno con los abdominales durante seis semanas, hasta que la herida haya cicatrizado. Esto incluye no cargar objetos pesados. Una vez que estés lista para empezar a fortalecer tu barriga, no te sorprendas si al principio te cuesta trabajo sentir tus músculos abdominales. Ten en cuenta que, al igual que ocurre con cualquier cirugía abdominal, los músculos abdominales fueron seccionados y es tejido de cicatrización lo que ha reemplazado al tejido muscular. Deberás ser paciente contigo misma.

No hagas abdominales al principio; en su lugar, trata de encontrar tu *Cuchara abdominal* y, al mismo tiempo, intenta mantener el torso estable. Empieza con los ejercicios abdominales para estabilizar.

Es posible que antes de un año no sientas que has recuperado toda la fuerza de tu barriga; esto no es raro. Algunas personas se recuperan con mayor facilidad que otras. Prueba con el pro-grama para cesárea, que tiene una duración de cuatro semanas, antes de pasar a la serie normal de ejercicios de pilates de suelo. Y escucha a tu cuerpo. Por otra parte, te recomiendo muy especialmente que compres una pelota peque-ña para ayudarte a encontrar los abdominales profundos (véase el capítulo 12).

Aquí tienes el programa de cesárea para que empieces:

✔ El indicador de abdominales profundos con pelota pequeña (capítulo 12)

✔ Elevación de pelvis (capítulo 4)

✔ Arcos de fémur (capítulo 4)

✔ El puente (capítulo 5)

✔ El puente, variación con una sola pierna (capítulo 5)

✔ Patadas laterales (capítulo 9)

✔ El gato básico (capítulo 10)

✔ El cuadrúpedo (capítulo 16)

Capítulo 17

Rutinas especiales para situaciones especiales

En este capítulo

▶ Haz pilates con seguridad si tienes más de sesenta años

▶ Libérate de la tensión de nuca y hombros

▶ Cuida la dolorida parte inferior de tu espalda

No todos los ejercicios de pilates son buenos para todo el mundo. Si tienes más de sesenta años, sufres de tensión en el cuello y los hombros, o te duele la región lumbar, es posible que necesites un programa especial de pilates. Lo que sigue te resultará muy conveniente.

En la profesión médica, la regla básica siempre es "no hagas daño". Si tienes algún tipo de problema de salud, saber lo que no se debe hacer es importante para que tu problema no se agudice. Busca en el capítulo 4 más señales para saber si algún ejercicio no es el adecuado para ti.

Benefíciate del pilates si ya eres mayor

Tener más de sesenta años no debería ser un problema de salud, pero sí es necesario tomar algunas precauciones, en especial al empezar un nuevo programa de ejercicios. Yo ya estoy llegando a los cuarenta y he estado activa la mayor parte de mi vida. Sufrí algunas lesiones graves a lo largo del tiempo, pero en general siento que mi cuerpo todavía es capaz de lograr la mayoría de las cosas que quiero hacer. Sin embargo, en los últimos años he notado que debo ser mucho más concienzuda en mis calentamientos, antes de lanzarme a realizar posiciones o movimientos superfantásticos. Ya no puedo simplemente levantarme por la mañana y hacer una voltereta para atrás, sino que debo esforzarme mucho y pasar por todo el lío de calentar mis músculos y lubricar mis articulaciones.

¡Pero no creas que me estoy quejando! Lo que quiero decir es que a medida que nos hacemos mayores, debemos reconocer los cambios naturales en nuestro físico y dedicar más tiempo a la preparación del cuerpo para poder asumir los retos del ejercicio. Los huesos se descalcifican y se hacen más vulnerables, los músculos pierden su elasticidad y las estructuras protectoras que rodean las articulaciones pierden sus líquidos. Todos estos cambios aumentan las posibilidades de dolencias y lesiones. Hay ciertos movimientos que acentúan el desgaste del esqueleto y los tejidos blandos; en este capítulo vas a encontrar los que debes evitar y el tipo de ejercicios que fomentan la longevidad del cuerpo y aumentan su capacidad de moverse libremente.

Uno de los síntomas más comunes del envejecimiento es la pérdida de flexibilidad en la columna vertebral. Esta pérdida de elasticidad se puede revertir haciendo… ¿adivina qué…? ¡pilates!

Consulta siempre a tu médico antes de empezar cualquier programa nuevo de ejercicios. Y no te digo esto solamente por temas legales. Tu médico conoce tu historia clínica y puede tener razones válidas para justificar que no te convenga hacer pilates.

Ejercicios que quizás desees evitar

Haz los siguientes ejercicios con cuidado. Si te sientes bien haciéndolos, ¡entonces sigue adelante!

✔ Estos ejercicios te hacen rodar sobre el cuello:

- Caderas arriba (*Hip-Up*) (capítulo 4)

- Rodar como una pelota (*Rolling Like a Ball*) (capítulos 4 y 5)

- Rodamiento sobre la columna (*Roll Over*) (capítulo 7)

- La navaja (*The Jacknife*) (capítulo 7)

- El sacacorchos superavanzado (*The Super Advanced Corkscrew*) (capítulo 8)

- Balancín con piernas abiertas (*Open Leg Rocker*) (capítulo 6)

- La foca (*The Seal*) (capítulo 6)

✔ Cuida la dolorida parte inferior de tu espalda; estos ejercicios requieren un drástico estiramiento de la columna:

- Preparación para el cisne (*Rising Swan*, parte alta) (capítulo 5)

- La zambullida del cisne (*The Swan Dive*) (capítulo 8)

✔ Curvar la espalda hacia delante mientras cargas pesas puede lastimarte la espalda, así que piensa en olvidar las pesas cuando ruedes pared abajo (capítulo 14).

Ejercicios en los que quizás desees concentrarte

Si el pilates es nuevo para ti, empieza por el capítulo 4 como todos mis lectores (después de haber leído los tres primeros capítulos, especialmente el capítulo 3). Luego, ten mucho cuidado con cualquier molestia que sientas. Aquí hay unas cuantas opciones muy buenas:

✔ Para fortalecer los músculos abdominales, haz los siguientes ejercicios:

- Abdominales superiores (*Upper Abdominal Curls*) (versiones en los capítulos 4, 12 y 13)

- El cien (*The Hundred*) (versiones en los capítulos 5, 6 y 7)

- Los cinco (*The Fives*) (ver recuadro en el capítulo 6)

✔ Para fortalecer la espalda, haz los siguientes:

- Patada con una pierna (*Single Leg Kick*) (capítulo 6)

- Patada con ambas piernas (*Double Leg Kick*) (capítulo 6)

- Para fortalecer el trasero, haz la serie de *Patadas laterales* (*Side kicks*) que aparece en el capítulo 9.

✔ Para estabilizar mejor el torso, haz los siguientes:

- Arcos de fémur (*Tiny Steps*) (capítulo 4 en tapete y capítulo 11 con rodillo)

- Estiramiento de brazos / Círculos de brazos (*Arm Reaches / Arm Circles*) (capítulo 4 en tapete y capítulo 11 con rodillo)

- El puente y su variación con una sola pierna (*The Bridge*) (capítulo 5 en el suelo y capítulo 13 con la pelota grande. El capítulo 12 también tiene *El puente* con la pelota pequeña, pero en ese caso no hay variación con una pierna)

- El cuadrúpedo (*The Quadruped*) (capítulo 16)

✔ Para estirar la espalda, haz los siguientes:

- Los estiramientos de *El gato* (*The Cat Stretches*) (capítulo 10). Posiblemente necesites una almohada para las rodillas por si te duelen al arrodillarte

- Elevación de pelvis (*Coccyx Curls*) (capítulo 4)

- La sirena (*The Mermaid*) (capítulo 10). Quizá necesites sentarte sobre una almohada

✔ Para un buen estiramiento de hombros, haz la serie básica de los hombros (capítulo 11) con rodillo.

Puedes disminuir el dolor de cuello y hombros

Una de las quejas de salud más comunes en la era moderna es la tensión en el cuello y los hombros. La gente tiende a sentarse frente a una computadora durante horas y horas. Incluso en el puesto de trabajo más ergonómico, es casi imposible evitar que forcemos los músculos de cuello y hombros. Tanto sedentarismo no es natural, y sostener tus brazos al frente durante horas y horas mientras trabajas maltrata los músculos de tus hombros. La gente también tiende a acumular en el cuello la tensión emocional y el estrés. Los ejercicios de pilates pueden ayudarte a relajar esos músculos. Yo tengo la solución para la tensión del cuello y los hombros: el rodillo (véase el capítulo 11); su uso es una de las maneras más eficaces de reducir la tensión en la región superior del cuerpo.

✔ Para liberar los músculos de cuello y hombros, prueba con los siguientes ejercicios:

- Encogerse de hombros (*Shoulder Shrugs*) (capítulo 4)

- Golpes de hombros (*Shoulder Slaps*) (capítulo 4 en el suelo y capítulo 11 con rodillo)

- Estiramiento de brazos / Círculos de brazos (*Arm Reaches / Arm Circles*) (capítulo 4 en el suelo y capítulo 11 con rodillo)

- Alas de pollo (*Chicken Wings*) (con rodillo, capítulo 11)

- Ángeles en la nieve (*Angels in the Snow*) (con rodillo, capítulo 11)

- Estiramiento de espalda abierta (*Open Back Stretch*) (con pelota grande, capítulo 13)

- Rodar abajo por la pared (*Rolling Down the Wall*) (capítulo 14)

✔ Para fortalecer los músculos profundos del cuello, haz estos ejercicios:

- Abdominales superiores (*Upper Abdominal Curls*) (capítulo 4)

- Preparación para el cisne (*Rising Swan*) (capítulo 5 en tapete)

- El cisne (*The Swan*) (capítulo 11 con rodillo)

- Círculos de brazos en la pared (*Arm Circles on the Wall*) (capítulo 14)

- Alas de pollo en la pared (*Chicken Wings on the Wall*) (modificación de *Círculos de brazos en la pared*, capítulo 14)

Alivia tu dolor de espalda con el pilates

Ya lo he dicho y vuelvo a repetirlo: la mayoría de los dolores de espalda se deben a las malas posturas. Y cuando digo mala postura, me refiero a la postura en la cual pasas la mayor parte del día.

¿Te sientas en un escritorio y miras derecho al frente? Desafortunadamente muchas personas lo hacen, y encuentran muy difícil sentarse erguidas en la postura adecuada durante ocho horas seguidas. Eso se convierte en un círculo vicioso. Primero te sientas durante largos períodos de tiempo en una forma que no proporciona el soporte correcto a la columna vertebral (por lo general, en una posición ligeramente encorvada). Entonces, día tras día pierdes la fuerza de tus músculos posturales porque no los usas, y llega el momento en que no puedes sentarte correctamente ni queriendo, ¡porque has perdido toda la fuerza postural! ¿Qué hacer entonces? Quiero decir, además de renunciar a tu empleo y buscar trabajo en un circo. Bueno, ¡pues adivina…! ¡pilates! Una vez más, el pilates puede ser la salvación.

La mayoría de los ejercicios de pilates de suelo fortalecen los músculos necesarios para brindar el soporte adecuado a la columna vertebral, y nos hace conscientes de lo que realmente es una postura correcta. Pero hacer los ejercicios de pilates de suelo no es suficiente; si deseas mejorar tu postura y no sufrir de dolor de espalda, debes incorporar el pilates a tu vida diaria. Tienes que trasladar la *Columna neutra* (la sensación de alargamiento) y la *Cuchara abdominal* a tu trabajo de escritorio. Si logras incorporar a tu vida diaria los conceptos fundamentales del pilates, de inmediato notarás cambios en tu espalda, en tu postura y en tu bienestar general.

Causas comunes del dolor de la parte inferior de la espalda

Una vez más, la mayoría de los dolores de espalda son el resultado de una mala postura al estar sentados, de pie o caminando. Podemos evitar la mala postura si todo el tiempo nos sentamos o estamos de pie de forma erguida, y mantenemos la barriga bien adentro y los omóplatos abajo. Cuando encuentres tu postura correcta, vas a experimentar el alivio que genera en toda tu espalda.

Quizá necesites aprender a sentarte correctamente durante largos períodos de tiempo. Incluso puede que tus músculos posturales necesiten ponerse en forma. Pero cuanto más consciente seas de todo ello, mejor te sentirás. Si estás de pie mucho tiempo: trata de mantener las rodillas flexionadas, no las bloquees; trata de que cada pierna sostenga el mismo peso, y mantén bien adentro la barriga.

Sin embargo, la mala postura no es la única culpable. A menudo también es responsable del dolor de espalda un estilo de vida sedentario. Aceptémoslo: no hemos sido creados para estar sentados frente a una pantalla de computadora ocho horas al día, o para sentarnos en una silla, que para el caso es lo mismo. Sentarse no le favorece a tu espalda. Si te pones a pensar, cuando te sientas en una silla, los músculos de la espalda deben trabajar todo el tiempo para mantenerte en posición erguida y tus piernas no pueden contribuir en nada. Es más, permanecer en una sola posición no ayuda a la buena circulación de la sangre ni al tono muscular. Interrumpe tu jornada laboral para levantarte de la silla con regularidad y estirarte, salir a caminar o hacer una serie de pilates, si puedes.

Evita la flexión con carga

La mayoría de los trabajadores de la construcción sufren terribles dolores de espalda cuando llegan a los cuarenta años porque pasan buena parte de sus días inclinándose y levantando objetos pesados. Aunque mantuvieras un alineamiento perfecto al cargarlos, no puedes evitar sobrecargar la columna en flexión cuando pones *parquet* en el suelo, por ejemplo, o cuando repites mucho cualquier movimiento de cintura para abajo.

Flexión es la curvatura hacia delante de la columna cuando se está sentado o de pie, o lo que la columna hace cuando ruedas hacia arriba en un abdominal. *Sobrecargado* significa… bueno, sobrecargado. Un ejemplo de poner carga sobre la columna en flexión es el ejercicio *Rodar abajo por la pared*, del capítulo 14, si tienes pesas en las manos. A medida que ruedas hacia delante, el peso de tu cabeza, cuerpo y pesas va bajando. Los músculos y ligamentos de la espalda soportan ese peso. Otro ejemplo de flexión con carga es el ejercicio *Caderas arriba*. Al levantar las caderas, el peso de las nalgas y las piernas pasa a la espalda. Si ruedas demasiado, el peso de todo tu cuerpo se apoyará sobre el cuello. El cuello es especialmente vulnerable si tiene demasiado peso, pues está compuesto por frágiles vértebras pequeñas que no están hechas para soportar nada distinto a tu cabeza cuando estás de pie. Cuando fortaleces mucho tu región central, tu columna puede soportar más peso sin que se lesione.

La flexión es el movimiento de la columna que más daño causa a su estructura, especialmente a los discos intervertebrales y ligamentos de la espalda. Si te incomoda hacer ejercicios de flexión, entonces no molestes tu espalda y vuelve a los otros cuando tengas más fuerza.

Para que no te afecte la flexión con carga, usa los mecanismos del cuerpo apropiados para ese propósito siempre que te inclines para levantar algo pesado:

✔ Mantén la *Columna neutra*. Basta con que pienses en mantenerla derecha. No la curves hacia delante (flexión).

✔ Flexiona las rodillas; y si estás cargando algo, usa los músculos de las piernas, ¡nunca la espalda!

✔ Mantén tu *Cuchara abdominal* empujando el ombligo hacia la columna vertebral; eso ayuda a darle soporte a la espalda.

Sé tu propio guía

Robin McKenzie, un médico muy conocido, escribió un libro titulado *Treat Your Own Back* (*Trate usted mismo su espalda*), que revolucionó la forma en que los profesionales de la rehabilitación veían el dolor de espalda. Básicamente, el libro describe un programa en el que experimentas y encuentras cuáles son los movimientos que exacerban tu dolor de espalda, y cuáles lo alivian. Por lo tanto haces las cosas que te hacen sentir mejor. Suena fabulosamente simple, pero funciona. Estoy del todo de acuerdo con este enfoque y te sugiero que sigas los mismos principios al hacer pilates.

Deja que el dolor sea tu guía, tu Némesis. Cuando pruebes un ejercicio nuevo, fíjate si tu dolor de espalda mejora o empeora. Usa esta informa- ción para autocurarte. Por ejemplo, si encuentras que tanto la flexión (curvar la columna hacia delante) como el *Estiramiento de espalda hacia delante* hacen sentir muy bien a tu espalda, entonces puedes proceder con los ejercicios de flexión con una buena dosis de confianza. En ese caso, los ejercicios que hacen el movimiento opuesto (extender o arquear la espalda), como la *Preparación para el cisne*, pueden hacer que te duela la espalda; si es así, evita todos los ejercicios de extensión de la misma. El acto de girar puede ser el origen del problema, o tal vez lo sea girar en una sola dirección. Toma nota de lo que te produce dolor y aplica esa in- formación a tu sesión de ejercicios.

Cuando sientas dolor, debes tener mucho cuidado al realizar nuevos ejer- cicios. Yo recomiendo visitar primero a un médico para asegurar que no haya una lesión grave y luego visitar a un instructor de pilates titulado en rehabilitación.

Ejercicios que quizás desees evitar

Si sufres de dolor en la parte inferior de la espalda, estas pautas podrían servirte:

✔ Procede con cuidado cuando hagas cualquier ejercicio que implique flexión con carga, pero también recuerda que algunas personas ex- perimentan alivio al hacer ejercicios de flexión. Si eres una de esas personas, no te preocupes demasiado por la lista siguiente:

- Caderas arriba (*Hip-Up*) (capítulo 4)

- Rodar como una pelota (*Rolling Like a Ball*) (capítulos 4 y 5)

- Rodamiento sobre la columna (*Roll Over*) (capítulo 7)

- La navaja (*The Jacknife*) (capítulo 7)

- El sacacorchos superavanzado (*The Super Advanced Corkscrew*) (capítulo 8)

- Balancín con piernas abiertas (*Open Leg Rocker*) (capítulo 6)

- La foca (*The Seal*) (capítulo 6)

✔ Ten mucho cuidado con estos ejercicios, ya que implican una drástica extensión de la columna:

- Preparación para el cisne (*Rising Swan*) (capítulo 5)

- La zambullida del cisne (*The Swan Dive*) (capítulo 8)

✔ Posiblemente desees evitar curvarte hacia delante con un peso excesivo, como en *Rodar abajo por la pared* con pesas (capítulo 14).

Ejercicios en los que quizás desees concentrarte

Cada individuo es diferente o, para ser más precisos, cada espalda es distinta. Pero estos son algunos ejercicios que muy posiblemente encuentres viables y que tal vez puedan aliviarte el dolor:

✔ Para estirar la espalda, prueba estos ejercicios:

- Los estiramientos del gato (*The Cat Stretches*) (capítulo10)

- Elevación de pelvis (*Coccyx Curls*) (capítulo 4)

- La sirena (*The Mermaid*) (capítulo 10)

✔ Para enderezar muslos y trasero, haz la serie de *Patadas laterales* (capítulo 9).

✔ Para mejorar la capacidad de estabilizar tu propio torso, prueba estos:

- Arcos de fémur (*Tiny Steps*) (capítulo 4 y, con rodillo, capítulo 11)

- Estiramiento de brazos / Círculos de brazos (*Arm Reaches / Arm Circles*) (capítulo 4 y, con rodillo, capítulo 11)

- El puente y variación con una pierna (*The Bridge*) (capítulo 5)

- El cuadrúpedo (*The Quadruped*) (capítulo 16). Incluso si estás embarazada

✔ Para estirar caderas y piernas, haz estos ejercicios:

- Estiramiento de los músculos isquiotibiales (*Hamstring Stretch*) (descrito en el capítulo 6 como parte del ejercicio *Las tijeras*)

- Estiramiento del flexor de cadera (*Hip Flexor Stretch*) (capítulo 7)

✔ Para estirar la espalda, prueba con todos los ejercicios del capítulo 10 (pero ten en cuenta que *El estiramiento sexy de columna* puede agravar algunos problemas de la espalda por el giro).

Parte V
Los decálogos

"...Y ESTA ES LA BARBIE PILATES.
NO TRAE MUCHOS ACCESORIOS,
PERO PUEDE HACER EL BÚMERAN SIN ROMPERSE".

En esta parte...

Todo libro ...*para Dummies* acaba con capítulos de fácil lectura que ofrecen decálogos. En esta parte, entre otras cosas, encontrarás, según mi criterio los diez ejercicios más importantes (y las razones de dicha elección); conocerás unos diez cambios que puedes esperar si perseveras con el pilates, y descubrirás diez maneras fáciles de incorporar el pilates a tu vida diaria.

Capítulo 18

Los diez ejercicios más importantes

*E*scoger los diez mejores ejercicios de pilates no es tarea fácil, porque diferentes ejercicios son buenos para diferentes personas. Sin embargo, algunos suelen destacarse como los mejores. Si hicieras una encuesta entre un centenar de instructores de pilates, probablemente cada uno señalaría diez ejercicios distintos, y tendría una razón válida. En este capítulo expongo mi selección y explico por qué son tan efectivos.

Elevación de pelvis

En realidad, ni la *Elevación de pelvis* (*Coccyx Curls*) ni los *Abdominales superiores* (*Upper Abdominal Curls*) forman parte del repertorio clásico de pilates, pero se los considera ejercicios prepilates (capítulo 4). Considero que ambos son fundamentales para calentar la columna vertebral antes de intentar *El cien*, que es el clásico ejercicio de pilates. Yo empiezo cada sesión de ejercicios con la *Elevación de pelvis*, no importa si el nivel de la clase es avanzado. ¿Por qué? Por tres razones:

✔ Calienta la parte inferior de la espalda.

✔ Te ayuda a meter la barriga y te pone en contacto con tus abdominales profundos.

✔ Te conecta con tu trasero y con los músculos isquiotibiales.

Abdominales superiores

Hago los *Abdominales superiores* (*Upper Abdominal Curls*) con todo el mundo, después, claro, de la *Elevación de pelvis*. Las razones:

- ✔ Calientan la parte superior de la espalda y el cuello.

- ✔ Fortalecen los abdominales superiores al mismo tiempo que desarrollan estabilidad con la *Columna neutra* en la parte inferior de la espalda y la pelvis.

- ✔ Enseñan el correcto alineamiento del cuello. Cuando levantas la cabeza en el tapete e imaginas que estás exprimiendo una mandarina bajo el mentón, usas tus músculos profundos del cuello, que son importantes para la salud del mismo.

El cien

El cien (*The Hundred*), que explico detalladamente en los capítulos 5, 6 y 7, es el primer ejercicio del clásico repertorio de pilates. Si tu cuerpo y columna están calientes antes de llegar al tapete, *El cien* es una buena manera de iniciar la rutina de suelo. Pero si no has hecho calentamiento y estás más tieso que un tronco, creo que al iniciar con *El cien* se fuerza demasiado el cuello para empezar una sesión de ejercicios. Es por esto que para empezar recomiendo la *Elevación de pelvis* y los *Abdominales superiores*. Pero después de que hayas calentado, *El cien* es excelente por las razones:

- ✔ Es una magnífica forma de calentarte y tal vez te hará sudar un poco.

- ✔ Es uno de los mejores ejercicios para conectar la respiración a los músculos abdominales con respiración de percusión.

- ✔ Fortalece los músculos del cuello y los abdominales profundos.

El puente

Todo el mundo puede hacer *El puente* (*The Bridge,* capítulo 5) sin peligro: los jóvenes, los mayores y los impacientes. Ahí van las tres razones por las cuales este ejercicio forma parte de este decálogo:

✔ Enseña estabilidad del torso.

✔ Fortalece el trasero y la parte posterior de las piernas (el glúteo mayor y los músculos isquiotibiales).

✔ La variación de una pierna mejora la parte inferior de la espalda y la estabilidad pelviana (porque hace trabajar el glúteo mediano).

Rodamiento hacia atrás y Rodamiento hacia arriba

Rodamiento hacia atrás (*Roll Down*, capítulo 5) es la versión para principiantes del *Rodamiento hacia arriba* (*Roll Up*, capítulo 6). Este ejercicio, muy básico, ejercita toda la pared abdominal y te ayuda en la vida cotidiana (¡piensa en cuántas veces debes incorporarte porque te habías acostado!), porque...

✔ Fortalece los abdominales.

✔ Fortalece los flexores de cadera (psoas).

✔ Estira la columna vertebral.

Rodar como una pelota

Rodar como una pelota (*Rolling Like a Ball*, capítulos 4 y 5) es un ejercicio divertido y beneficioso (siempre me siento como una chiquilla cuando lo hago). Por estas razones forma parte de los diez mejores:

✔ Aumenta la flexibilidad de la espalda.

✔ Masajea la espalda.

✔ Enseña control desde los abdominales profundos.

Preparación para el cisne

Preparación para el cisne (*Rising Swan*, capítulo 5) es un ejercicio encantador. Las tres razones por las que forma parte de este decálogo son:

✔ Fortalece los músculos de cuello y espalda, a la vez que contrarresta los efectos de las malas posturas.

✔ Estira los músculos del pecho y los abdominales.

✔ Fortalece los músculos del trasero y los isquiotibiales.

Patadas laterales

Me encanta la serie de *Patadas laterales* (*Side Kicks*, capítulo 9) porque realmente trabaja el trasero. Las tres razones para estar entre los diez mejores son:

✔ Fortalece los músculos del trasero (glúteo mayor y glúteo mediano).

✔ Construye estabilidad del torso.

✔ También las mujeres embarazadas pueden hacerlo.

Natación

Natación (*Swimming*, capítulo 7) es un ejercicio de todo el cuerpo que tiene muchos beneficios, y es excelente por tres razones:

✔ Fortalece los músculos de cuello y espalda.

✔ Enseña el correcto alineamiento del cuello.

✔ Invierte los efectos de las malas posturas.

El estiramiento sexy de columna

El estiramiento sexy de columna (*The Sexy Spine Stretch*, capítulo 10) es casi como un ajuste personal de la columna vertebral. Es posible que escuches un ligero tronido, como cuando el quiropráctico te ajusta los huesos: es el sonido de la columna cuando vuelve a alinearse. Las tres razones por las cuales está entre los diez mejores son:

✔ Trabaja los músculos de la columna vertebral y de la espalda.

✔ Trabaja el pecho y los músculos pectorales.

✔ Hace que tu columna se tuerza, lo que aumenta su flexibilidad.

Capítulo 19

Diez cambios que puedes esperar gracias al pilates

En este capítulo

▶ Descubre cómo puede cambiar tu cuerpo gracias al método pilates

▶ Conoce lo que puedes esperar después de tanto sudor y esfuerzo

*E*l objetivo de este capítulo es entusiasmarte para que inicies tu programa de pilates. Estos cambios no los verás inmediatamente. De hecho, ni los notarás hasta que lleves tres meses de actividad. Ten paciencia: ningún programa de ejercicios hace milagros, pero te aseguro que pilates es mágico.

Los cambios en tu cuerpo se notarán sólo si sigues con regularidad un programa de pilates, o sea, haciendo ejercicio por lo menos dos veces por semana.

Un trasero más firme

La mayoría de los ejercicios de pilates de este libro trabajan el trasero de una u otra forma. Debes notar un cambio específico a las pocas semanas de estar haciendo pilates con regularidad. Tu trasero debe estar más tonificado, y tal vez su tamaño se haya reducido un poco. Si tienes un trasero muy pequeño o escasamente desarrollado, es posible que crezca un poco y de forma muy armoniosa.

Musculatura más larga y delgada

Una compañía de *ballet* rechazó a una bailarina porque su cuerpo era demasiado voluminoso y su línea "no era ideal". Esa bailarina hizo pilates durante un año y ahora es la estrella de la misma compañía. ¿Por qué? Porque el pilates dio a su cuerpo una forma más cercana al ideal. Ella tenía unos muslos muy voluminosos y muy fuertes, pero eran demasiado grandes para quedar perfectos bajo un tutú. Después de hacer pilates, sus muslos se alargaron y adelgazaron, pero conservaron la misma fuerza y flexibilidad que requiere una bailarina profesional.

Si eres como esta bailarina de *ballet* y tiendes a adquirir mayor volumen cuando haces ejercicio, pilates es un programa de fortalecimiento ideal para ti. Los ejercicios de pilates acentúan la longitud de los brazos y las piernas y vuelven más largos y delgados los músculos voluminosos (para más detalles sobre este efecto secundario del pilates, consulta el capítulo 2). En líneas generales, todos los ejercicios de pilates alargan tus músculos y hacen que te veas más alta.

Mejor postura

Una mejor postura es algo que puedo garantizar con los ojos cerrados. Y las demás personas seguramente notarán este cambio en ti después de unas pocas sesiones de ejercicios de pilates. Si te aprendes de memoria las lecciones, te sentarás y estarás de pie en posición más erguida y parecerás más elegante. En la figura 19-1, la modelo está de pie en una postura clásica de pilates. Recuerda que esta posición no es natural para todo el mundo, y francamente no recomiendo estar de pie igual que ella. La modelo está parada con las piernas giradas hacia afuera, que no es la posición más natural a menos que estés tomando una clase de *ballet*, pero muestra algunas reglas importantes acerca de la postura, de las que todo el mundo debería ser consciente cuando se encuentra de pie:

✔ Empuja el ombligo hacia la columna vertebral.

✔ Mantén la cabeza equilibrada justo sobre las caderas (no adelante ni tampoco atrás).

✔ Estira la parte trasera de tu cuello.

✔ Mantén los hombros atrás y abajo y ensancha la espalda.

Figura 19-1:
Una buena
postura,
aunque
puede no
ser natural
para todo el
mundo

Postura con la cabeza echada hacia delante

La postura con la cabeza echada hacia delante, como aparece en la figura 19-2, es muy común. La tendencia a hacer sobresalir nuestra cabeza hacia delante es un efecto secundario natural de tener los ojos al frente de la cabeza. Cuando te sientas ante un escritorio o lees un libro, tiendes a dejar que la cabeza vaya más adelante que el cuerpo. Una ergonomía adecuada puede reducir esta tendencia, pero no aliviará por completo la fuerza gravitacional de la cabeza hacia delante.

Para este problema de postura el pilates es un excelente antídoto, ya que sus ejercicios casi siempre tienen como objetivo el alineamiento de la columna vertebral, de manera que la cabeza quede directamente encima de las caderas, no enfrente. Si imaginas que tienes un hilo de oro en la coronilla que te jala hacia el cielo, corregirás de forma natural tu postura de cabeza hacia delante.

Figura 19-2:
Postura con la cabeza echada hacia delante, un problema muy común

Postura tensionada

Los músculos trapecios superiores son adictos al trabajo. Son esos músculos que están sobre los hombros y en la parte trasera del cuello, a los que siempre les viene bien un masaje. A estos músculos les encanta soportar la tensión. Es como si disfrutaran estando tensos y como si sintieran que ellos solos pueden sostener el mundo. En realidad, el trabajo sedentario es el principal culpable de aumentar la tensión de hombros y cuello. El pilates se ocupa de este problema en el primer ejercicio del capítulo 4, *Encogerse de hombros*. Una vez que tomas conciencia de la constante tensión de estos músculos, puedes empezar a liberarla de forma consciente. El pilates te enseña a relajar los trapecios y, al mismo tiempo, a trabajar los músculos opuestos para mantener felices y distensionados a los trapecios.

La figura 19-3 muestra la postura tensionada.

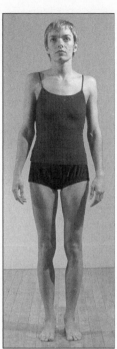

Figura 19-3:
Postura
tensionada

Postura de barriga salida

Algunas personas simplemente tienen una barriga sobresaliente protuberante, bien porque sus madres nunca les dijeron que metieran la barriga o porque han dado a luz recientemente o porque toman demasiada cerveza o porque jamás se les ocurre empujar el ombligo hacia la columna vertebral. En estos casos basta una sesión conmigo, ¡y la barriga se pierde! Lo primero que le enseño a cualquier persona es la *Cuchara abdominal*, y te sorprendería la enorme diferencia que este sencillo concepto puede producir en un cuerpo. Puedes reducir tu cintura unos buenos siete centímetros con sólo usar tus abdominales profundos y empujar la barriga hacia la columna vertebral. ¡Prueba hacerlo! Si practicas pilates con regularidad, con el tiempo tu barriga se volverá más plana de forma natural, sin que tengas que pensar siempre en ello.

La figura 19-4 muestra la postura de barriga salida.

Figura 19-4:
Para acabar
con esa
barriga
protuberante,
métela para
adentro

Una barriguita más plana

La mejor manera de tener una barriguita más plana es perder algo de peso. La segunda mejor manera es hacer pilates. Si ya eres delgada pero tienes un bulto en la mitad de tu cuerpo, el pilates puede ayudarte a perder un agujero más en tu cinturón. El aspecto más básico del método pilates es empujar el ombligo hacia la columna vertebral o hacer una cuchara con tus abdominales. Si aplicas esta simple técnica en tu día a día (cuando estés de pie, caminando o en cualquier otro momento), tu barriga se verá más plana y atractiva.

Menos dolor de espalda

La mayoría de los dolores de espalda son el resultado de posturas incorrectas y estilos de vida sedentarios. El pilates trata los desequilibrios musculares que típicamente contribuyen al dolor de espalda, es decir, los débiles músculos del abdomen y de las nalgas. También estira los músculos de espalda tensos y agotados.

El alineamiento correcto es el principal factor en el alivio del dolor de espalda. Si haces pilates con cuidado, entenderás cómo utilizar tu cuerpo para proteger tu espalda de posibles lesiones. El pilates es uno de los mejores métodos para mantenerla saludable, independientemente de tu edad o vocación, o de otros métodos de ejercicio que practiques (para más información sobre el pilates y el dolor de espalda, consulta el capítulo 17).

Más flexibilidad

Los ejercicios de pilates estiran los músculos y las articulaciones al tiempo que fortalecen el cuerpo. Si has notado que tu columna ha perdido algo de la amplitud de sus movimientos y de su flexibilidad, el pilates resuelve ese problema muy rápidamente. Todo el mundo tiene limitaciones físicas que dependen de la edad, la genética y el estilo de vida. El pilates no es la panacea, pero si cumples un programa de ejercicios de pilates con regularidad, tu cuerpo puede alcanzar un nivel óptimo en las áreas de flexibilidad y fuerza.

Mejor sexo

El pilates trae consigo un nuevo control del cuerpo que afecta a todos los aspectos de la vida, incluido el sexo. Puedes encontrar que, debido al aumento de flexibilidad de la espalda y las caderas, logras adoptar posiciones antes imposibles para ti. También puedes descubrir un mayor control de tus músculos pelvianos, y así aumentar el placer sexual (véase el capítulo 2). Si tener relaciones sexuales te lastima la espalda, ¡verás cómo te va a encantar lo que el pilates puede hacer por ti! Y también por tu pareja.

Mayor conciencia

Hacer pilates debería al menos darte una nueva conciencia de tu cuerpo. A lo mejor nunca habías pensado en esconder la barriga, sentarte en posición erguida o mantener los omóplatos alejados de las orejas. Y tal vez tampoco habías pensado en tu forma de respirar. Todo lo que aprendes con el método pilates empezará a filtrarse en tu vida diaria, y te puedes encontrar corrigiendo de forma natural tu postura y tus hábitos.

Más equilibrio

Todo gimnasta sabe que para no caerse de la viga de equilibrio debe meter la barriga y apretar las nalgas. Yo aprendí este concepto de Mr. T, mi entrenador de gimnasia en la escuela secundaria, que siempre me recordaba "aprieta bien ese chícharo", cuando estaba en la viga de equilibrio (ya pueden imaginarse la ubicación del chícharo). Él no sabía nada de pilates, pero los conceptos son los mismos. Para poder tener un buen equilibrio, debes tener un centro fuerte y saber cómo encontrarlo sin pensarlo mucho. Los ejercicios de pilates fortalecen el centro. Después de hacer pilates con regularidad, a lo mejor no serás capaz de hacer una voltereta para atrás en la viga de equilibrio, pero sí notarás cómo aumentan tu coordinación y equilibrio.

Más fuerza

Cualquier rutina de ejercicios debe incrementar la fuerza corporal o, de lo contrario, ¿cuál es el chiste? Pero el pilates fortalece los músculos de una manera que es evidente en el día a día. Su objetivo es mejorar la vida cotidiana: te puede ayudar a salir de la cama, si esto te cuesta trabajo, o a hacer un triple salto de trampolín, si esta es tu meta. Sea cual sea tu actividad, encontrarás que los ejercicios de pilates mejoran tu fuerza de forma significativa y pueden contribuir a la salud general de tu columna vertebral. ¡Hacer pilates también puede evitar lesiones!

Capítulo 20

Diez maneras sencillas de incorporar el pilates a tu vida diaria

Aunque hagas pilates durante una hora cada día, no obtendrás los resultados profundos que puede ofrecerte si vuelves a los malos hábitos posturales el resto del día. Algunas personas toman lo que aprenden del pilates y de forma natural lo llevan a sus actividades no-pilates; otras encuentran difícil romper sus viejos hábitos. En este capítulo vas a descubrir formas concretas de mejorar tu postura, de aliviar tu dolor de espalda y de alcanzar una sensación de bienestar general.

La práctica del pilates y el mejoramiento de la postura van de la mano. Cualquier cosa que puedas hacer, además de los ejercicios en el tapete o en el centro de pilates, para mejorar tu postura es una continuación de tu experiencia general con el pilates.

Haz todas las mañanas El gato básico

Si fueras un felino, harías *El gato básico* todos los días sin siquiera pensarlo. Si tienes un gato como mascota, probablemente habrás visto que siempre estira la columna después de cada siesta o descanso prolongado. Yo te recomiendo que empieces el día con un estiramiento de columna para que la sangre empiece a circular. *El gato básico* es un estiramiento particularmente bueno para la mañana, porque es muy seguro y suave y no provoca tensión alguna en una columna tensa (para más detalles sobre este ejercicio, consulta el capítulo 10).

Imagina un hilo dorado que te jala hacia arriba desde la coronilla

Una imagen mental puede ayudar mucho a cambiar tu cuerpo. Hacer ejercicios con una rutina de pilates hace maravillas, pero pensar el resto del día en el alineamiento correcto hace todavía más. Siempre que estés de pie, trata de recordar que te están jalando de la coronilla en dirección al cielo, con lo que estirarás la columna vertebral.

Mantén tu Cuchara abdominal siempre que puedas

Empujar el ombligo hacia la columna vertebral protege la espalda de posibles lesiones. Usa tus músculos abdominales profundos, especialmente cuando te inclines para cargar algo, para aliviar el esfuerzo de la espalda. Cuanto más practiques meter la panza, más se fortalecerán tus abdominales profundos y más fácil te resultará mantener plana la barriga.

Mantén los hombros relajados y jalando hacia abajo en la espalda

Es fácil encorvar inconscientemente los hombros. Este es uno de los malos usos más comunes de los músculos, y el trabajo frente a un escritorio o una computadora aumenta esta tendencia. Relaja los hombros, y siempre jala de los omóplatos para bajarlos y alejarlos de las orejas. Usa los músculos que están debajo de los omóplatos para mantener los hombros en su correcta posición. ¡Obra maravillas en el cuello!

Recuerda respirar profundamente

Dedica todos los días unos minutos a respirar profunda y lentamente. La mayoría de las personas aprovechan sólo la mitad de su capacidad pulmonar. Trata de tomar una inspiración que llene la porción más baja de tus pulmones. Este estilo de respiración es relajante y beneficioso para tu salud. Los pulmones son tridimensionales y se extienden hasta donde llegan tus costillas. Respirar ampliamente en las costillas, en lugar de arriba y abajo, puede llegar a estirar la espalda y liberar la tensión muscular.

Consigue un cojín de soporte lumbar para el trabajo y el coche

Un cojín lumbar soporta la parte inferior de la espalda y te ayuda a mantener la *Columna neutra* mientras trabajas o manejas. Recuerda que una postura incorrecta es la razón número uno del dolor de espalda. Puedes comprar un cojín lumbar en la mayoría de centros comerciales o en tiendas especializadas. Simplemente póntelo en la parte baja de la espalda y, ¡listo!, ¡sentirás cómo mejora tu postura sin esfuerzo!

Siéntate en posición erguida mientras trabajas

Si no tienes un cojín de soporte lumbar, entonces debes soportar tu espalda con tu propio esfuerzo. Es una cuestión de actitud, y no me canso de repetirlo: la mayoría de los dolores de espalda se deben a posturas incorrectas cuando nos sentamos.

Hay que sentarse en posición erguida, tratando de levantarse desde la parte inferior de la espalda, de manera que siempre estemos con *Columna vertebral neutra*. La cabeza debe estar equilibrada y en línea recta con la parte superior de las caderas, es decir, no debe sobresalir hacia delante.

Siéntate sobre una pelota grande mientras trabajas

Sé que puedes llegar a sentirte ridículo, pero si consigues arreglártelas para tener una *fitness ball* en tu sitio de trabajo, siéntate sobre ella en lugar de hacerlo sobre una silla, por lo menos durante parte de la jornada laboral. Esto podría ser la salvación de tu espalda, especialmente si los largos períodos pasados en una silla te producen incomodidad. Sentarte sobre una pelota grande te obliga a estar en posición erguida, y al mismo tiempo mantiene las curvas naturales de la columna. Encorvarse es poco menos que imposible, así que los músculos posturales de la espalda se fortalecen más. Con el tiempo serás capaz de sentarte en la pelota durante períodos de tiempo cada vez más prolongados.

Sentarse sin una silla que soporte la columna requiere una espalda fuerte, así que procura sentarte en la pelota solamente parte del tiempo. Además, puedes estirar la espalda periódicamente sobre la pelota (véase el *Estiramiento de espalda abierta*, en el capítulo 13).

Consigue una almohada cervical para tu cama

Una almohada cervical (o almohada de cuello) se parece a una salchicha gigante; se coloca detrás del cuello, estando acostado boca arriba o de lado y proporciona soporte a la curva natural del cuello.

El dolor crónico de cuello a menudo es provocado por una posición incorrecta al dormir. Este tipo de almohada resulta particularmente útil si te despiertas con ese dolor.

Para probar, puedes enrollar una toalla como si fuera una salchicha gigante y ponértela detrás del cuello, así sabrás si te resulta útil antes de invertir en ella.

Todo el mundo tiene una postura favorita para ir a dormir. Pero hay algunas que son mejores para tu cuello:

- ✔ Dormir boca arriba es lo mejor para reducir el esfuerzo del cuello.
- ✔ Dormir de costado es la siguiente mejor posición, pero asegúrate de tener un soporte bajo la curva del cuello y también de que tu almo-

hada no sea tan grande que incline tu cabeza hacia arriba. Lo ideal es dormir en una posición neutra para el cuello, en la que su curva natural tenga soporte.

✔ Dormir boca abajo es lo peor para tu cuello, porque se queda en una posición muy forzada. Si duermes boca abajo puedes terminar lesionándote el cuello.

Camina como es debido

Imagina que eres una supermodelo en una pasarela. Cuando vayas por la calle, camina con pasos largos iniciando el movimiento desde las caderas y las nalgas, no sólo desde las rodillas. Esta forma de caminar aumenta la longitud del paso y estira las caderas (los flexores de las caderas). Caminar con pasos largos ayuda a invertir la tensión de las caderas y la espalda, resultante de pasar largos períodos en la posición sentada.

Capítulo 21

Diez preguntas que debes hacer para elegir un centro de pilates o un instructor

. . . .

En este capítulo

▶ Averigua si tu instructor está debidamente capacitado

▶ Pregunta sobre los tipos de clases disponibles

▶ Entérate de cuánto cuesta una clase de pilates

. . . .

Puedes tener una experiencia absolutamente satisfactoria en tu casa, sólo con un tapete y este libro. Pero si vives en una zona donde hay un centro de pilates, considera la opción de tomar algunas clases o de recibir instrucción individual para estimular tus sesiones de ejercicio.

A continuación presentamos diez preguntas fundamentales a la hora de escoger un instructor.

¿El instructor tiene título?

Muchas personas enseñan pilates sin haber completado un programa de titulación. Un programa así puede o no garantizar la destreza de tu instructor, pero ten por seguro que quien se somete a un riguroso programa de capacitación tiene algo valioso que ofrecer.

Muchas maestras trabajan en mi centro mientras están en el proceso de su titulación. Creo que esa es una buena solución, dado que deben acumular horas teóricas y prácticas de educación en pilates. También están bajo la tutela de un instructor experimentado, de manera que siguen afinando sus habilidades. De quienes hay que cuidarse es de las personas que jamás se han inscripto en un curso oficial o de aquellas que lo abandonaron y nunca completaron sus horas ni se sometieron a prueba alguna.

Cuando los instructores de pilates no conocen bien su oficio aumenta la posibilidad de lesionarse en sus clases, igual que podría ocurrir en cualquier clase de ejercicios dirigida por alguien que carece de la certificación necesaria.

¿De cuántas horas fue el curso de titulación?

Los programas de titulación varían desde certificaciones de un fin de semana para pilates de suelo hasta cursos intensivos de más de un año de duración. En Estados Unidos, la regla general es que un buen curso de titulación incluya un mínimo de 600 horas de entrenamiento total, que se completan al menos en un año. Menos de eso no es lo suficientemente bueno para ti ni para tu cuerpo.

Infórmate acerca de la profundidad de los conocimientos de tu entrenador antes de iniciar cualquier instrucción de pilates.

¿Durante cuánto tiempo ha enseñado el instructor?

Igual que en cualquier profesión, cuanto más tiempo haya pasado enseñando pilates, mayor conocimiento y experiencia tendrá el instructor.

Sin duda podrás apreciar la diferencia entre un instructor recién titulado y uno que lleva muchos años trabajando con el cuerpo de las personas. Si el precio es el mismo, ponte en manos del instructor más experimentado que puedas encontrar.

¿El instructor está especializado en el método pilates de rehabilitación?

Si no tienes lesiones y sólo deseas hacer los ejercicios, entonces debes plantear otro tipo de pregunta (La sesión de ejercicios del instructor ¿supone un reto?), y saltarte ésta para pasar a la siguiente.

Ciertos programas de entrenamiento para instructores se concentran principalmente en el buen estado físico, en tanto que otros se ocupan más de la corrección postural y de la rehabilitación de lesiones. Muchos instructores de pilates completan programas de entrenamiento adicionales y dedican su carrera a trabajar con personas que padecen lesiones graves y crónicas. Por ejemplo, en mi centro hay varios especialistas en rehabilitación que han asistido a talleres de rehabilitación, además del tiempo correspondiente para su titulación en pilates. De modo que si tienes alguna lesión y deseas usar el pilates como parte de la terapia de recuperación, busca un instructor capacitado en pilates para rehabilitación.

La sesión de ejercicios del instructor ¿supone un reto?

No todos los instructores de pilates son iguales. Algunos te van a proponer una sesión de ejercicios que será todo un desafío, otros no. Ciertas escuelas de pilates están muy orientadas al buen estado físico y se concentran en el acondicionamiento de los músculos, en tanto que otras se dedican a la rehabilitación y al correcto alineamiento de los huesos.

He trabajado con alumnos que han hecho pilates en algún otro centro tres veces por semana durante años, y aun así, cuando empiezo con ellos no pueden hacer ni siquiera los ejercicios abdominales de principiantes.

En mi centro, cuando entreno a mis instructores trato de incluir en el programa de titulación tanto el buen estado físico como la rehabilitación, porque no veo la necesidad de limitar el enfoque. Un entrenador que tenga un profundo conocimiento de lo que es el pilates, complementado con un conocimiento igualmente profundo de anatomía y alineamiento, tiene las herramientas necesarias para ayudar a curarte de una lesión y (dependiendo de tus necesidades y deseos personales) prepararte también una excelente sesión de ejercicios. Una vez que los entrenadores entienden el método pilates y cómo descomponer los ejercicios en su nivel más básico, tienen la capacidad de entrenar a casi cualquier persona, independientemente de sus limitaciones o fortaleza física.

Algunos entrenadores pueden pasarse una hora contigo tratando de que sientas la *Columna neutra* y trabajando en tu respiración, sin que sudes ni siquiera una gota. Otros te pondrán en posiciones de contorsionista antes de tiempo. Antes de empezar, simplemente pregunta al instructor cuál es su enfoque, y comunícale exactamente lo que esperas y deseas de tu sesión de ejercicios. Si no te gusta ese, busca otro, porque los instructores varían muchísimo en su estilo, enfoque y conocimiento del cuerpo. ¡No te rindas en cuanto a instructores de pilates, no pares hasta conseguir uno que te guste!

¿El centro ofrece clases de suelo y/o con máquinas para grupos?

Las clases de suelo en grupo son una de las mejores maneras de probar el pilates sin mucha inversión monetaria. Por lo general, las clases de suelo enseñan fuerza central y flexibilidad de columna. Si ves que te encanta el trabajo de pilates de suelo, entonces puedes decidir si estás a punto y dispuesta a gastar un poco más de dinero por sesiones privadas para trabajar con el equipo (las máquinas de pilates). En general, sólo los centros más grandes ofrecen clases de grupo con el equipo de pilates, por la razón obvia de que se requiere bastante espacio para tener múltiples piezas del mismo equipo. Si puedes encontrar clases de grupo con el equipo, comprobarás que es la forma más barata de probar las máquinas y obtener una sesión de ejercicios de pilates de cuerpo entero. Las más comunes son las clases de pilates con el reformer y el tablero de resortes, a veces también llamadas clases de unidad de pared.

¿Está completamente equipado el centro?

Algunos centros pequeños o independientes pueden tener solamente un reformer (véase el capítulo 15) y un tapete. Esto no necesariamente significa que sea un mal centro. Yo empecé con estos dos adminículos, y todo el mundo se divirtió a lo grande. Pero si te interesa conocer lo que el sistema de pilates completo puede ofrecerte, trata de buscar un centro que tenga al menos un reformer, un cadillac y una silla wunda.

¿Quién dirige el centro?

Averigua si el centro que te interesa está dirigido por una persona que realmente sabe de pilates. Si es un centro grande con muchos instructores, es importante que la persona responsable conozca su oficio y mantenga un nivel de excelencia.

Te voy a contar una historia verídica, basada en una experiencia propia: En un taller intensivo de entrenamiento para instructores que ofrecí en mi centro se inscribió una mujer que estaba en el proceso de abrir un centro de pilates en una ciudad cercana. Ella decidió contratar para su estudio instructores que estaban en la mitad del proceso de capacitación, en contra de mis airadas protestas. Esta mujer jamás había recibido una titulación en pilates, y sus instructores tampoco. Desde entonces he sabido de gente que ha asistido a su centro y se ha lesionado, además de tener una experiencia negativa con el pilates.

Y... ¿qué podemos decir de lo precios?

Es muy difícil establecer cuál puede ser la tarifa habitual para las clases de pilates. Hay demasiadas variables que conviene tener en cuenta, como la situación geográfica, el número de clases por semana o mes, el prestigio de la escuela o del profesor, hasta las instalaciones o la concepción de servicio que pueda tener el centro.

Por lo tanto, lo mejor que puedes hacer es buscar los centros más cercanos a tu casa o a tu trabajo y comprobar en directo todos estos aspectos que te señalo.

¿Hay ofertas especiales?

Recuerda que los ejercicios de pilates tienen un nivel técnico y que es importante que la persona que te dirija tengan un conocimientos demostrables. ¡Y eso no quiere decir únicamente que tenga un título en la pared! Sino que sepa comunicar esos conocimientos a los practicantes que estén bajo su responsabilidad.

Muchas academias ofrecen una primera clase de pruebas. Esa es una buena ocasión para comprobar si el profesor o la profesora es de tu agrado y que sientes que puede haber una buena empatía con él o ella, e incluso con el resto del grupo.

Capítulo 22

Diez maneras de complementar tu sesión de ejercicios de pilates

---

Este capítulo te muestra algunas formas de mejorar tu experiencia con el pilates y de afianzar los conceptos que has aprendido. El pilates es excelente, pero lo que hagas cuando no estés practicándolo también es importante.

El pilates sólo se convierte en un ejercicio aeróbico cuando llegas al nivel avanzado. Por esta razón, para una buena salud general, necesitas incluir algún elemento aeróbico en tu rutina de ejercicio físico; por ejemplo, veinte a treinta minutos de ejercicios aeróbicos tres veces por semana, como mínimo. Varias de las sugerencias de este capítulo se ocupan de las diversas formas de obtener esa sesión de ejercicios aeróbicos.

Danza

Ya sea *ballet*, danza moderna, *tap* o tango, la danza es una manera excelente de incorporar las destrezas que aprendes en pilates, ya que es como una sesión de ejercicios de pilates pero aún más fluida. La danza y el pilates son como dos hermanos que se alimentan y se apoyan mutuamente.

Si ya bailas, sentirás de inmediato los beneficios del pilates, pues mejorarás en técnica, equilibrio, control central y resistencia.

Yoga

Si la tensión te agobia, el yoga es la forma más eficaz de aumentar la flexibilidad. La mayoría de las clases de yoga se concentran en abrir el cuerpo y aumentar la autonomía de los movimientos de la columna, las caderas y los hombros. Dado que el yoga se ocupa del estiramiento de músculos y articulaciones, es un excelente complemento para el pilates.

Si careces de un cierto mínimo de flexibilidad, encontrarás los ejercicios de pilates muy difíciles, y algunos incluso imposibles. Agregar yoga a tu rutina te dará más agilidad, de modo que podrás adoptar las posiciones del pilates con mayor facilidad.

Creo que maestros y estudiantes de yoga pueden beneficiarse de unas cuantas clases de pilates de suelo, y que maestros y estudiantes de pilates también pueden beneficiarse del yoga. Si ya eres yogui, disfrutarás del fortalecimiento y la estabilización central que has aprendido en el pilates.

Muchas personas llegan a mi centro después de haberse lesionado en clases de yoga. Por desgracia, no son muchos los maestros de yoga que enfatizan la importancia de soportar las posiciones extremas desde el centro. Aplica lo que aprendas de tu sesión de ejercicios de pilates acerca de alineamiento y trabajo abdominal profundo cuando emprendas tus clases de yoga.

Comida ligera

La ausencia de comida pesada en tu interior ayuda a meter la barriga. Tu comida antes de una sesión de pilates debe ser siempre ligera, y debes esperar por lo menos dos horas después de una comida antes de intentar empujar tu ombligo hacia la columna vertebral. En general, la comida ligera es buena; no abuses de los quesos, las salsas cremosas, las comidas fritas y las grandes porciones de carne. ¡Yo recomiendo consumir muchos vegetales, cereales, pescado y productos de soya!

Masajes

Creo que hay pocas cosas más relajantes que un buen masaje. El masaje puede ser una de las mejores y más eficaces maneras de tratar la tensión muscular, y un excelente complemento para el pilates, porque relaja los músculos tensionados y ayuda a devolver el equilibrio al cuerpo. Si jamás te han dado un masaje, te recomiendo probar con un fisioterapeuta masajista certificado, especialmente si acumulas mucha tensión en el cuello y la parte superior de la espalda. Tal vez no te guste que te toquen todo el cuerpo, pero si logras superar esa incomodidad, posiblemente acabes con una nueva adicción.

Meditación

La meditación es una forma de conectarse a la tierra, hacerse consciente de la propia respiración y estar más en contacto con el propio cuerpo. Puesto que el pilates y la meditación te devuelven al cuerpo y aumentan la conciencia general, ambos resultan mutuamente beneficiosos.

Hay muchas formas de meditar, y no puedo decirte cuál es la mejor para ti. Experimenta, busca en Internet o lee libros si deseas más información.

Natación

La natación es un gran complemento para el pilates. Puede convertirse en el componente aeróbico de tu rutina de ejercicios, ya que se trata de un deporte de resistencia que no es de impacto. La alberca (o cualquier masa de agua) actúa como resistencia mientras mueves brazos y piernas en rítmicas brazadas y patadas. Como el agua crea resistencia sin impacto, al nadar se construyen músculos largos y delgados (al igual que en pilates). Además, a tu técnica de natación puedes aplicar tu recién descubierta conciencia del cuerpo y fuerza central. ¡Te sorprenderá gratamente el aumento en la potencia de tus brazadas cuando trabajas desde tu zona central de poder!

Clases de estiramiento

El yoga puede resultar bastante extremo si tenemos en cuenta algunas de las posiciones que se exigen a quienes lo practican. Si te resulta intimidante y tienes mucha tensión, trata de tomar una clase de estiramiento. La asistencia con regularidad a una hora de clase de estiramiento aumentará notoriamente tu flexibilidad y te ayudará a progresar más rápido en el método pilates.

Baños calientes

Sentarte en una bañera de agua caliente relaja el cuerpo y la mente, y alivia los músculos adoloridos mucho más que un regaderazo de agua caliente (en parte porque puedes acostarte y descansar por completo, y en parte porque el calor te hace sudar y desintoxica tu cuerpo). Prueba a darte un baño caliente, especialmente si te duele todo después de haber empezado a practicar pilates.

Máquinas de un gimnasio

Si te has inscrito en un gimnasio, subirte a una máquina elíptica, a una bicicleta estática o a una caminadora le dará a tu entrenamiento físico el componente aeróbico que necesitas. La mayoría de los grandes gimnasios tienen un buen surtido de equipos aeróbicos, así que tendrás suficiente variedad para entretenerte. El ejercicio aeróbico regular ayuda a aumentar la resistencia en el pilates y en la vida diaria.

Caminatas

Nietzsche dijo: "Todos los pensamientos realmente grandes se conciben caminando". Aunque no se te ocurran grandes pensamientos mientras caminas, es muy probable que disfrutes de esta actividad. A mí me encanta caminar porque es un deporte aeróbico de no impacto que permite a tu mente vagar un poco y aclarar tus pensamientos. Dado que el pilates te enseña el alineamiento correcto, puedes aplicar los conceptos que aprendes en tus ejercicios de pilates a tu forma de caminar. Además, sumar un componente aeróbico a tu rutina para un buen estado físico es importante, ya que por lo general el pilates no es considerado aeróbico.

Índice

• •

• D •